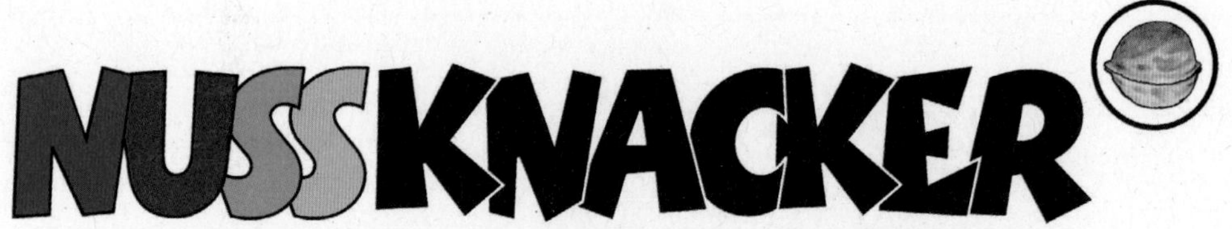
NUSSKNACKER

Mein Mathematikbuch

2. Schuljahr

Herausgegeben von
Peter Herbert Maier, Karlsruhe

Erarbeitet von
Anja Bever, Köln
Kathrin Diestel, Überlingen
Wolfram Kriegelstein, Schwabach
Frank Lippmann, Auerbach/Vogtl.
Peter Herbert Maier, Karlsruhe
Antje Peters, Köln
Doris Posmann, Bad-Neuenahr-Ahrweiler
Lutz Warlich, Mainz
Dorothea Winkler, Essen

Beratung von
Tanja Klieber-Hänsch, Nürnberg

D1731046

Ernst Klett Schulbuchverlage
Stuttgart · Leipzig

Inhalt

Plus und minus mit zweistelligen Zahlen, Sachsituationen

11+12=
21+15=
31+18=
41+ =

Malnehmen und teilen, Sachsituationen

Kopftraining

Zeit

Raumgeometrie

Kopftraining

Alle Grundrechenarten, Sachsituationen

Grundwissen nach Klasse 2

DAS KANN ICH ALLES

Rechnen bis 20

Das kann ich!

1

a) 2 + 2 = ■
3 + 3 = ■
4 + 4 = ■
5 + 5 = ■

b) 2 + 5 = ■
3 + 4 = ■
7 + 1 = ■
8 + 2 = ■

c) 3 + ■ = 10
1 + ■ = 10
7 + ■ = 10
4 + ■ = 10

2

a) 10 − 5 = ■
8 − 4 = ■
6 − 3 = ■
4 − 2 = ■

b) 7 − 3 = ■
5 − 5 = ■
9 − 2 = ■
8 − 0 = ■

c) 10 − ■ = 5
10 − ■ = 2
10 − ■ = 3
10 − ■ = 6

3

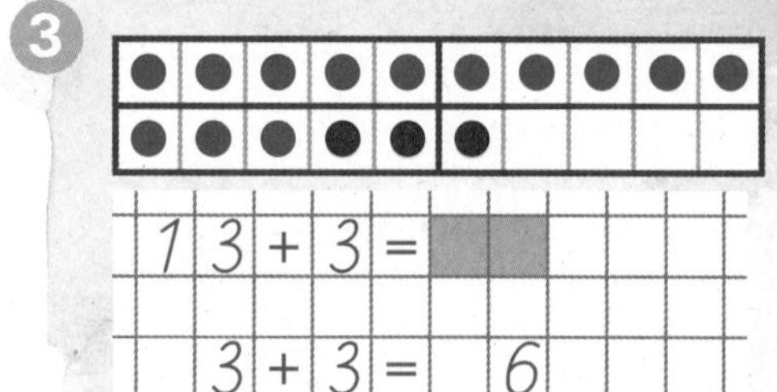
13 + 3 =
3 + 3 = 6

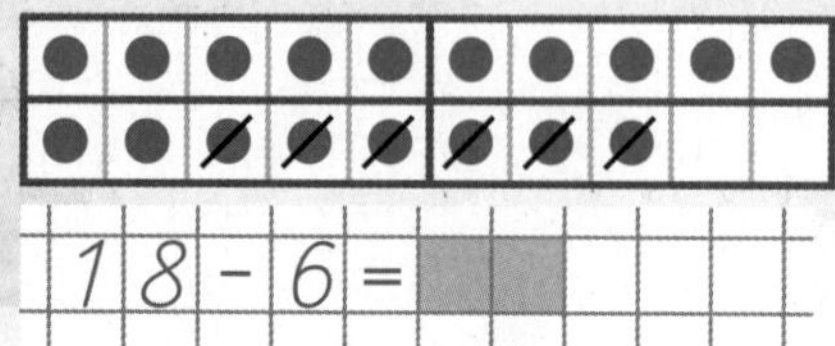
18 − 6 =
8 − 6 = 2

a) 12 + 6 = ■
2 + 6 = ■

16 + 3 = ■
■ + ■ = ■

16 − 3 = ■
6 − 3 = ■

18 − 7 = ■
■ − ■ = ■

b) 18 + 2 = ■
17 + 2 = ■

14 + 3 = ■
11 + 7 = ■

19 − 4 = ■
16 − 2 = ■

18 − 6 = ■
12 − 0 = ■

4

a)

+	6	4	3
13	■	■	■
11	■	■	■
14	■	■	■

−	5	7	0
19	■	■	■
17	■	■	■
18	■	■	■

b) 19 + ■ = 20
12 + ■ = 20
16 + ■ = 20
13 + ■ = 20

20 − ■ = 18
18 − ■ = 13
17 − ■ = 11
19 − ■ = 12

Wiederholung im Zahlenraum bis 20, Aufgaben ohne Zehnerüberschreitung.

1

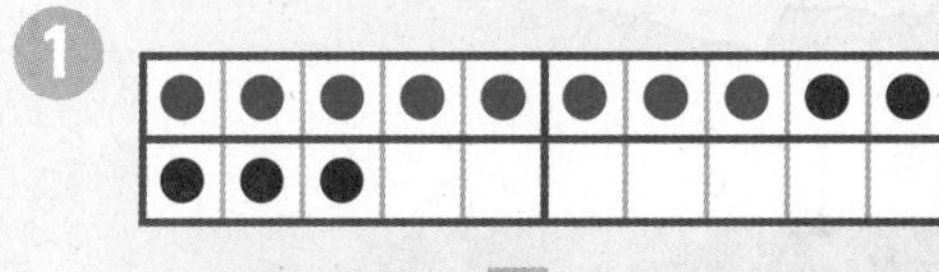

8 + 5 = ☐

a) 8 + 5 = ☐
9 + 7 = ☐
4 + 7 = ☐

b) 8 + 6 = ☐
7 + 8 = ☐
7 + 5 = ☐

c) 7 + 4 = ☐
8 + 3 = ☐
9 + 2 = ☐

d) 4 + 9 = ☐
8 + 7 = ☐
5 + 6 = ☐

e) 5 + 7 = ☐
7 + 6 = ☐
5 + 9 = ☐

f) 8 + 8 = ☐
5 + 8 = ☐
8 + 4 = ☐

2

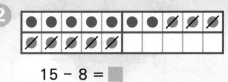

15 − 8 = ☐

a) 15 − 8 = ☐
16 − 7 = ☐
14 − 8 = ☐

b) 12 − 7 = ☐
15 − 7 = ☐
13 − 8 = ☐

c) 15 − 6 = ☐
16 − 9 = ☐
12 − 8 = ☐

d) 13 − 5 = ☐
15 − 7 = ☐
12 − 4 = ☐

e) 16 − 8 = ☐
12 − 5 = ☐
13 − 7 = ☐

f) 18 − 9 = ☐
17 − 8 = ☐
13 − 6 = ☐

3 a)

7 + 7 = ☐
9 + 8 = ☐
6 + 9 = ☐
20 + 0 = ☐

b)

20 − 10 = ☐
14 − 7 = ☐
19 − 9 = ☐
11 − 8 = ☐

c)

14 − ☐ = 9
12 − ☐ = 8
15 − ☐ = 9
17 − ☐ = 8

Das kenne ich alles noch aus Klasse 1!

4

12 − 7 = 5
5 + 8 =

Anfang
12 − 7

13 + 5

Ende
15 + 5

17 − 9

9 − 6

18 − 9

5 + 8

10 + 7

3 + 7

16 − 9

8 + 8

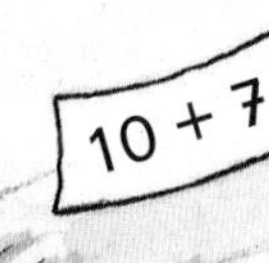
7 + 8

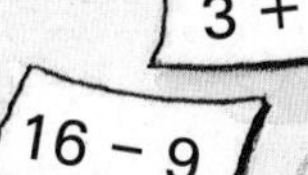

Wiederholung im Zahlenraum bis 20, Aufgaben mit Zehnerüberschreitung.

4 Das Ergebnis einer Aufgabe ist der Anfang der nächsten Aufgabe.

Vorteilhaft rechnen

1 Schreibe eine Plusaufgabe. Rechne geschickt.

a) 
7
3
5

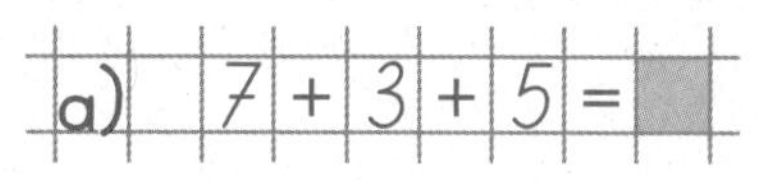
a) 7 + 3 + 5 =

b) 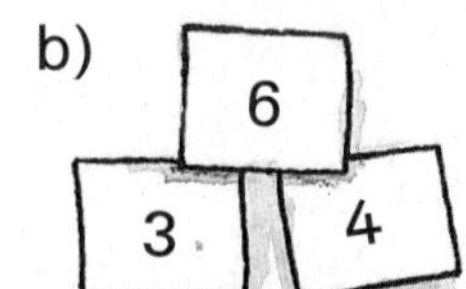
6
3
4

c) 
9
1
5

d) 
9
8
2

e) 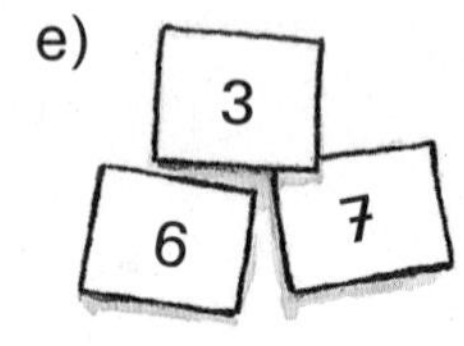
3
6
7

f) 
2
5
5

g) 
7
8
2

2 Schreibe Aufgabe und Tauschaufgabe.

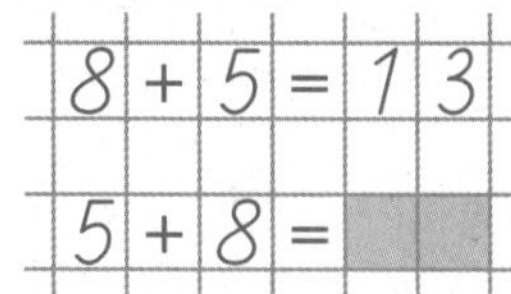
8 + 5 = 13
5 + 8 =

8 + 5 | 7 + 6 | 5 + 7 | 3 + 8 | 19 + 0 | 12 + 5 | 9 + 6 | 13 + 7 | 3 + 16 | 4 + 7

3

a)	b)	c)	d)	e)
5 + 5 =	6 + 6 =	7 + 7 =	8 + 8 =	9 + 9 =
5 + 6 =	6 + 7 =	7 + 8 =	8 + ▢ =	9 + ▢ =
5 + 4 =	6 + 5 =	7 + 6 =	8 + ▢ =	9 + ▢ =
10 − 5 =	12 − 6 =	14 − 7 =	16 − 8 =	18 − 9 =
10 − 6 =	12 − 7 =	14 − 8 =	16 − ▢ =	18 − ▢ =
10 − 4 =	12 − 5 =	14 − 6 =	16 − ▢ =	18 − ▢ =

4 Schreibe Aufgabe und Umkehraufgabe.

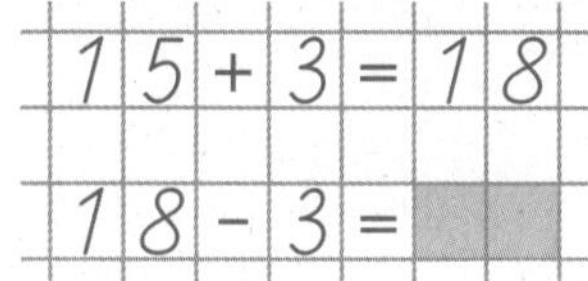
15 + 3 = 18
18 − 3 =

15 + 3 | 7 + 4 | 13 − 8 | 9 + 5 | 6 + 8 | 11 + 8 | 14 − 6 | 20 − 9 | 18 − 0 | 12 + 6 | 15 − 7

5 Aufgabenfamilien

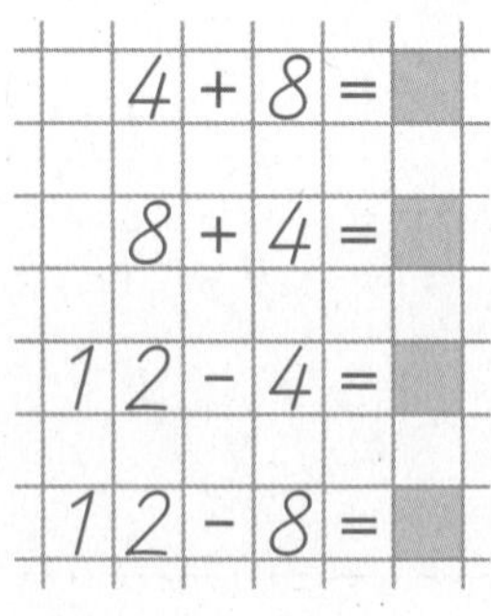
4 + 8 =
8 + 4 =
12 − 4 =
12 − 8 =

17
9
12
4
8
11
4
5 + 7 =
11
9
6
7
14
6

1 bis **3** Verschiedene Rechenvorteile erkennen, vergleichen und individuell anwenden.
5 Aufgabenfamilien ins Heft übertragen (Kopiervorlage).

SOUVENIRS
Kette 6 €
Becher 7 €
Bär 18 €
Postkarte 1 €
Stock 8 €
Ich fliege nach oben. Wie viel kostet das?
ALPSPITZBAHN
Bergfahrt:
Erwachsene 7 €
Kinder 4 €
Berg- und Talfahrt:
Erwachsene 10 €
Kinder 6 €
MARCO
NINA
Muss ich mehr bezahlen als Marco?
ARNE
Ich habe 15 €. Ich möchte einen Stock und einen Becher. Geht das?
Ich kaufe 4 Postkarten.
GABRIEL
Ich kaufe 2 Postkarten mehr als Gabriel.
LILLI
Herr und Frau Kastner möchten hinauf fahren und herunter laufen.
In eine Kabine passen 8 Personen. Die Bahn fährt 4-mal in einer Stunde.
Frau Huber fährt mit ihrer Tochter Meike hinauf und wieder herunter.
15€ - 7€
10€ + 6€
7€ + 7€ + 4€
20€ - 18€
7
Carlo hat 15 €. Er will
Julian

1

2

3

4 Oliver hat 20 €. Er fährt mit der Alpspitzbahn. Kann er sich sich jetzt noch einen Bären kaufen?

5 Stelle Fragen und löse.

6 Erfinde Aufgaben für die Sachrechenkartei.

1 bis 5 Informationen aus Bild, Schaubild und Text entnehmen. Zu den Rechengeschichten Gleichungen finden und lösen. Lösungswege beschreiben.

Aufgaben mit plus und minus

1

a) 12 | 5 | 2 3 0
b) 18 | 11 | 3 | 3
Hier gibt es verschiedene Lösungen.
c) 1 3 | 0 2
d) 19 | 8 | 7 | 4
e) 20 | 2 6
f) 20 | 3 7

2

a) 3 + 5 + 8 = ▢
6 + 7 + 3 = ▢
9 + 4 + 1 = ▢

20 − 4 − 2 = ▢
14 − 4 − 5 = ▢
18 − 6 − 8 = ▢

b) 4 + 5 + 6 = ▢
7 + 8 + 3 = ▢
9 + 2 + 9 = ▢

16 − 8 − 8 = ▢
14 − 7 − 4 = ▢
15 − 5 − 9 = ▢

16 15 14 5 18 20 6 3 8 2 4 0 1

c) 8 + 2 + ▢ = 14
6 + 5 + ▢ = 19
7 + 2 + ▢ = 17

20 − 4 − ▢ = 10
17 − 6 − ▢ = 9
18 − 8 − ▢ = 5

3

a) 4 + 4 + 4 = ▢
6 + 6 + 6 = ▢
2 + 2 + 2 = ▢
5 + 5 + 5 = ▢

b) 1 + 1 + 1 + 1 = ▢
2 + 2 + 2 + 2 = ▢
5 + 5 + 5 + 5 = ▢
3 + 3 + 3 + 3 = ▢

12 18 15 8 6 4 0 20 3

c) 18 − 9 − 9 = ▢
14 − 7 − 7 = ▢
9 − 3 − 3 = ▢
12 − 4 − 4 = ▢

4

Zauberzahl 15!

2		6
4	3	

15

4	3	
		6

18

		3
		8
9	2	

12

	2	7
1		5

12

5		
6		2

18

9		
	6	
		3

1 Zahlenmauern ins Heft übertragen und lösen.
2 und 3 Selbstkontrolle der Ergebnisse (Lösungszahlen in der Nuss).

4 Magische Quadrate ins Heft übertragen und lösen. Die drei Zahlen in jeder Zeile, Spalte und Diagonale ergeben als Summe die Zauberzahl.

1

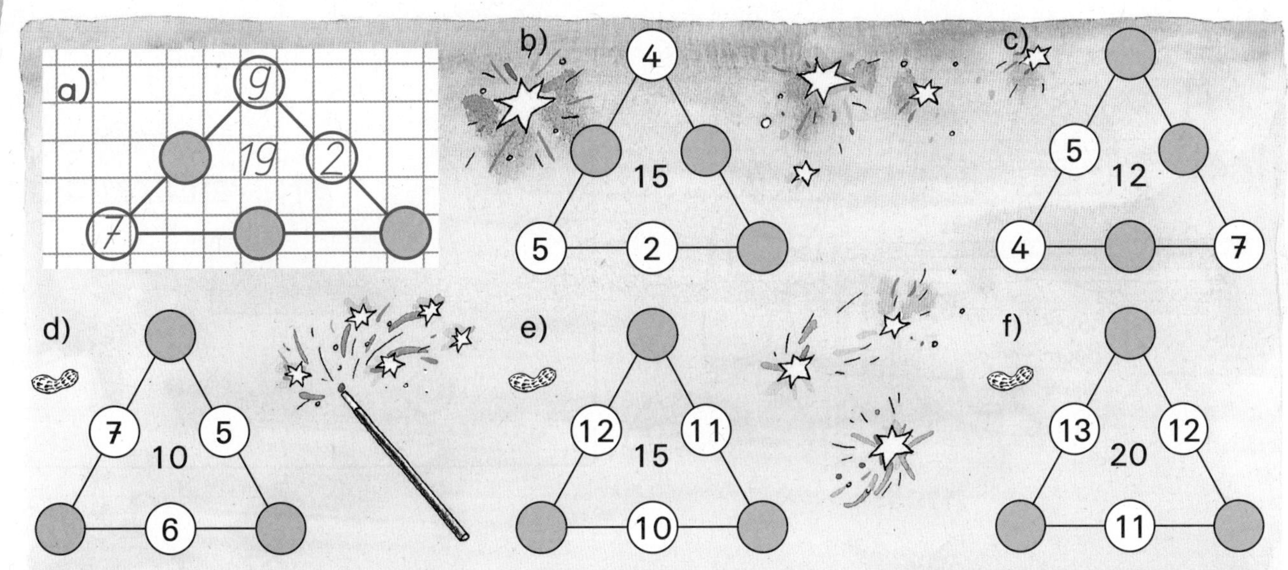
a)
9
19
2
7
b)
4
15
5
2
c)
5
12
4
7
d)
7
5
10
6
e)
12
11
15
10
f)
13
12
20
11

2 Setze + oder – ein.

a) 14 ● 8 = 6
12 ● 6 = 18
11 ● 5 = 16
20 ● 8 = 12

b) 18 ● 9 = 9
11 ● 4 = 15
2 ● 9 = 11
7 ● 5 = 12

c) 10 ● 3 ● 3 = 16
8 ● 2 ● 5 = 11
19 ● 5 ● 1 = 15
20 ● 4 ● 3 = 19

d) 19 ● 7 ● 4 = 16
11 ● 2 ● 5 = 4
15 ● 5 ● 5 = 5
7 ● 5 ● 6 = 6

3 Triff die (10)!

a)

8
4
6

b)

14
2
6

c)

17
4
3

d)
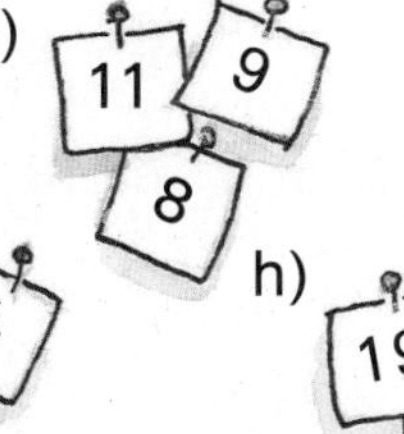
11
9
8

e)

15
3
8

f)
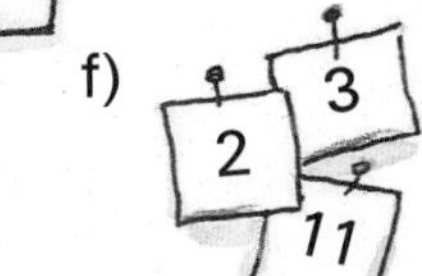
2
3
11

g)

10
4
4

h)
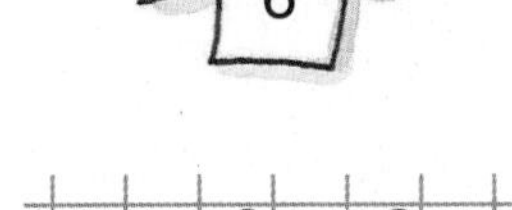
19
9
0

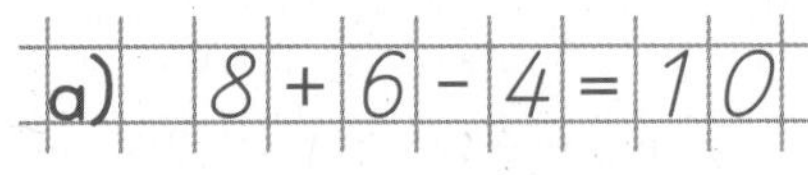
a) 8 + 6 - 4 = 10

4

a)
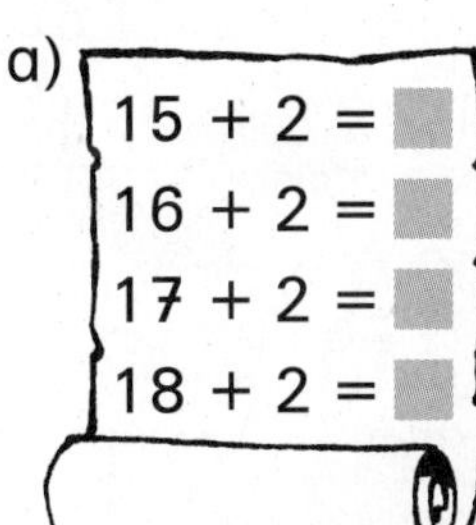
15 + 2 =
16 + 2 =
17 + 2 =
18 + 2 =

Marie rechnet:

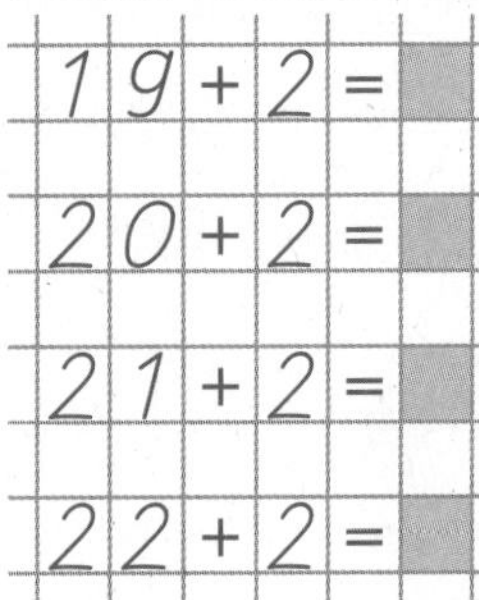
15 + 2 =
16 + 2 =
17 + 2 =
18 + 2 =

Sedef rechnet weiter:

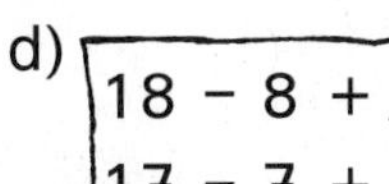
19 + 2 =
20 + 2 =
21 + 2 =
22 + 2 =

Wie weit rechnest du?

b)
11 + 2 = ▢
12 + 3 = ▢
13 + 4 = ▢
14 + 5 = ▢

c)
11 – 2 = ▢
11 + 3 = ▢
11 – 4 = ▢
11 + 5 = ▢

d)
18 – 8 + 1 = ▢
17 – 7 + 2 = ▢
16 – 6 + 3 = ▢
15 – 5 + 4 = ▢

e)
19 – 1 = ▢
18 + 2 = ▢
17 – 3 = ▢
16 + 4 = ▢

1 Zauberdreiecke: Alle Zahlen auf den Seiten kommen immer nur einmal vor.
Die Summe jeder Seite steht in der Mitte des Dreiecks.

4 Aufgabenrollen: Aufgaben rechnen, entdecken, diskutieren, fortführen.

Bauen und schauen

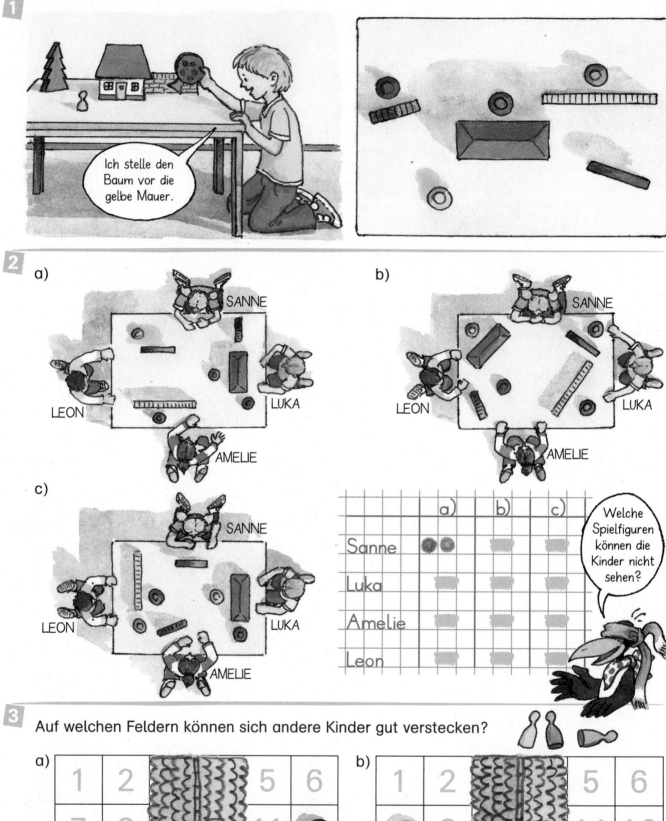

1

Ich stelle den Baum vor die gelbe Mauer.

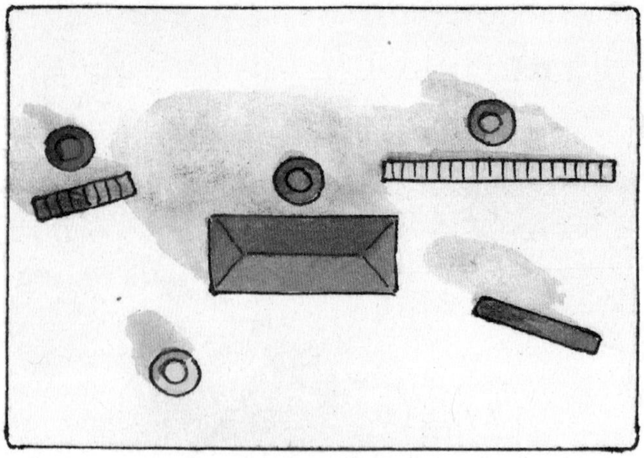

2

a) SANNE, LUKA, AMELIE, LEON

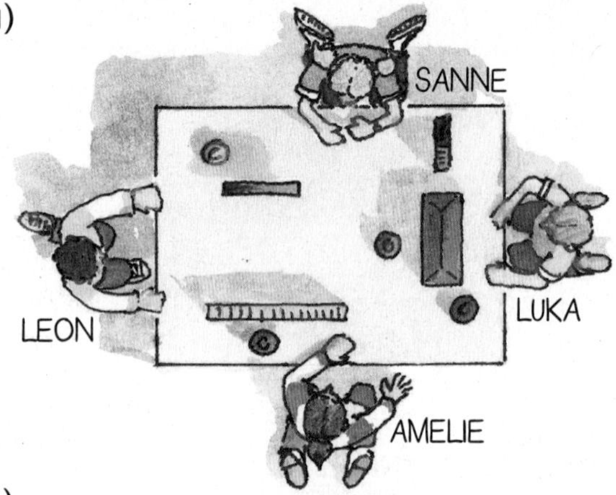

b) SANNE, LUKA, AMELIE, LEON

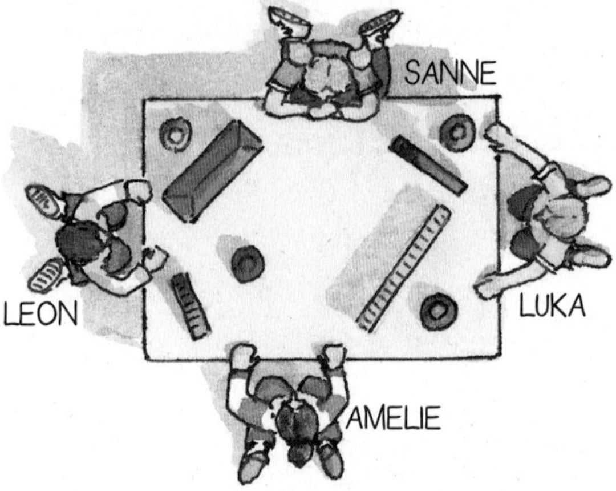

c) SANNE, LUKA, AMELIE, LEON

	a)	b)	c)
Sanne			
Luka			
Amelie			
Leon			

Welche Spielfiguren können die Kinder nicht sehen?

3 Auf welchen Feldern können sich andere Kinder gut verstecken?

a)

b)

1 Lagebeziehungen im Schrägbild und in der zugehörigen Draufsicht beschreiben und vergleichen. Eigene Szenarien mit Bausteinen bauen und beschreiben.

2 Identifizieren, welche Spielfiguren von welchen Kindern nicht gesehen werden können.

3 Eigene Szenarien zeichnen (Kopiervorlage).

Wege im Raum beschreiben

1

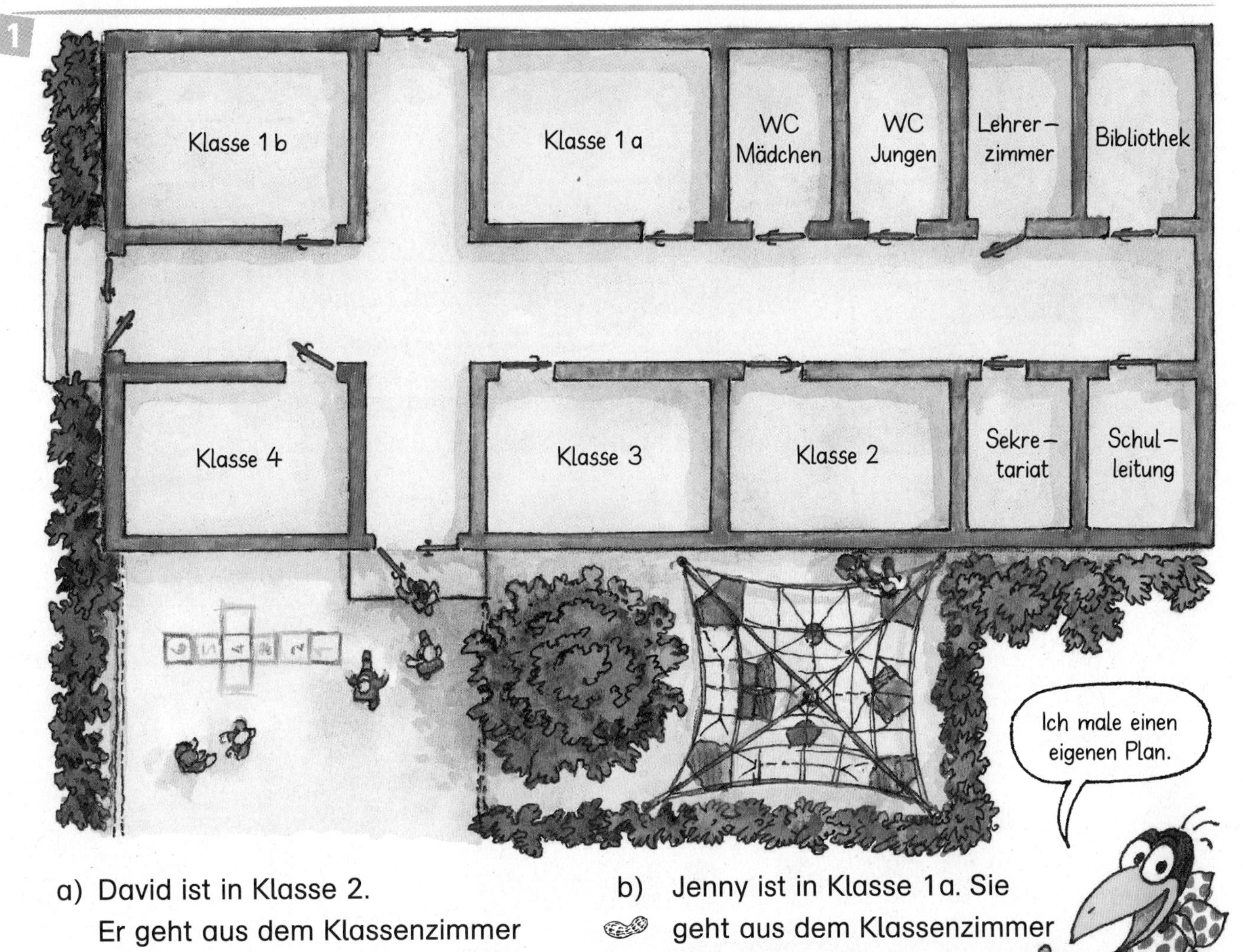

Klasse 1 b
Klasse 1 a
WC Mädchen
WC Jungen
Lehrer-zimmer
Bibliothek
Klasse 4
Klasse 3
Klasse 2
Sekre-tariat
Schul-leitung
Ich male einen eigenen Plan.

a) David ist in Klasse 2.
Er geht aus dem Klassenzimmer heraus nach links und die dritte Tür links hinein.
In welchem Raum ist er jetzt?

b) Jenny ist in Klasse 1a. Sie geht aus dem Klassenzimmer heraus nach links und die nächste Tür links hinein.
Wo ist sie jetzt?

2

Welchen Weg gehen die Personen? Beschreibe.

MARVIN
Ich bin in Klasse 3 und möchte zur Schulleitung.

DOLGUKAN
Ich bin in Klasse 1 a und will ins Sekretariat.

Frau Schlosser
Ich bin in der Bibliothek und will in Klasse 4.

FRANKA
Ich bin in Klasse 2 und möchte zum Kletterbaum.

Frau Nebel
Ich habe in Klasse 1 b unterrichtet und möchte in das Lehrerzimmer.

Denke dir weitere Aufgaben aus.

3

Beschreibe Wege in deiner Schule. Wie kommst du vom ...

a) ... Klassenzimmer zum Pausenhof?
b) ... Klassenzimmer zum Lehrerzimmer?
c) ... Pausenhof zum Jungen-WC?
d) ... Sekretariat zur Klasse 1a?
e) ... Mädchen-WC zu Klasse 2?
f) Suche selbst einen Weg und beschreibe.

1 Die beschriebenen Wege im Bildplan nachvollziehen und beschreiben. Eigene Wege beschreiben.

2 Beschriebene Wege auf dem Bildplan nachvollziehen.
3 Wege aus dem eigenen Schulgebäude aus der Vorstellung heraus beschreiben.

Zehnerzahlen

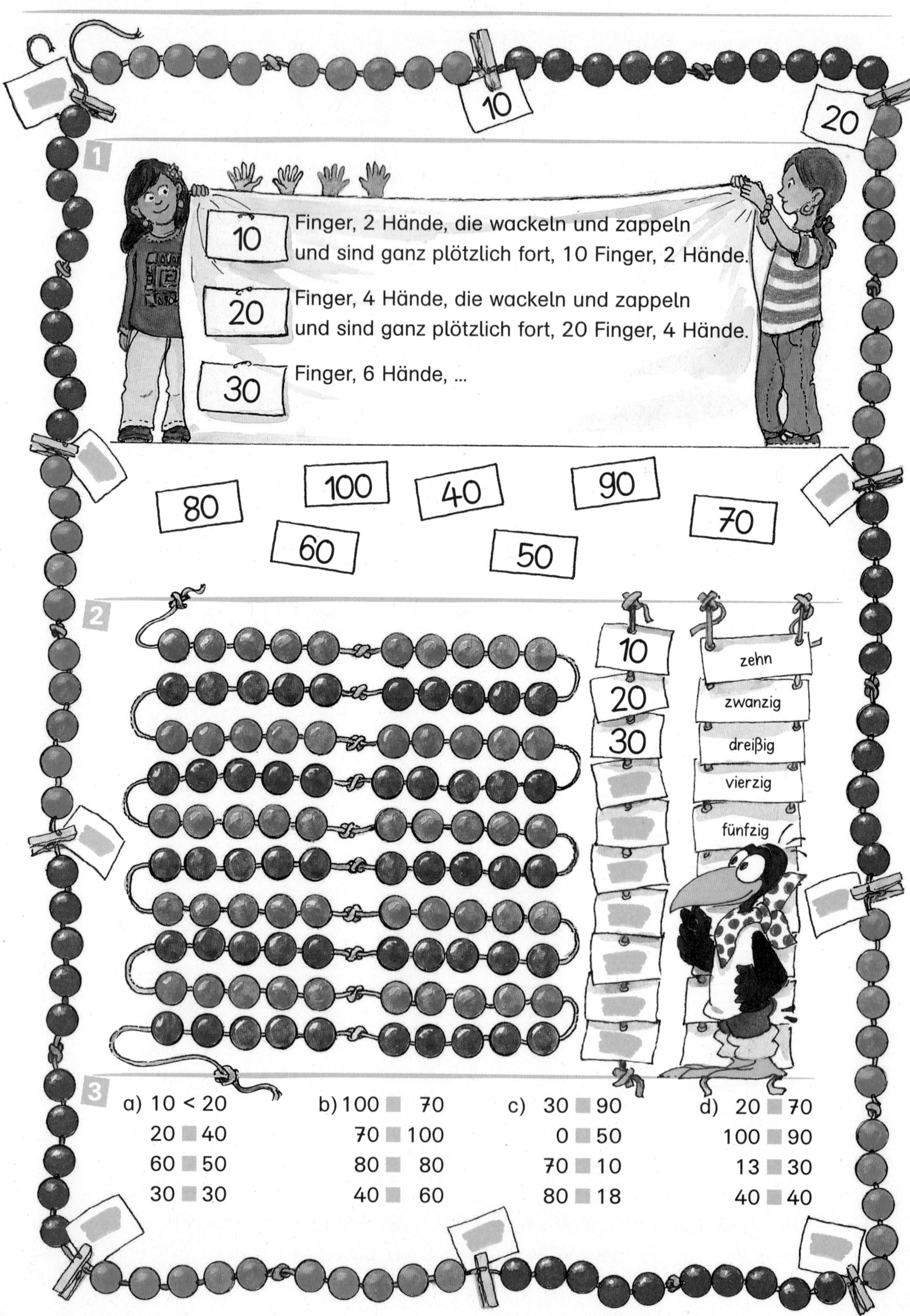

10
20
80
100
40
90
70
60
50
10
20
30
zehn
zwanzig
dreißig
vierzig
fünfzig

1

10 Finger, 2 Hände, die wackeln und zappeln
und sind ganz plötzlich fort, 10 Finger, 2 Hände.

20 Finger, 4 Hände, die wackeln und zappeln
und sind ganz plötzlich fort, 20 Finger, 4 Hände.

30 Finger, 6 Hände, ...

2

3

a)	b)	c)	d)
10 < 20	100 ■ 70	30 ■ 90	20 ■ 70
20 ■ 40	70 ■ 100	0 ■ 50	100 ■ 90
60 ■ 50	80 ■ 80	70 ■ 10	13 ■ 30
30 ■ 30	40 ■ 60	80 ■ 18	40 ■ 40

1 Szenisches Sprechen der Zehnerzahlen bis 100 und zurück bis 0 und Darstellen mit Fingern zum vorgegebenen Text.

2 Die Zehnerzahlen als Zahlen und Zahlwörter im Heft schreiben. **3** Zehnerzahlen vergleichen, die Zeichen <, >, = wiederholen.

Rechnen mit Zehnerzahlen

1 Finde Aufgaben am Hunderterfeld. Zeige.

60
40
100
60 + 40
50 + __
90 + __
__ + __
__ + __

2

90
60 + 30
80 + __
__ + __
70
100 − 30
90 − __
__ + __
__ + __
30
20 + __
50 − __
__ + __
__ − __
60
20 + 20 + __
90 − 10 − __
__ + __ − __
__ + __

3

a)
3 + 5 = __
30 + 50 = __

2 + 7 = __
20 + 70 = __

8 − 3 = __
80 − 30 = __

b)
50 + 20 = __
70 − 20 = __

40 + 40 = __
80 − 40 = __

60 + 30 = __
90 − 30 = __

4

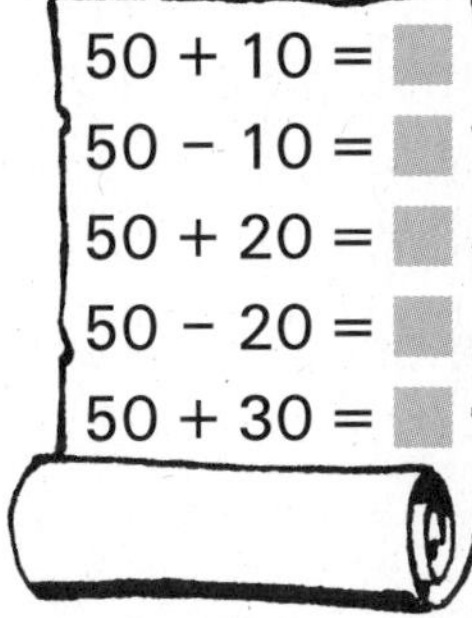

50 + 10 = __
50 − 10 = __
50 + 20 = __
50 − 20 = __
50 + 30 = __

100 − __ = 90
100 − __ = 10
100 − __ = 80
100 − __ = 20
100 − __ = 70

5

80, 60, 20
60 + 20 = 80
20 + 60 = __
80 − 60 = __
80 − __ = __

80
60 20

90
__ __

70
40 __

__
10 __

1 Aufgaben am Hunderterfeld finden und zeigen.
2 Verschiedene Zahlenzerlegungen finden.
3 und 4 Rechnen mit Zehnerzahlen.
5 Aufgabenfamilien bilden.

Montag	Dienstag	Mittwoch
60 Äpfel	20 Äpfel	10 Äpfel
20 Brote	40 Brote	30 Brote
30 Würste	50 Würste	20 Würste
50 Eisbecher	30 Eisbecher	10 Eisbecher

So viel isst der Riese Trampel!

1. Wie viele Äpfel isst der Riese Trampel am Montag und am Dienstag zusammen?
2. Wie viele Eisbecher isst er an den drei Tagen zusammen?
3. Am Dienstagmorgen hat er 80 Würste eingekauft. Wie viele sind abends noch übrig?
4. Isst er am Montag mehr Eisbecher als am Dienstag und Mittwoch zusammen?
5. Am Donnerstag isst er halb so viel wie am Montag.
6. Am Freitag isst er doppelt so viel wie am Dienstag.
7. Am Samstag isst er so viel wie am Montag und am Mittwoch zusammen.
8. Denke dir noch andere Riesenaufgaben aus!

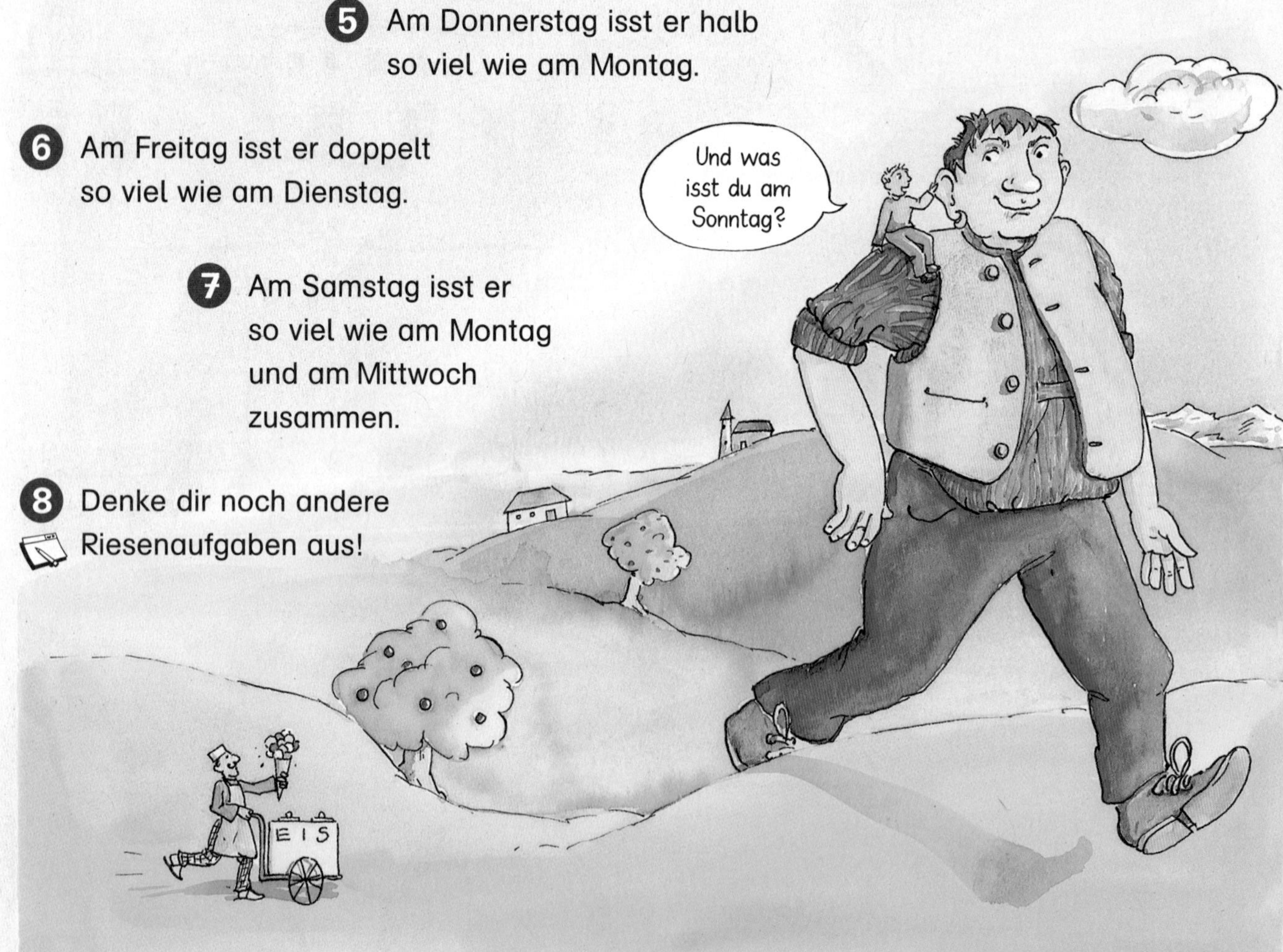
Und was isst du am Sonntag?
EIS

Informationen zum Lösen der Aufgaben den Tabellen oben auf der Seite entnehmen. Eigene Aufgaben für die Sachrechenkartei schreiben.

1

a) Beschreibe die Euro-Scheine. Welche Unterschiede gibt es?
Finde heraus, was auf der Rückseite der Scheine dargestellt ist.

b) Wie viel Geld ist es jeweils? Schreibe die Beträge auf.

2

a)

Ich lege 100 Euro mit 5 Scheinen.
Ich nehme 8 Scheine.
Und ich ...
LISA
JENNY
TIM
Betrag
100 €
100 €
100 €

b) Lege 50 Euro mit verschieden vielen Scheinen. Schreibe in eine Tabelle.

Betrag	Anzahl Scheine	gelegt
50 €	1	
50 €	2	
50 €	3	

50 Euro mit
2 Scheinen?

3

Jede Rechnung wird mit einem 100-Euro-Schein bezahlt.
Wie viel Geld gibt die Verkäuferin jeweils zurück?

40 € + ▢ € = 100 €

Rechnung
Frau Muster
1 Bluse 10 €
2 Pullover 20 €
1 Rock 10 €
Rechnung
Herr Scholl
1 Jeans 20 €
1 Mantel 50 €
1 Shirt 10 €

Rechnung
Frau Weller

1 Hose 30 €
1 Jacke 40 €
1 Pullover 10 €
2 Hemden 30 €

1 Zum Kennen lernen der Geldscheine Rechengeld verwenden.
2 Gleiche Beträge auf verschiedene Weise legen.
3 Sachsituation besprechen, Lösungsmöglichkeiten suchen, Beträge auf 100 Euro ergänzen.

Zählen und bündeln

1

Ich lege und zähle so: 3, 6, 9, ...
Ich mache es anders.
Ich tausche: Für 10 Plättchen nehme ich einen Zehnerstreifen.
MARIE
MAX
EVA

a) Wie viele Plättchen hat jedes Kind?
   Wo konntest du leicht zählen?

b) Legt viele Plättchen auf einen Teller.
   Schätzt, wie viele es sind.
   Legt und zählt.
   Wer hat am besten geschätzt?

Und wie zählst du?

2 Zähle. Wie viele sind es?

Klebestifte
Klebestifte

Zehner	Einer

Z	E

Z	E

Z	E

1 Mit Bündelungen Mengen überschaubar darstellen, dekadisch bündeln und tauschen.

2 Zehnerbündelungen im Bild finden, Anzahl in die Stellenwerttafel im Heft eintragen.

Zehner und Einer

1

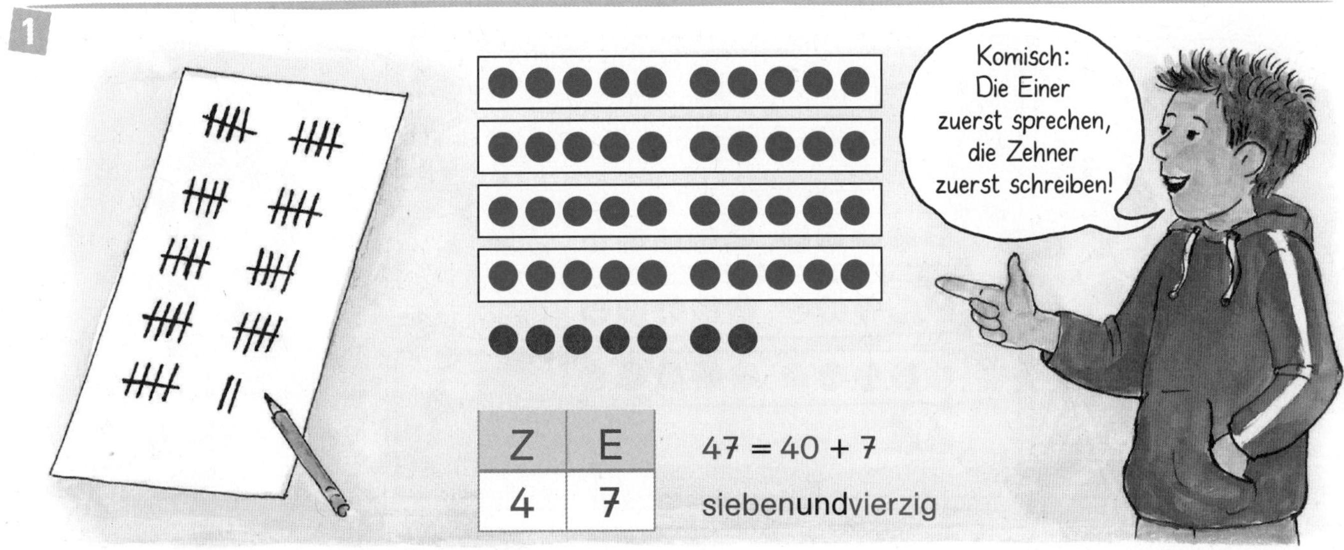

Komisch: Die Einer zuerst sprechen, die Zehner zuerst schreiben!
Z E
4 7
47 = 40 + 7
siebenundvierzig

2 Kinder in anderen Ländern sprechen die Zahl 47 so:

forty–seven
quarante–sept
47
kırkyedi
сорок семь
Und wie schreibe ich die Zahl siebenundvierzig am Computer?

Kennst du noch Zahlen in anderen Sprachen?

3

4 Lege.

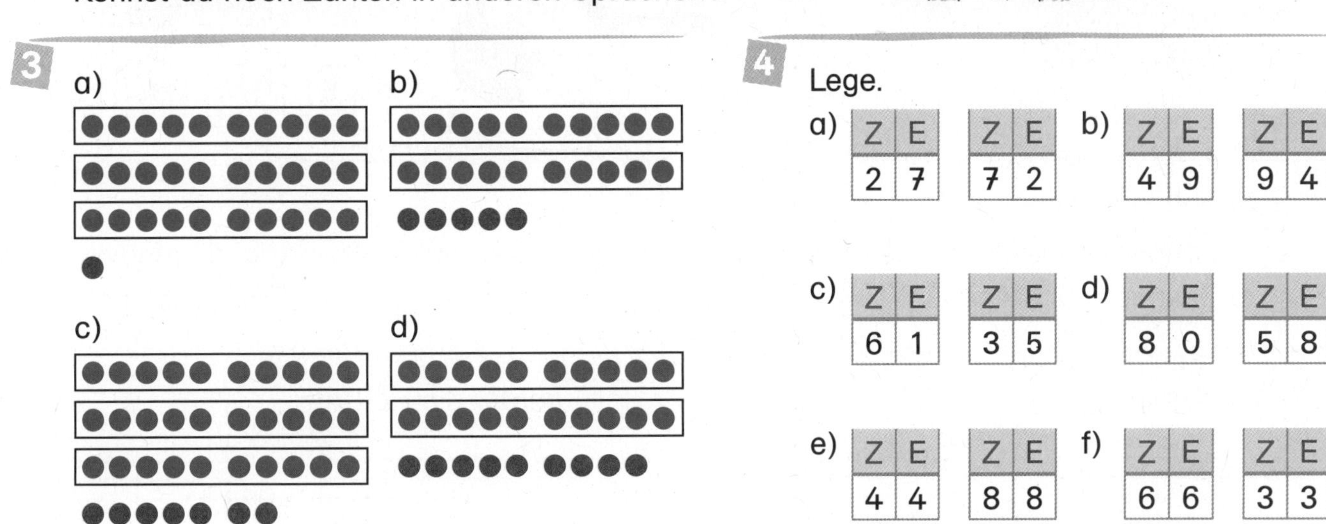

a)
b)
c)
d)
a) Z E 2 7 | Z E 7 2
b) Z E 4 9 | Z E 9 4
c) Z E 6 1 | Z E 3 5
d) Z E 8 0 | Z E 5 8
e) Z E 4 4 | Z E 8 8
f) Z E 6 6 | Z E 3 3

5 Lege und schreibe so: 28 = 2 Z + 8 E

a) 28 13 52 89 64 45

b) 36 60 47 71 88 54

6 Schreibe in eine Stellenwerttafel.

a) dreiundzwanzig, siebenundfünfzig
b) achtunddreißig, einundvierzig
c) fünfundachtzig, zweiundneunzig

Zahlen bis 100 unterschiedlich darstellen, lesen und schreiben.

Zehner und Einer

1

Das ist meine Geheimschrift.

Ich kann sie lesen.

Z	E
3	2

2

a)

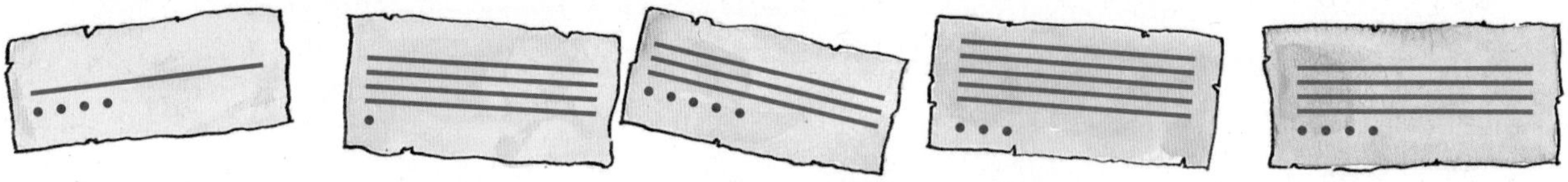

b)

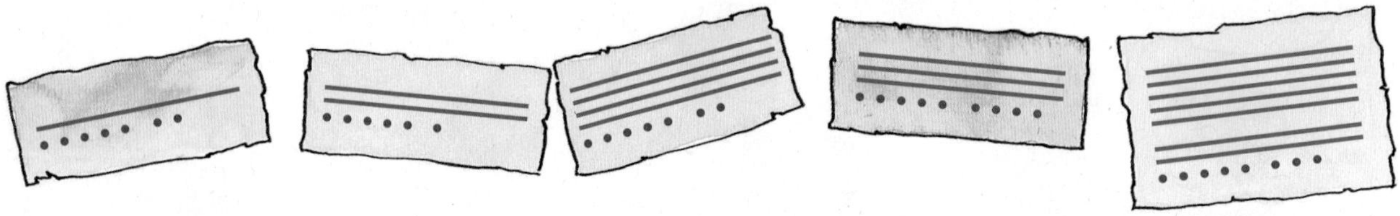

3 Schreibe in Geheimschrift.

a)

Z	E
2	4

Z	E
4	2

Z	E
1	9

Z	E
9	1

Einen Zehnerstrich zeichne ich 5 Kästchen lang.

a)

b) 13 53 73 93

c) 22 55 16 70

d) 81 74 99 28

4 Schreibe in Geheimschrift.

a) 5 Zehner und 6 Einer
6 Zehner und 7 Einer

b) 8 Zehner und 3 Einer
4 Zehner und 0 Einer

c) vierundzwanzig, dreiundvierzig
fünfundneunzig, achtzehn

5 Immer das Doppelte!

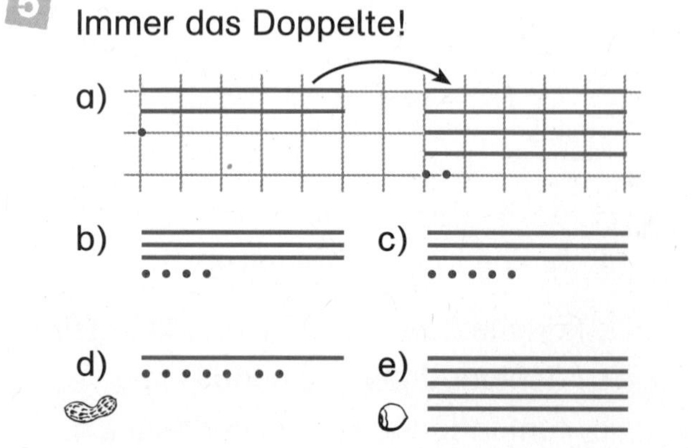
a)
b)
c)
d)
e)

6 Immer die Hälfte!

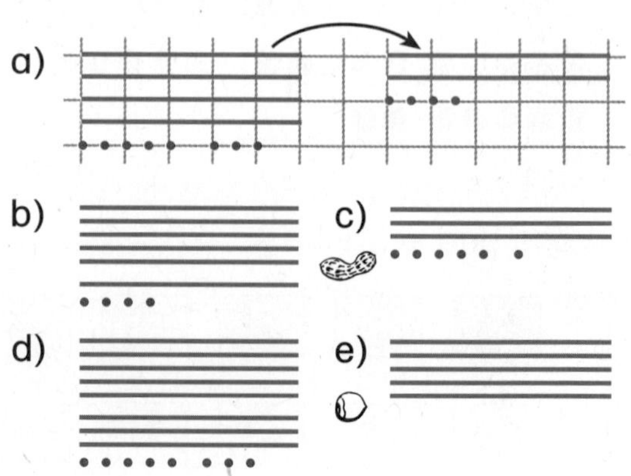
a)
b)
c)
d)
e)

Das Strich-Punkt-Modell (Geheimschrift) zur Zahldarstellung kennen lernen.

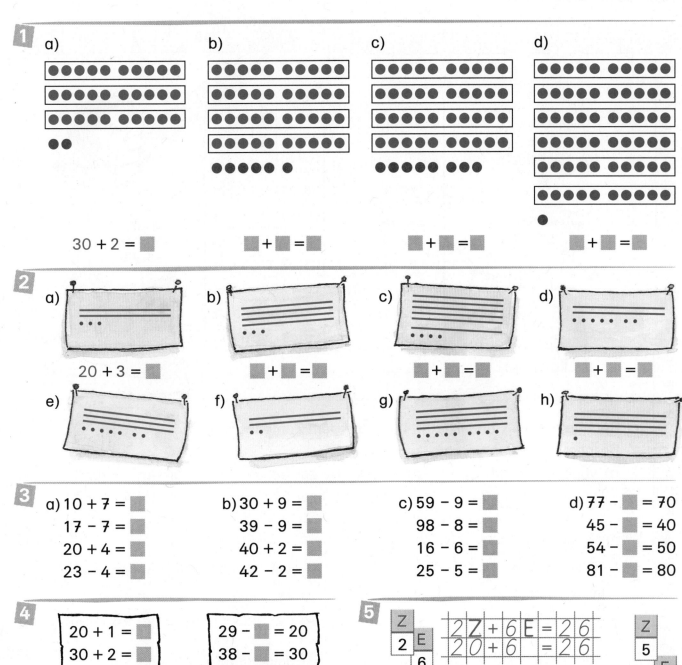

1

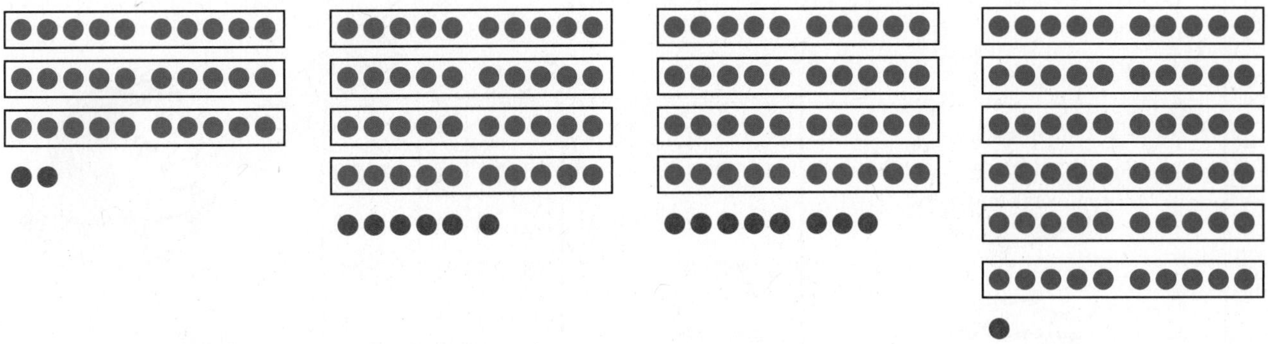

a) 30 + 2 = ▢

b) ▢ + ▢ = ▢

c) ▢ + ▢ = ▢

d) ▢ + ▢ = ▢

2

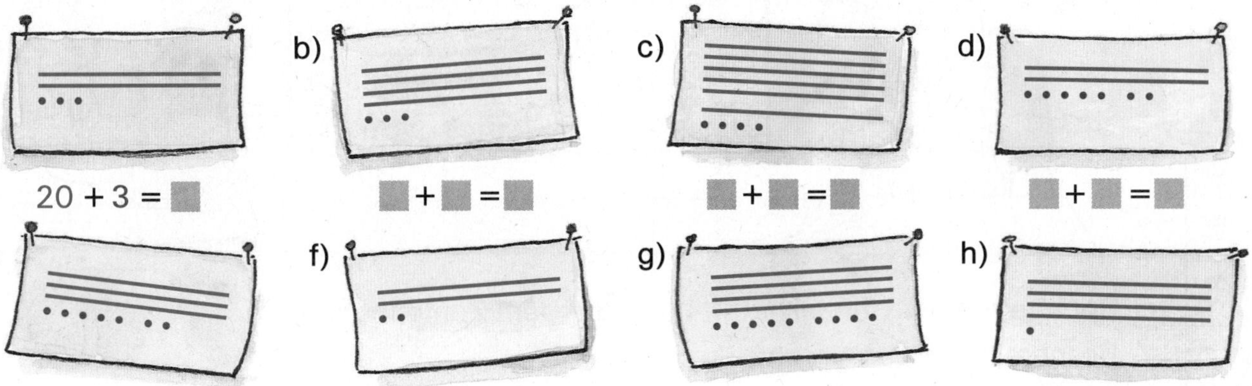

a) 20 + 3 = ▢

b) ▢ + ▢ = ▢

c) ▢ + ▢ = ▢

d) ▢ + ▢ = ▢

e)

f)

g)

h)

3

a)	b)	c)	d)
10 + 7 = ▢	30 + 9 = ▢	59 − 9 = ▢	77 − ▢ = 70
17 − 7 = ▢	39 − 9 = ▢	98 − 8 = ▢	45 − ▢ = 40
20 + 4 = ▢	40 + 2 = ▢	16 − 6 = ▢	54 − ▢ = 50
23 − 4 = ▢	42 − 2 = ▢	25 − 5 = ▢	81 − ▢ = 80

4

20 + 1 = ▢
30 + 2 = ▢
40 + 3 = ▢
50 + 4 = ▢
60 + 5 = ▢

29 − ▢ = 20
38 − ▢ = 30
47 − ▢ = 40
56 − ▢ = 50
65 − ▢ = 60

5

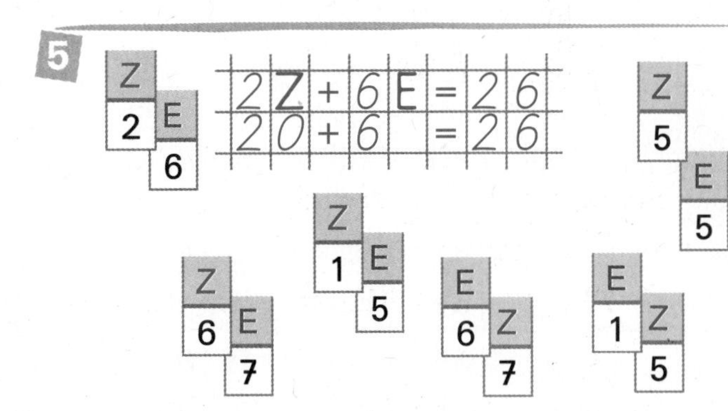

Z 2 E 6
2 Z + 6 E = 2 6
2 0 + 6 = 2 6
Z 5 E 5
Z 1 E 5
Z 6 E 7
E 6 Z 7
E 1 Z 5

6 Immer vier gehören zusammen. Schreibe nebeneinander in dein Heft.

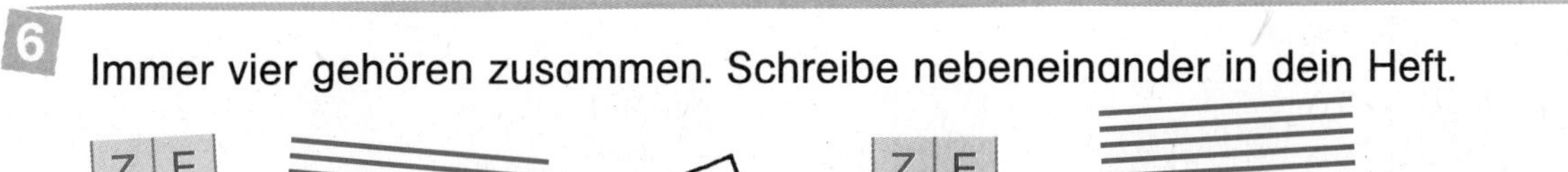

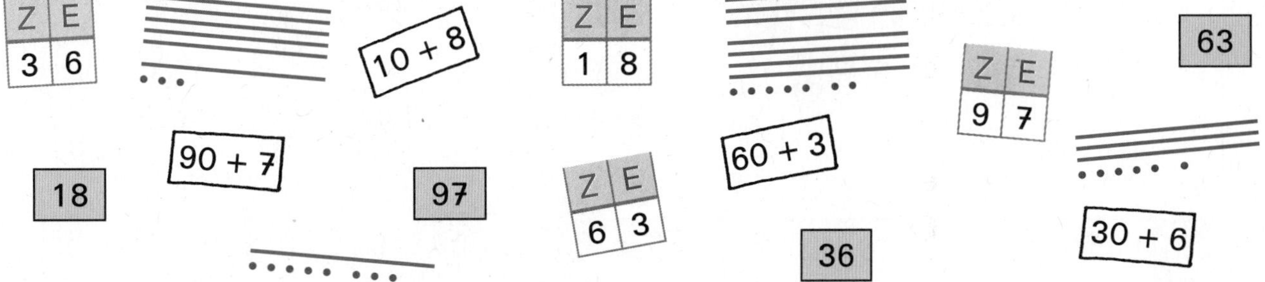

Z E 3 6
10 + 8
Z E 1 8
Z E 9 7
63
18
90 + 7
97
Z E 6 3
60 + 3
36
30 + 6

1 Mit Streifen und Plättchen Aufgaben rechnen.
2 Aufgaben zu der Strich-Punkt-Darstellung (Geheimschrift) finden.
3 Additions- und Subtraktionsaufgaben in Strich-Punkt-Darstellung zeichnen.
6 Zahlen in unterschiedlichen Darstellungen erkennen.

Zahlenband

Ich springe 2 Felder nach unten.
Und ich rücke 20 Felder nach rechts.

1 Springe auf der Hundertertafel und auf dem Zahlenband.
Beschreibe deinen Sprung.

a) von der 35 zur 55
von der 61 zur 31

b) von der 62 zur 68
von der 60 zur 51

c) von der 4 zur 14
von der 40 zur 41

2 Zähle und notiere. a) 79, 80, ...

a) von 79 bis 85
von 37 bis 43
von 68 bis 74

b) von 26 bis 32
von 88 bis 94
von 16 bis 23

c) von 72 bis 66
von 53 bis 47
von 80 bis 75

3 Größer als (>), kleiner als (<) oder gleich (=)? Zeige am Zahlenband.

a)	b)	c)	d)	e)
12 ■ 22	96 ■ 69	17 ■ 71	15 ■ 50	28 ■ 49
67 ■ 33	24 ■ 42	100 ■ 10	56 ■ 36	39 ■ 39
48 ■ 97	56 ■ 65	57 ■ 87	93 ■ 91	77 ■ 82
25 ■ 38	81 ■ 18	98 ■ 64	52 ■ 59	82 ■ 77

4 Ordne der Größe nach.

a) 89, 27, 11, 46

b) 29, 99, 78, 6

c) 44, 84, 54, 34

d) 86, 73, 83, 76

e) 59, 91, 95, 19

a) 11, 27, ...

Aus einer Hundertertafel ein Zahlenband herstellen.
1 Verschiedene Sprünge vergleichen.
2 Zählen und im Heft notieren.
3 Zahlenvergleiche am Zahlenband zeigen.

1

Weißt du, welche Zahlen ich versteckt habe?

1	2	3	4	5	6	7	8	9	10
11	12	13	14	15	16	17	●	19	20
21	22	●	24	25	26	27	28	29	30
31	32	33	34	35	36	37	38	39	40
41	42	43	44	45	46	●	48	49	50
51	●	53	54	55	56	57	58	59	60
61	62	63	64	65	●	67	68	69	70
71	72	73	74	75	76	77	78	●	80
●	82	83	84	85	86	87	88	89	90
91	92	93	94	95	96	97	98	99	100

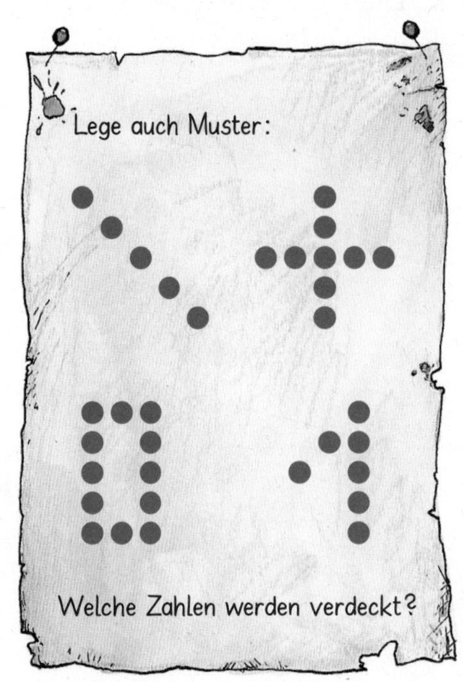
Lege auch Muster:
Welche Zahlen werden verdeckt?

2

Schreibe die versteckten Zahlen auf.

Was fällt dir auf?

a)

1	2	3	4	5	6	7	●	9	10
11	12	13	14	15	16	17	●	19	20
21	22	23	24	25	26	27	●	29	30
31	32	33	34	35	36	37	●	39	40
41	42	43	44	45	46	47	●	49	50
51	52	53	54	55	56	57	●	59	60
61	62	63	64	65	66	67	●	69	70
71	72	73	74	75	76	77	●	79	80
●	●	●	●	●	●	●	●	●	●
91	92	93	94	95	96	97	●	99	100

b)

1	2	●	4	5	6	7	8	9	●
11	●	●	●	15	16	17	18	●	20
21	22	●	24	25	26	27	●	29	30
31	32	33	34	35	36	●	38	39	40
41	42	43	44	45	●	47	48	49	50
51	52	53	54	●	56	57	58	59	60
61	62	63	●	65	66	67	68	69	70
71	72	●	74	75	76	77	●	79	80
81	●	83	84	85	86	●	●	89	90
●	92	93	94	95	96	97	●	99	100

c) Erkenne das Muster und lege weiter:

2, 13, 24, 35, ...

81, 72, 63, ...

1	●	3	4	5	6	7	8
11	12	●	14	15	16	17	1
21	22	23	●	25	26	27	2
31	32	33	34	●	36	37	3
41	42	43	44	45	46	47	4

3

Lege Plättchen auf ...

a) alle Zahlen in der 2. Spalte.

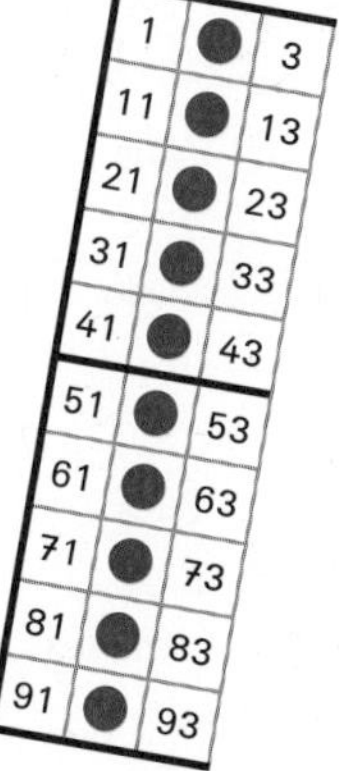
1 ● 3
11 ● 13
21 ● 23
31 ● 33
41 ● 43
51 ● 53
61 ● 63
71 ● 73
81 ● 83
91 ● 93

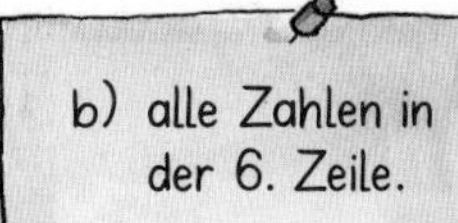
b) alle Zahlen in der 6. Zeile.

c) alle Zehnerzahlen.

d) alle Zahlen mit 7 Zehnern.

e) alle Zahlen mit 5 Einern.

f) alle Zahlen, bei denen der Einer doppelt so groß ist wie der Zehner.

g) alle Zahlen, bei denen der Zehner um 3 kleiner ist als der Einer.

Schreibe:

a) 2, 12, 22, 32,

1 Zahlen auf der Hundertertafel verdecken und durch die Umgebungszahlen bestimmen. 2 Veränderungen von Einern und Zehnern in Zeile und Spalte erkennen. Begriffe „Zeile" und „Spalte" einführen. 3 Nach Anweisung Zahlen auf der Hundertertafel suchen und mit einem Plättchen belegen. Verdeckte Zahlen ins Heft schreiben, durch Wegnehmen der Plättchen kontrollieren.

Aufgaben an der Hundertertafel

1 Die Hundertertafel ist zerschnitten.

2 Welche Zahlen fehlen?

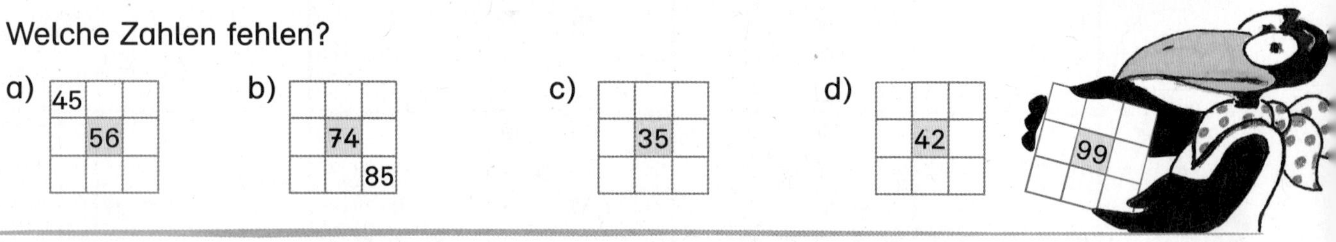

a) 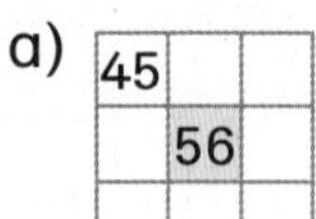

45
56

b) 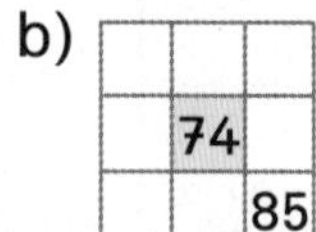

74
85

c) 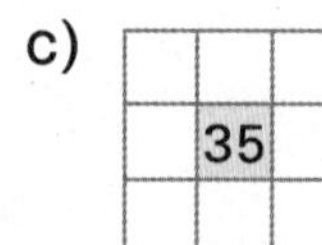

35

d) 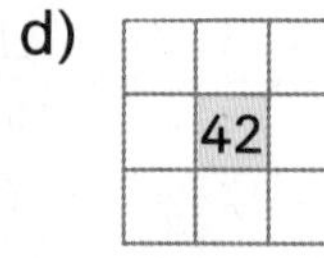

42

99

3

a) 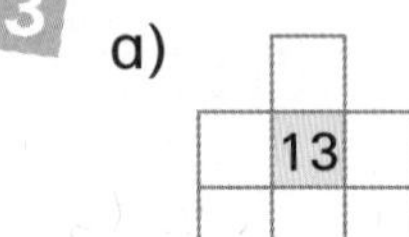

13

b) 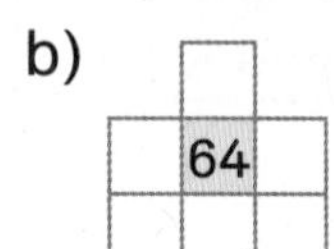

64

c) 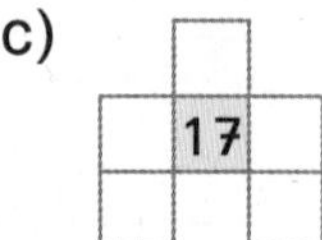

17

d) 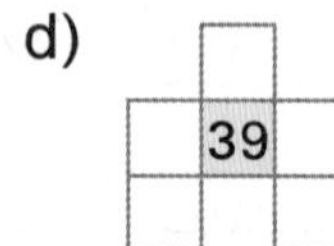

39

e) 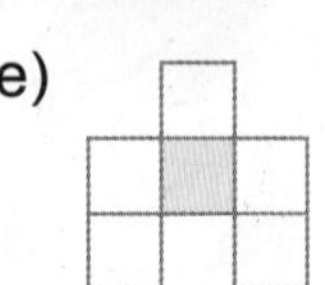

4

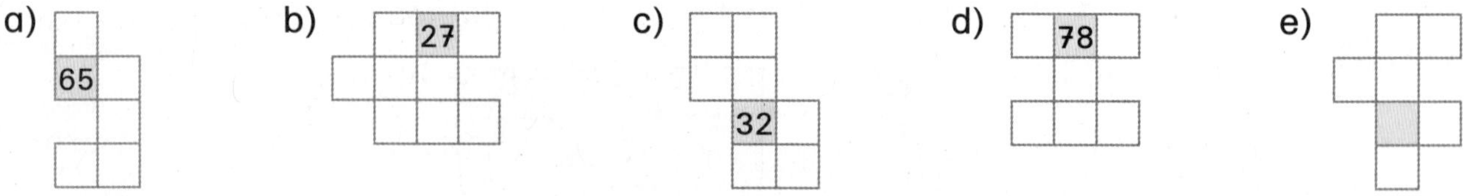

a) b) 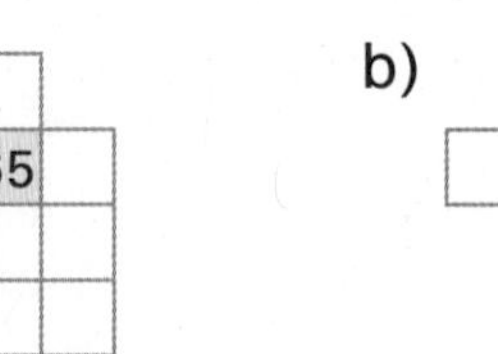

65
27

c) 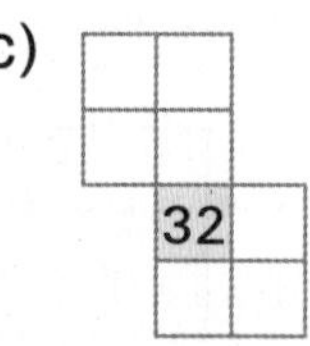

32

d) 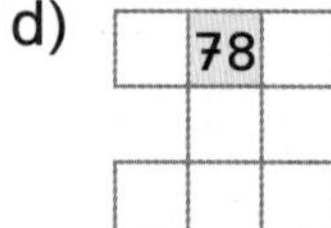

78

e) 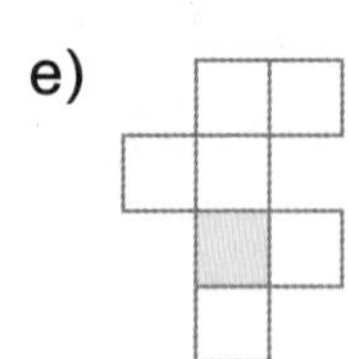

5 Hilf dem Raben beim Puzzeln. Zeichne in dein Heft.

a) 

23
33 34
44
54
53

b) 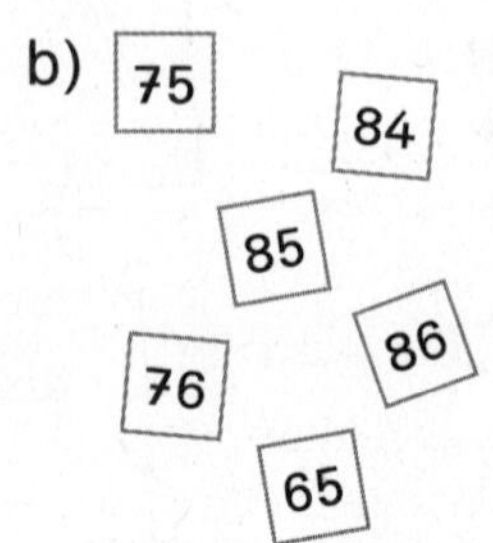

75
84
85
76
86
65

c) 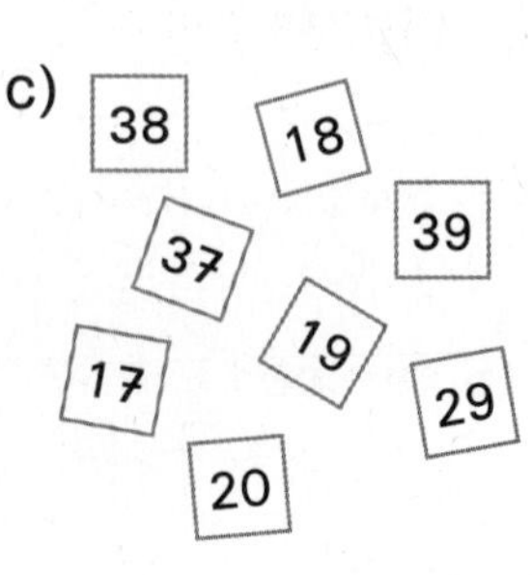

38
18
37
39
19
17
29
20

1 bis **4** Verdeckte bzw. fehlende Zahlen auf den Puzzleteilen mit der Hundertertafel bestimmen und aufschreiben (Kopiervorlage).

5 Puzzleteile zusammensetzen.

1

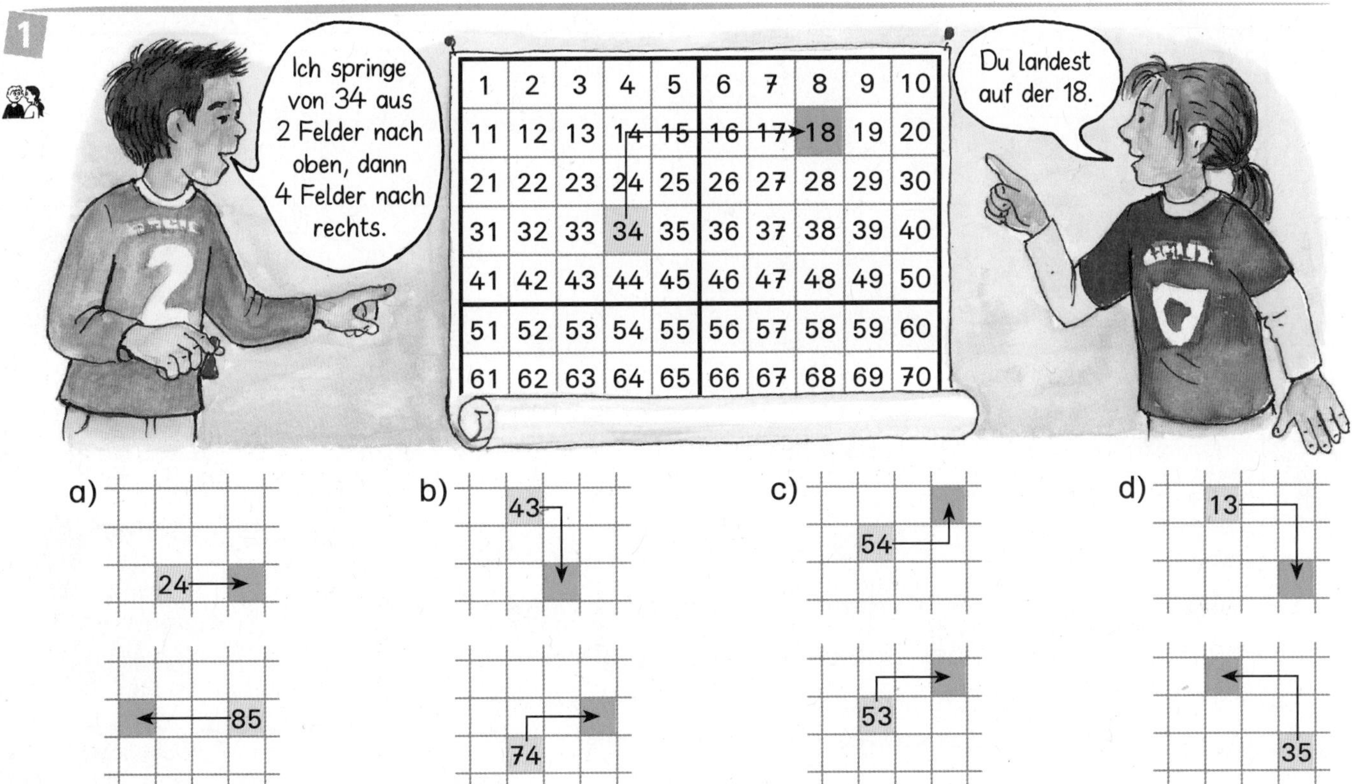
Ich springe von 34 aus 2 Felder nach oben, dann 4 Felder nach rechts.
Du landest auf der 18.

a) 24 → ; 85 ←

b) 43 → ↓ ; 74 → →

c) 54 → ↑ ; 53 → →

d) 13 → ↓ ; 35 ↑ ←

2

Von welcher Zahl bist du losgesprungen?

a) 6 ; 45

b) 72 ; 81

c) 38 ; 16

d)

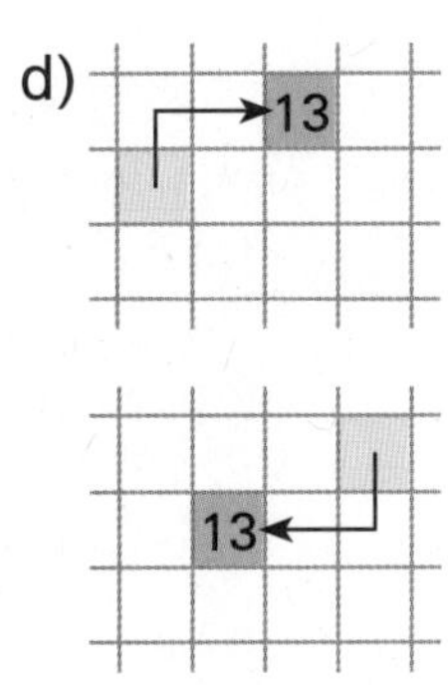
13
13

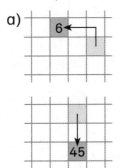

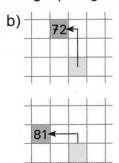

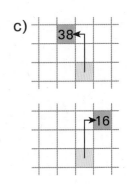

3

Springe auf der Hundertertafel:

35

64

55

57
76

a) 2 Felder nach rechts und 1 Feld nach oben.
b) 1 Feld nach oben und 3 Felder nach links.
c) 1 Feld nach links und 3 Felder nach oben.
d) 3 Felder nach rechts und 2 Felder nach unten.

4

a) Springe immer 2 Felder weit. Starte bei 46.

b) Springe immer 3 Felder weit. Starte bei 34.

1	2	3	4	5	6	7	8	9	10
11	12	13	14	15	16	17	18	19	20
21	22	23	24	25	●	27	28	29	30
31	32	33	34	35	36	●	38	39	40
41	42	43	44	45	46	47	48	49	50
51	52	53	54	55	56	57	58	59	60
61	62	63	64	65	66	67	68	69	70
71	72	73	74	75	76	77	78	79	80
81	82	83	84	85	86	87	88	89	90
91	92	93	94	95	96	97	98	99	100

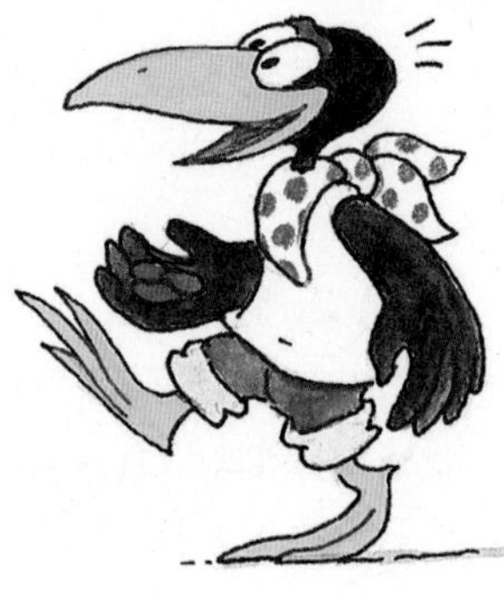
Ich lege ein Plättchen auf alle Zahlen, auf denen ich lande.

1 bis 3 Sprünge auf der Hundertertafel nachvollziehen, Start- bzw. Zielzahl erschließen. Sprünge möglichst ohne konkretes Material im Kopf nachvollziehen.

4 Erreichbare Felder bestimmen, es gelten nur waagerechte und senkrechte Sprünge, die Sprungrichtung darf gewechselt werden (auch vor und zurück springen).

Zahlenstrahl

1

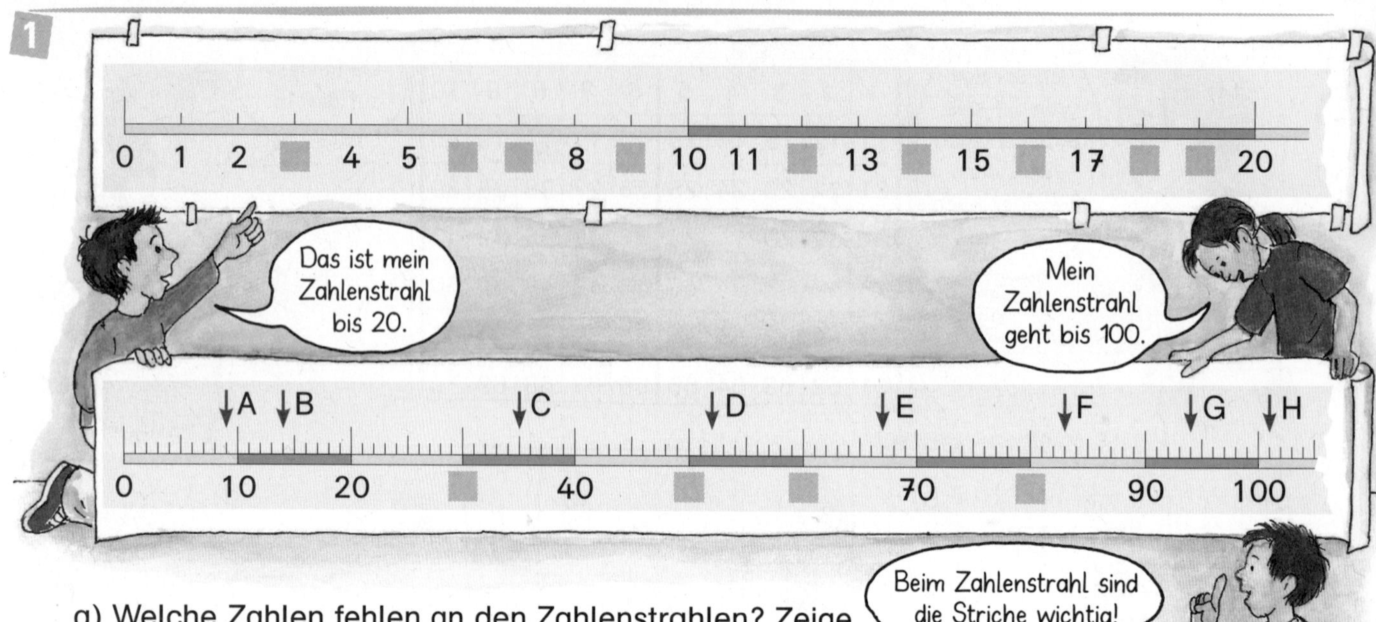
0 1 2 4 5 8 10 11 13 15 17 20
Das ist mein Zahlenstrahl bis 20.
Mein Zahlenstrahl geht bis 100.
A B C D E F G H
0 10 20 40 70 90 100

Beim Zahlenstrahl sind die Striche wichtig!

a) Welche Zahlen fehlen an den Zahlenstrahlen? Zeige.
b) Was ändert sich an den Zahlenstrahlen? Vergleiche.
c) Zeige am unteren Zahlenstrahl 13, 28, 41, 55, 74, 89, 92, 102.
d) Auf welche Zahlen zeigen die roten Pfeile? A → 9

2

a) Gib Vorgänger (V) und Nachfolger (N) an.

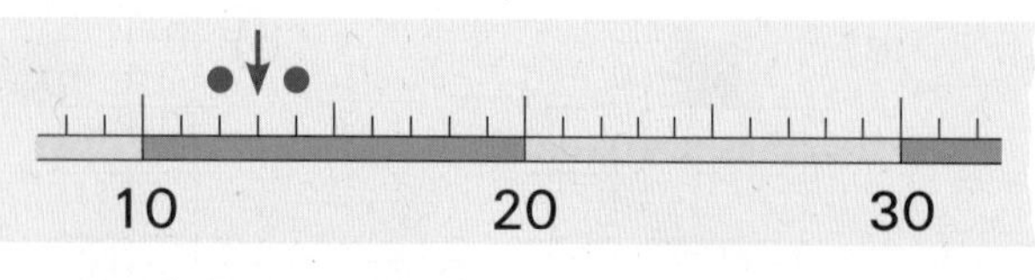
10
20
30

V		N
12	13	14
	23	
	33	
	51	
	76	
	95	

V		N
	27	
	49	
	60	
	90	
	84	
	48	

b) Wie heißen die Nachbarzehner (NZ)?

30 40 50

NZ		NZ
30	37	40
	47	
	52	
	79	
	14	
	23	

37 liegt zwischen 30 und 40.

NZ		NZ
	18	
	81	
	34	
	43	
	65	
	56	

3 Wie geht es weiter? Setze die Zahlenfolgen fort.

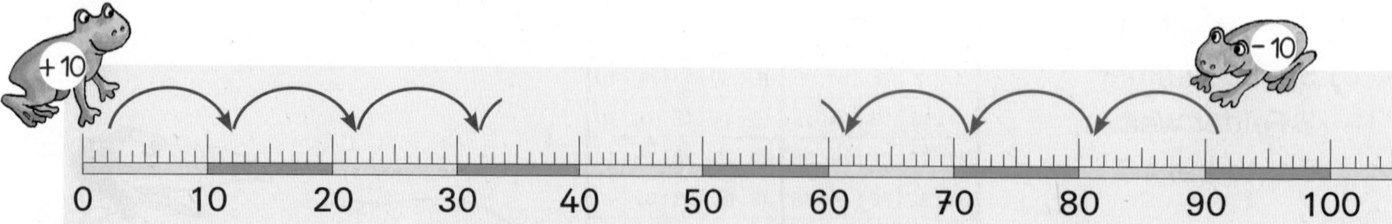
+10
-10
0 10 20 30 40 50 60 70 80 90 100

a) 2, 12, 22, ..., 72
b) 4, 14, 24, ..., 94
c) 9, 14, 19, ..., 54
d) 7, 12, 17, ..., 52

e) 91, 81, 71, ..., 21
f) 93, 83, 73, ..., 3
g) 55, 50, 45, ..., 5
h) 54, 49, 44, ..., 4

i) 7, 14, 21, ..., 70
j) 9, 18, 27, ..., 90
k) 1, 12, 23, ..., 100
l) Erfinde selbst Zahlenfolgen.

1 Zahlenstrahl einführen, Zahlen zeigen und bestimmen.
2 Vorgänger, Nachfolger und Nachbarzehner angeben.
3 Zahlenfolgen einführen und fortsetzen, Zahlenstrahl nutzen. Eigene Zahlenfolgen erfinden.

Zum Zehner ergänzen

1 Wie viel fehlt bis zum nächsten Zehner?

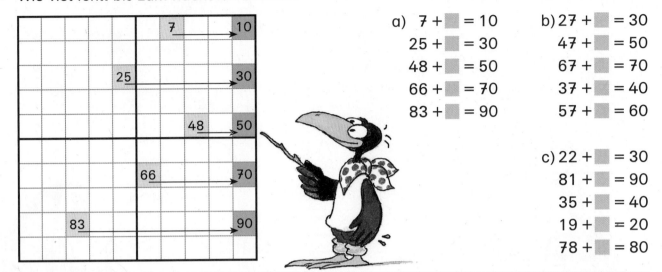

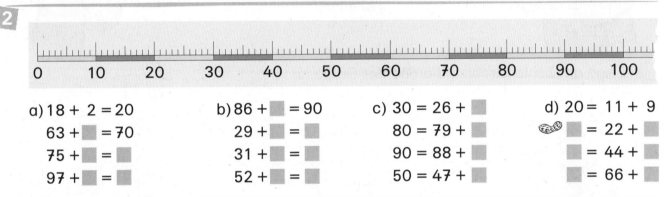

7
10
25
30
48
50
66
70
83
90

a) 7 + __ = 10
25 + __ = 30
48 + __ = 50
66 + __ = 70
83 + __ = 90

b) 27 + __ = 30
47 + __ = 50
67 + __ = 70
37 + __ = 40
57 + __ = 60

c) 22 + __ = 30
81 + __ = 90
35 + __ = 40
19 + __ = 20
78 + __ = 80

2

0 10 20 30 40 50 60 70 80 90 100

a) 18 + 2 = 20
63 + __ = 70
75 + __ = __
97 + __ = __

b) 86 + __ = 90
29 + __ = __
31 + __ = __
52 + __ = __

c) 30 = 26 + __
80 = 79 + __
90 = 88 + __
50 = 47 + __

d) 20 = 11 + 9
__ = 22 + __
__ = 44 + __
__ = 66 + __

3

a)
99 + 1 = __
98 + 2 = __
97 + 3 = __
96 + 4 = __
95 + 5 = __

b)
21 + 9 = __
29 + 1 = __
32 + 8 = __
38 + 2 = __
43 + 7 = __

c)
20 = 13 + __
30 = 23 + __
40 = 33 + __
50 = 43 + __
60 = 53 + __

d)
90 = __ + 9
80 = __ + 8
70 = __ + 7
60 = __ + 6
50 = __ + 5

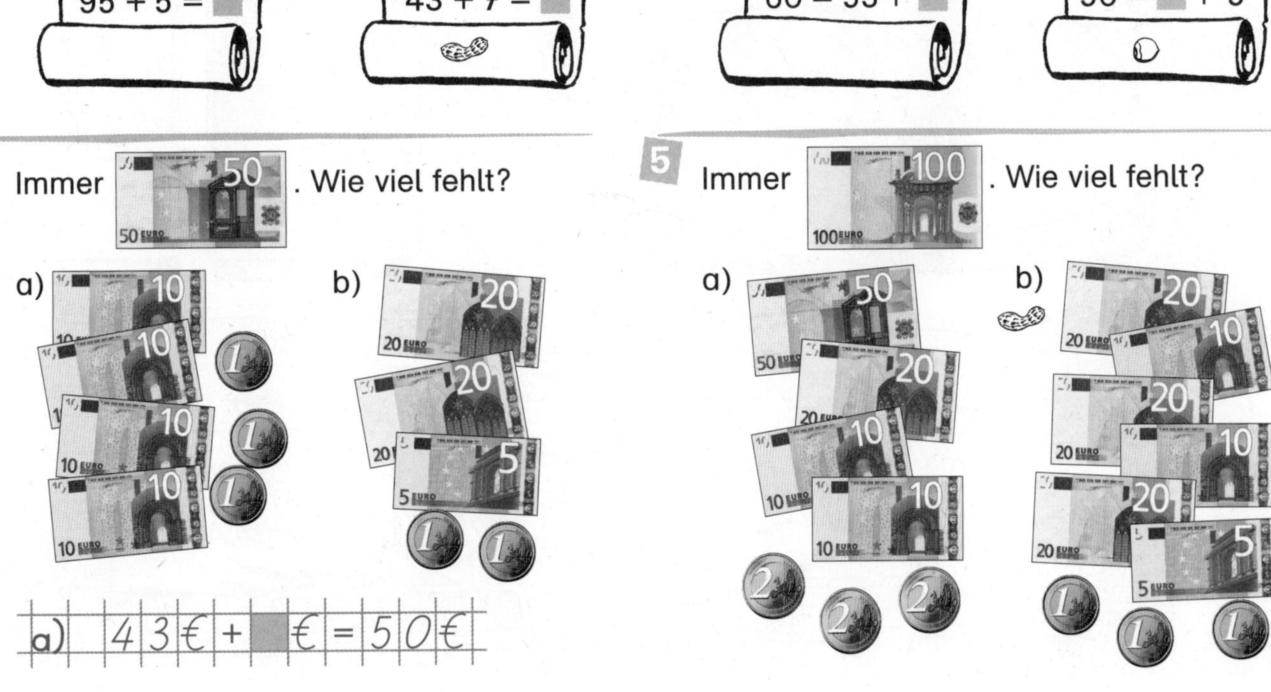

4 Immer 50 €. Wie viel fehlt?

a) b)

a) 43 € + __ € = 50 €

5 Immer 100 €. Wie viel fehlt?

a) b)

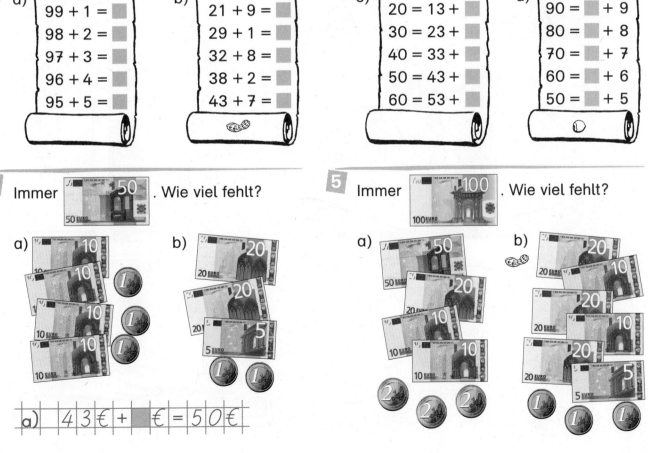

Ergänzungszahl zum nächsten Zehner finden, auch nächsten Zehner selbst bestimmen. Hundertertafel, Zahlenstrahl oder Geld zur Veranschaulichung nutzen.

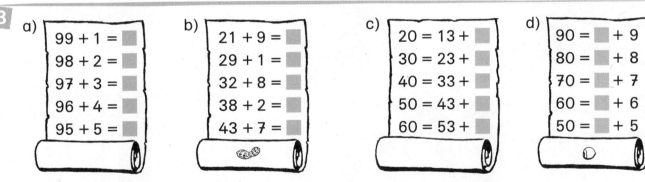

Bei den Zahlendetektiven

1 Entdecke am Zahlenstrahl.
70
Weißt du, wie die Zahlen bei den Bildern heißen?
Klar, und findest du diese Zahlen?
29
51
34
101
82
2 Zeige am Zahlenstrahl und ordne der Größe nach.
a)
15
99
58
51
9
85
b)
39
93
14
11
72
27
Ich beginne mit der kleinsten Zahl.
Und ich mit der größten!
3
a) Zum Zehner ergänzen.
89
34
67
75
45
78
a) 89 + ▢ = 90
b) Zurück zum Zehner.
72
81
93
20
62
54
b) 93 − 3 = ▢
4
V | | N
36 | 37
56
96
80
70
100
NZ | | NZ
30 | 33 | 40
66
99
23
45
78
5
Belohnung!!
GESUCHT! 5 Zahlen, die 4 Einer haben.
Wieder einfangen! Alle Zahlen, die größer als 38 und kleiner als 53 sind!
Entflohen: Die Zahl in der Mitte zwischen 60 und 70.

1 Orientierungsübungen am Zahlenstrahl durchführen. 2 bis 5 Aufgaben mithilfe des Zahlenstrahls lösen.

1

Geheim!
Tresorcodes!
Bitte verschlüsseln! (Geheimschrift)
81 32 18 7 70 23 21 12
Bitte erledigen.
+ 2 9 0 8 6 7
40
90
30
70
Wichtig!
20 + 40 =
60 + 30 =
90 − 60 =
80 − 50 =
50 + 20 =
70 − 30 =
10 + 90 =
Bitte halbieren!
80, 40, 60,
100, 20, 10,
120, 50, 30
Bitte verdoppeln!
10, 30, 40,
20, 50, 60,
70, 80, 100
a) 1, 2, 3,
a)
41
50
b)
5
41
50
95
c)
5
95
Treffpunkt bei 76!
Wegbeschreibung:
Agent 007:
76
Agent 008:
76
Agent 009:
76
URKUNDE
ZAHLEN-DETEKTIV
TRAX
Prüfung bestanden!

2

3

4 Welche Zahlen sind versteckt?

5 Woher kommen die Agenten?

Vermischte Übungen aus dem vorangegangenen Kapitel.

Längen vergleichen

1 Welches Kind ist am größten?

Ich bin der Größte!
KATHARINA
ANDREJ
CELINA
LEILA
JONNY
JONNY
ANDREJ

2 Vergleiche und beschreibe:

... ist länger als ...
... ist kürzer als ...
... ist genauso lang wie ...
... ist breiter als ...
... ist schmaler als ...
... ist genauso breit wie ...
... ist als ...

3 Immer 15 Fuß. Vergleiche.

JONNY
CELINA

4 Vergleiche auf dem Schulhof.

Wer kommt am weitesten mit

a) 20 Fuß?
b) 10 Schritten?
c) 15 Sprüngen auf einem Bein?
d) 15 Sprüngen mit geschlossenen Beinen?

1 Körpergrößen vergleichen und der Größe nach ordnen.
2 Verschiedene Gegenstände einer Art miteinander vergleichen, dabei auch weitere Begriffe (z.B. ... ist höher als ...) anwenden. Weitere Gegenstände finden und vergleichen.
3 und **4** Auf Probleme bei der Verwendung von Körpermaßen als Maßeinheit aufmerksam machen.

Messen mit Meter

1 Miss mit deinen Körpermaßen:

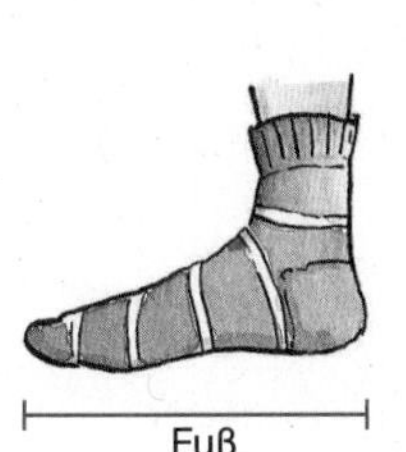
Fuß

Schritt
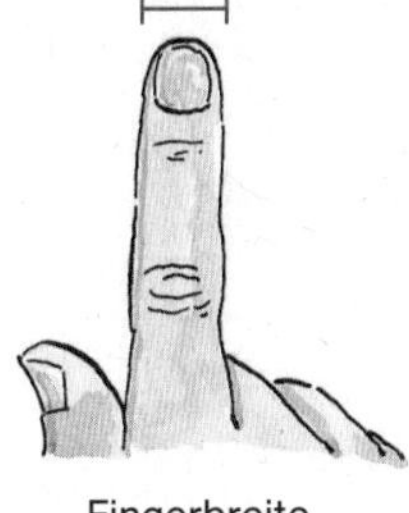
Fingerbreite
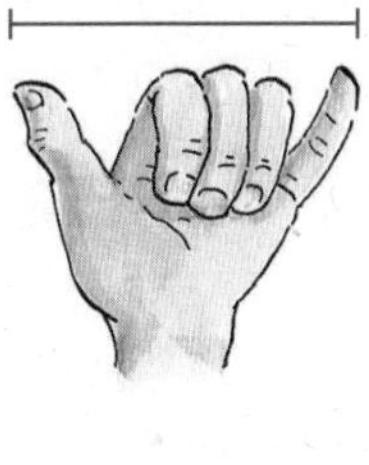
Handspanne

Armspanne

Wie lang und wie breit ist dein Klassenzimmer? Dein Schülertisch? Ein Buntstift?

2

Ich habe 15 Schritte gebraucht.
Und ich 14 Schritte!
Die Schrittlänge ist bei jedem anders. Aber ein Meter ist immer gleich lang.

Ein Meter ist immer gleich lang.

a) Miss Längen in deiner Schule.
   Welche Gegenstände sind ungefähr 1 Meter lang?
b) Welches deiner Körpermaße misst ungefähr einen Meter?

3 Auf manchen Verkehrsschildern gibt es Meterangaben. Was bedeuten die Schilder?

2 m

10 m

STOP
100 m

3,8 m

Wo findest du in deiner Umgebung noch andere Meterangaben?

4 Zeichne Strecken mit Kreide auf den Schulhof.

a) 1 m, 3 m, 5 m, 8 m, 4 m
b) 10 m, 12 m, 15 m, 18 m, 20 m
c) Denke dir selbst Strecken aus.

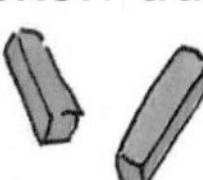

5 Suche Strecken, die ungefähr so lang sind. Schätze zuerst.

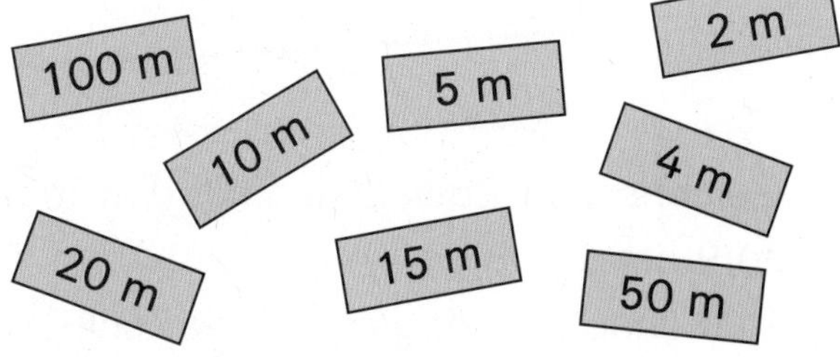
100 m
10 m
5 m
2 m
4 m
20 m
15 m
50 m

1 Messen mit Körpermaßen und anderen nicht-standardisierten Maßeinheiten. Ergebnisse in der Klasse vergleichen.
2 Meter als standardisierte Maßeinheit kennen lernen. Mehrere Gegenstände mit ca. 1 m Länge, Höhe und Breite finden und Repräsentanten festhalten.
3 Maßangaben in der Umwelt entdecken.

Messen mit Zentimeter

1

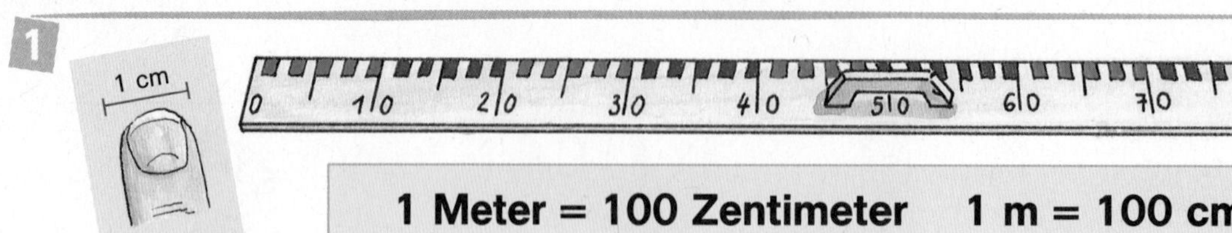
1 cm
0
10
20
30
40
50
60
70
80
90
100

1 Meter = 100 Zentimeter   1 m = 100 cm

So musst du messen:

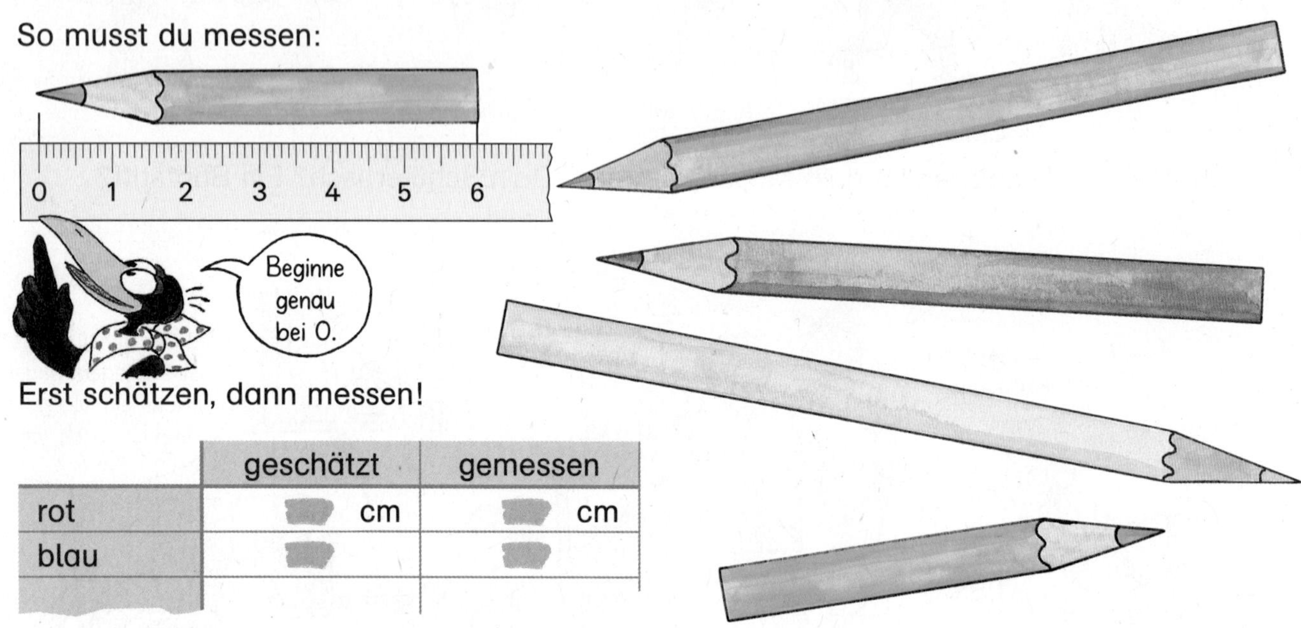
0 1 2 3 4 5 6
Beginne genau bei 0.

Erst schätzen, dann messen!

	geschätzt	gemessen
rot	cm	cm
blau		

2 Miss verschiedene Gegenstände aus deinem Federmäppchen.

a) Welche sind ungefähr 1 cm breit?

b) Welche sind ungefähr 10 cm lang?

3

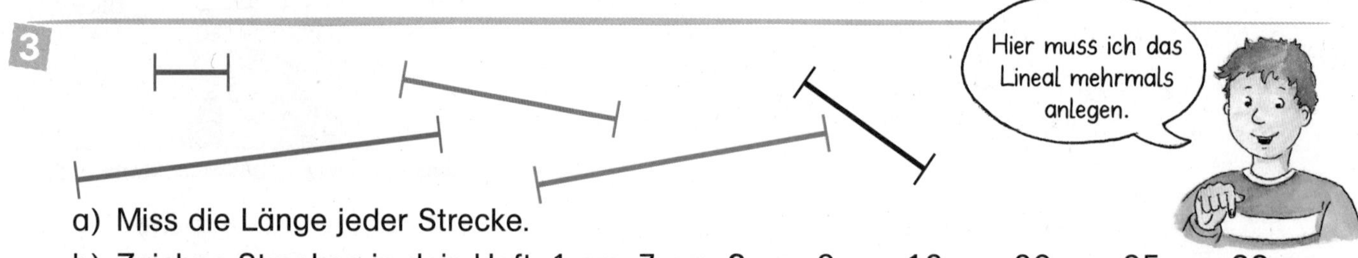
Hier muss ich das Lineal mehrmals anlegen.

a) Miss die Länge jeder Strecke.

b) Zeichne Strecken in dein Heft: 1 cm, 7 cm, 3 cm, 9 cm, 12 cm, 20 cm, 25 cm, 33 cm

4

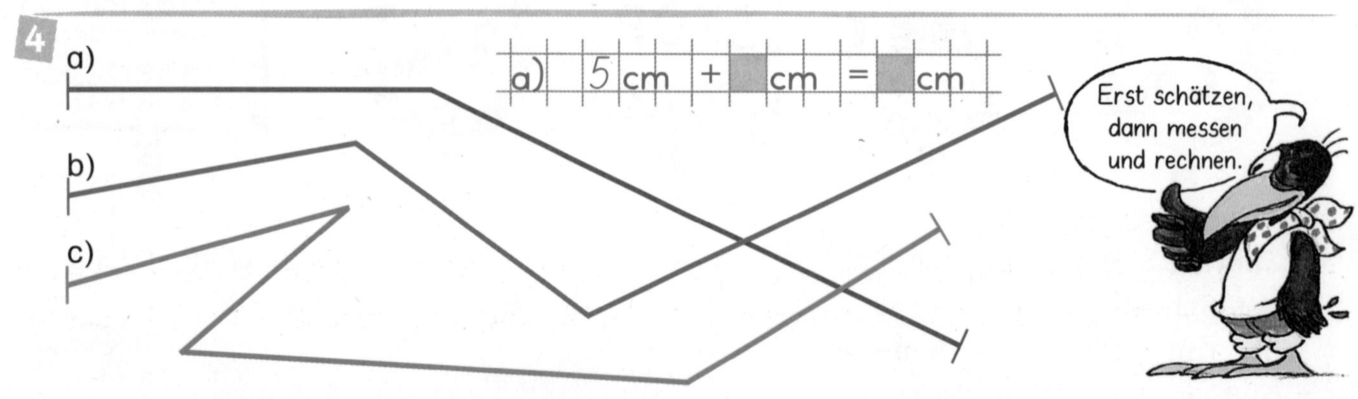
a)
b)
c)
a) 5 cm + cm = cm
Erst schätzen, dann messen und rechnen.

5 Zeichne Zick-Zack-Linien mit den Teilstrecken:

a) 9 cm und 8 cm   b) 4 cm, 5 cm und 6 cm   c) 7 cm, 5 cm, 2 cm und 4 cm

Berechne die Länge der Zick-Zack-Linien.

1 Zentimeter als standardisierte Maßeinheit kennen lernen. Daumenbreite als Repräsentanten für 1 cm festhalten.
2 Gegenstände mit ca. 1 cm Länge, Höhe oder Breite finden.

4 Die Länge jedes Streckenzuges schätzen. Die Teilstrecken messen und ihre Längen addieren.

Meter und Zentimeter

1 Was passt zusammen?

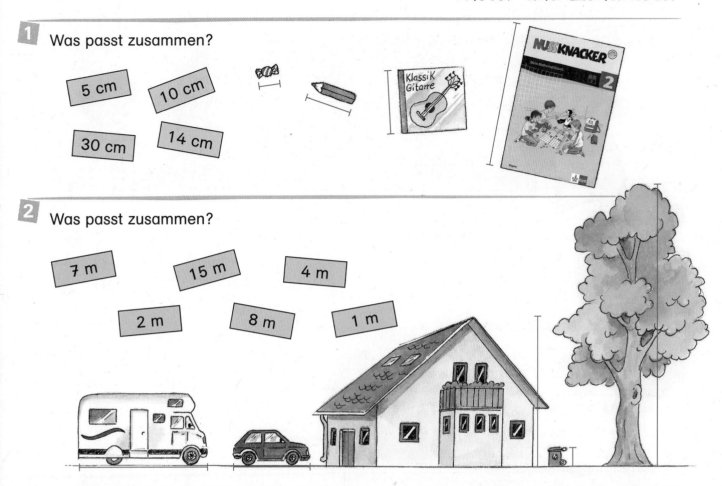

5 cm, 10 cm, 30 cm, 14 cm

2 Was passt zusammen?

7 m, 15 m, 4 m, 2 m, 8 m, 1 m

3

Der Tisch ist 30 cm länger als 1 m!
Dann ist er 1 m 30 cm lang!

Miss Längen in deiner Schule.
Schreibe so:
Tisch: 1 m 30 cm

Tafel	▢ m	▢ cm
Fenster	▢ m	▢ cm
Klassenzimmer	▢ m	▢ cm
Tür, hoch	▢ m	▢ cm
Tür, breit	▢ m	▢ cm
Schrank, hoch	▢ m	▢ cm
Schrank, breit	▢ m	▢ cm
...	▢ m	▢ cm

4 Ordne nach der Länge.

a) 10 m, 10 cm, 5 m, 50 cm
b) 3 m, 70 cm, 1 m 50 cm, 90 cm
c) 1 m 80 cm, 90 cm, 2 m 10 cm, 2 m
d) 1 m, 1 m 5 cm, 2 m, 1 m 50 cm

5

a)
4 cm + 7 cm = ▢ cm
20 cm + 40 cm = ▢ cm
9 cm + 5 cm + 6 cm = ▢ ▢
50 cm + 10 cm + 30 cm = ▢ ▢

b)
4 m + 8 m = ▢ m
10 m + 2 m = ▢ m
3 m + 9 m + 6 m = ▢ ▢
11 m + 4 m + 9 m = ▢ ▢

1 und 2 Größenvorstellungen im Zentimeter- und Meterbereich festigen.

2 Schreibweise bei gemischten Längen einführen.

Plus und minus mit Einern

1

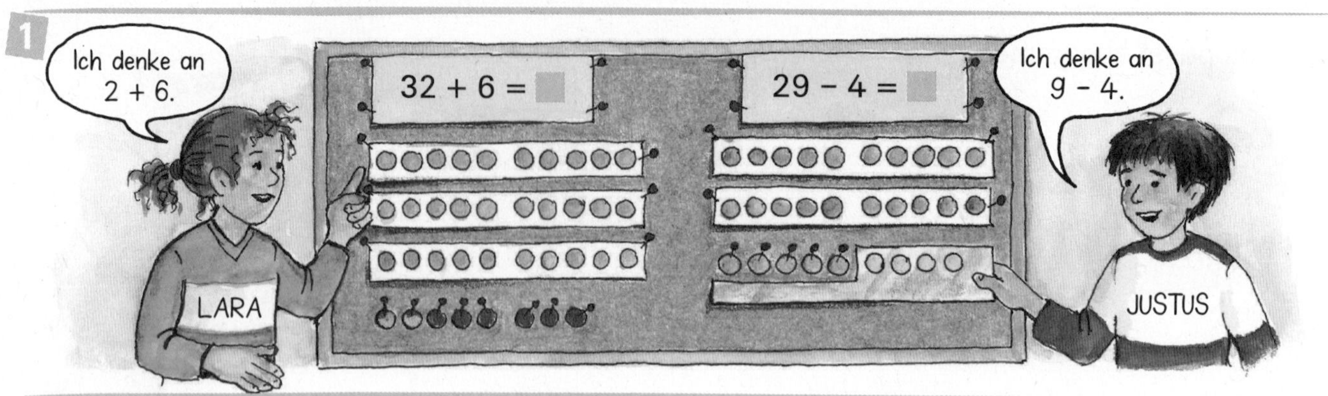

Ich denke an 2 + 6.
32 + 6 =
29 – 4 =
Ich denke an 9 – 4.
LARA
JUSTUS

2

a) 6 + 2 = ▢
16 + 2 = ▢
26 + 2 = ▢
▢ + 2 = ▢

b) 5 + 4 = ▢
15 + 4 = ▢
55 + 4 = ▢
85 + 4 = ▢

c) 8 – 6 = ▢
18 – 6 = ▢
28 – 6 = ▢
▢ – 6 = ▢

d) 7 – 4 = ▢
17 – 4 = ▢
47 – 4 = ▢
77 – 4 = ▢

3

a) 35 + 4 = ▢
66 + 2 = ▢

▢ + 2 = 28
▢ + 2 = 58

b) 82 + 1 = ▢
63 + 5 = ▢

▢ + 4 = 77
▢ + 4 = 19

39 14 68 26 56 21 73 83 15 45 42 19 52 69 35

c) 48 – 6 = ▢
29 – 8 = ▢

▢ – 2 = 33
▢ – 2 = 43

d) 19 – 5 = ▢
54 – 2 = ▢

▢ – 4 = 65
▢ – 4 = 15

4

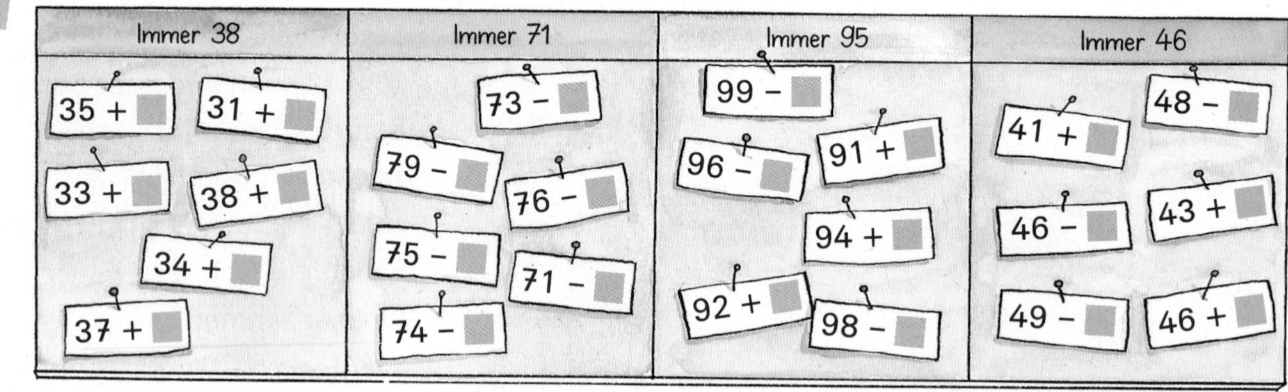

Immer 38
35 + ▢
31 + ▢
33 + ▢
38 + ▢
34 + ▢
37 + ▢
Immer 71
73 – ▢
79 – ▢
76 – ▢
75 – ▢
71 – ▢
74 – ▢
Immer 95
99 – ▢
96 – ▢
91 + ▢
94 + ▢
92 + ▢
98 – ▢
Immer 46
48 – ▢
41 + ▢
46 – ▢
43 + ▢
49 – ▢
46 + ▢

5

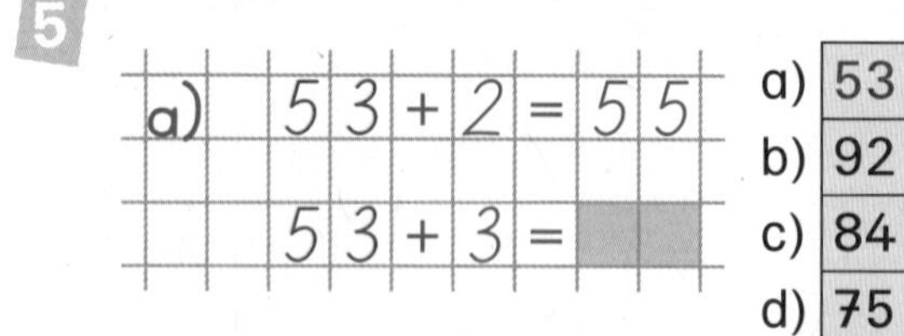

a) 53 + 2 = 55
53 + 3 =

a) 53
b) 92
c) 84
d) 75

\+

2
3
4
5

6

a) 45
b) 56
c) 37
d) 28

–

2
3
5
4

e) 87
f) 96
g) 78
h) 69

–

4
6
3
5

7

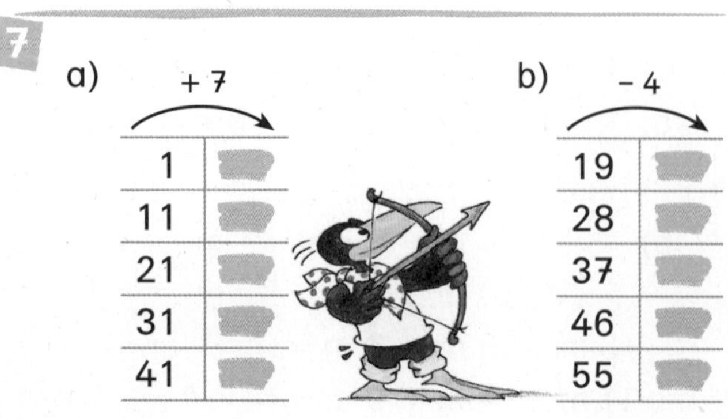

a) + 7

1	
11	
21	
31	
41	

b) – 4

19	
28	
37	
46	
55	

8

a)

12 – 2 = ▢
23 – 2 = ▢
34 – 3 = ▢
45 – 3 = ▢
56 – 4 = ▢

b)

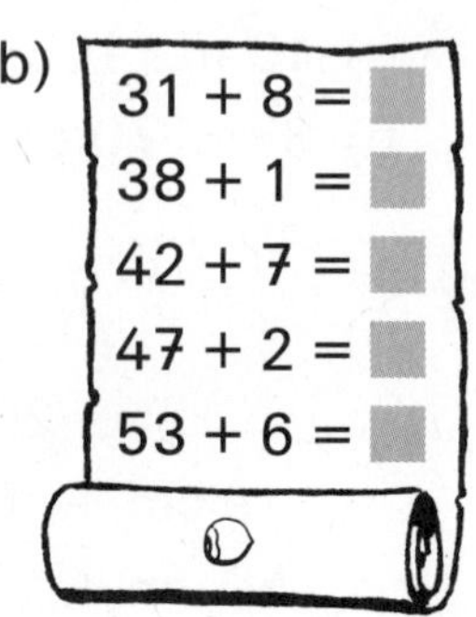

31 + 8 = ▢
38 + 1 = ▢
42 + 7 = ▢
47 + 2 = ▢
53 + 6 = ▢

Plus- und Minusaufgaben ohne Zehnerüberschreitung mit den aus der 1. Klasse bekannten Strategien lösen.

Rund um die Zehner

1

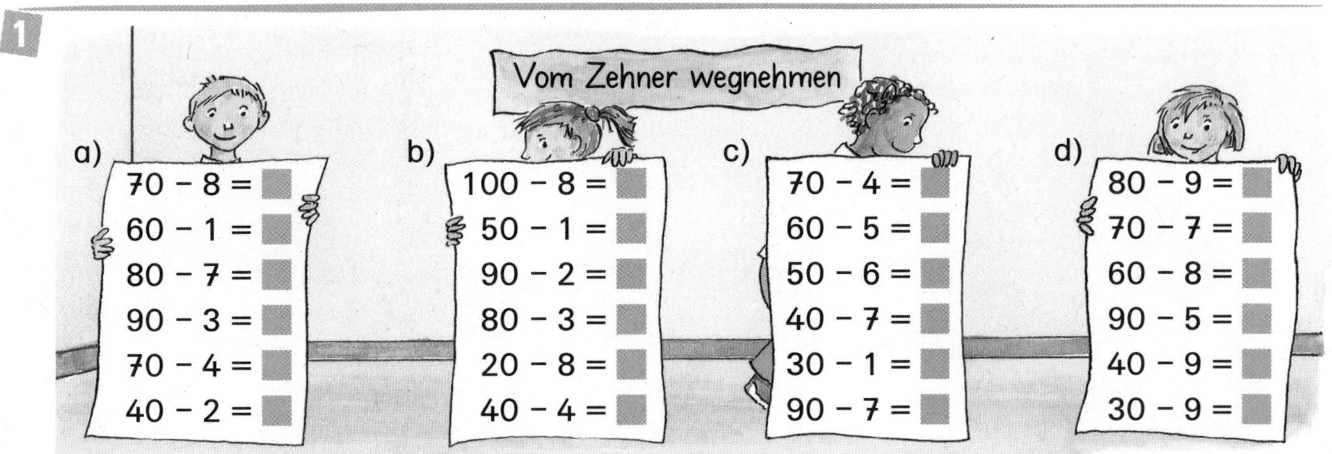

Vom Zehner wegnehmen
a)
70 − 8 =
60 − 1 =
80 − 7 =
90 − 3 =
70 − 4 =
40 − 2 =
b)
100 − 8 =
50 − 1 =
90 − 2 =
80 − 3 =
20 − 8 =
40 − 4 =
c)
70 − 4 =
60 − 5 =
50 − 6 =
40 − 7 =
30 − 1 =
90 − 7 =
d)
80 − 9 =
70 − 7 =
60 − 8 =
90 − 5 =
40 − 9 =
30 − 9 =

2 Rechne Minus-Aufgaben vom Zehner.

a) immer − 2: 30, 50, 70, 90, 60, 100
b) immer − 4: 30, 60, 80, 90, 100, 70
c) immer − 7: 40, 70, 60, 100, 50, 80
d) immer − 8: 20, 40, 70, 90, 30, 60
e) immer − 6: 80, 100, 20, 60, 40, 90

a) 30 − 2 = 28
50 − 2 =

3

Vor zum Zehner
Zurück zum Zehner
Über den Zehner
a)
21 + 9 =
43 + 7 =
45 + = 50
77 + = 80
36 + =
92 + =
b)
59 − 9 =
27 − = 20
96 − 6 =
78 − = 70
45 − =
61 − =
c)
34 + 4 =
34 + 5 =
34 + 6 =
34 + 7 =
34 + 8 =
34 + 9 =
d)
76 − 4 =
76 − 5 =
76 − 6 =
76 − 7 =
76 − 8 =
76 − 9 =

4 a) Vor zum nächsten Zehner. Welcher Einer passt?
b) Über den Zehner. Welche Einer kannst du nehmen?

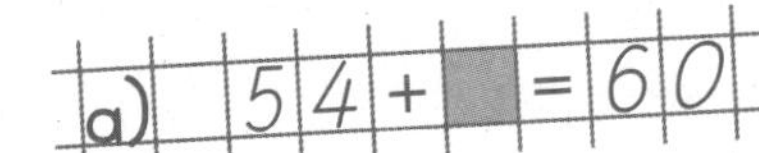

a) 54 + = 60

54

78

67

43 89 35

2
3

5
6

7 1

b) 54 + 7 > 60

5

40 60
31
70 20
64
39
23 7
70
26 66

Plus- und Minusaufgaben rund um den Zehner lösen.

4 Welcher Einer ergänzt zum vollen Zehner, welche Einer gehen darüber?

Plusaufgaben mit Zehnerübergang

1

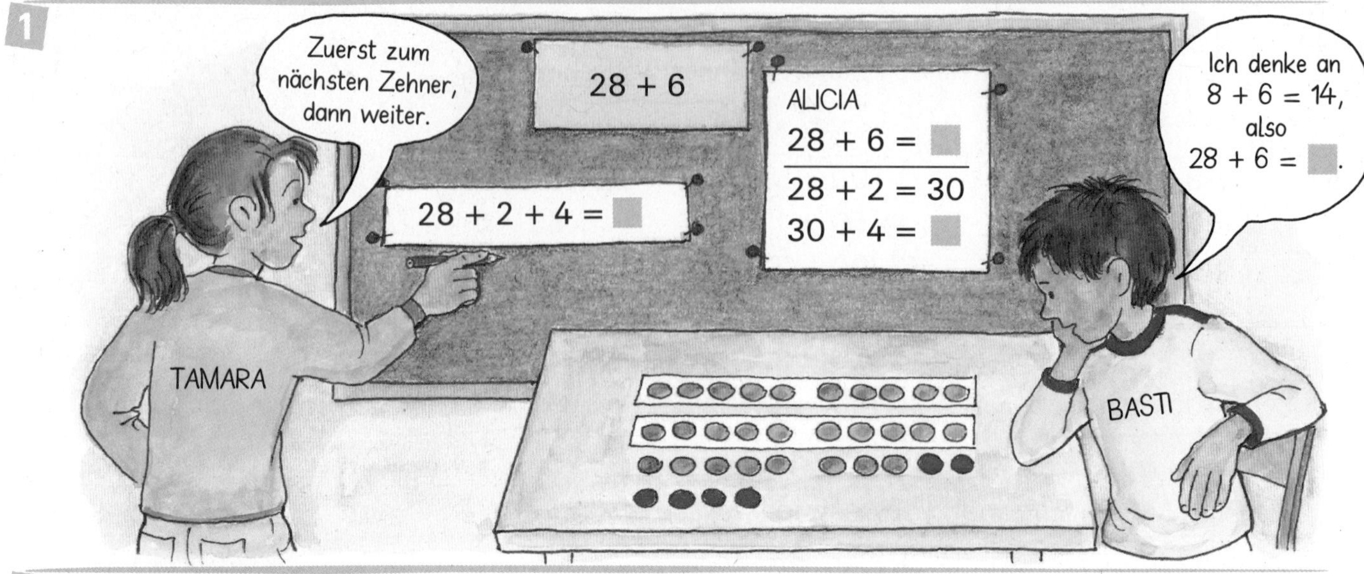
Zuerst zum nächsten Zehner, dann weiter.
28 + 6
ALICIA
28 + 6 = ▢
28 + 2 = 30
30 + 4 = ▢
28 + 2 + 4 = ▢
Ich denke an 8 + 6 = 14, also 28 + 6 = ▢.
TAMARA
BASTI

2 Wie rechnest du?

a)	b)	c)	d)	e)
25 + 8 = ▢	34 + 7 = ▢	33 + 9 = ▢	46 + 9 = ▢	54 + 7 = ▢
55 + 8 = ▢	34 + 8 = ▢	39 + 3 = ▢	49 + 6 = ▢	63 + 8 = ▢
65 + 8 = ▢	34 + 6 = ▢	37 + 8 = ▢	42 + 9 = ▢	87 + 6 = ▢
85 + 8 = ▢	34 + 9 = ▢	38 + 7 = ▢	49 + 2 = ▢	36 + 5 = ▢

3 Wie viele Cent sind es zusammen? Schreibe die Plusaufgabe.

a) b) c) d)

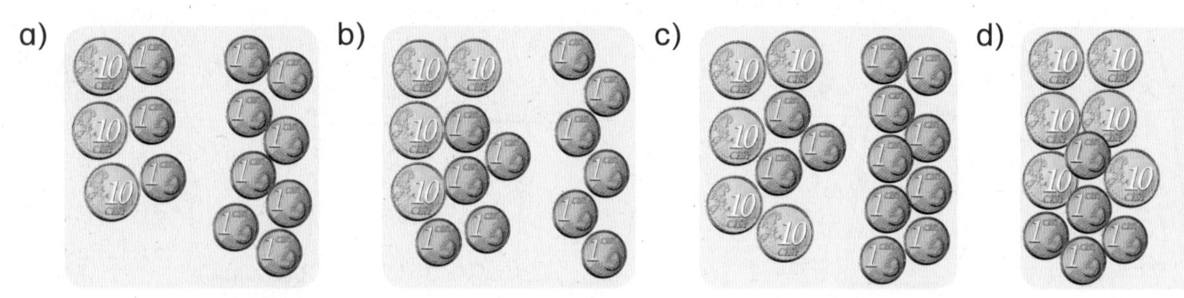

4 a) Daniel hat 7 Muscheln gesammelt. Mara schenkt ihm noch 6 Muscheln.

b) Nemet hat 47 schöne Steine gefunden. Er findet noch 6 weitere.

5

a)	b)	c)	d)
36 + 5 = ▢	79 + 4 = ▢	33 + 8 = ▢	83 + 7 = ▢
52 + 9 = ▢	65 + 6 = ▢	64 + 7 = ▢	19 + 2 = ▢
47 + 7 = ▢	28 + 4 = ▢	75 + 8 = ▢	68 + 8 = ▢
86 + 8 = ▢	42 + 8 = ▢	96 + 4 = ▢	49 + 5 = ▢

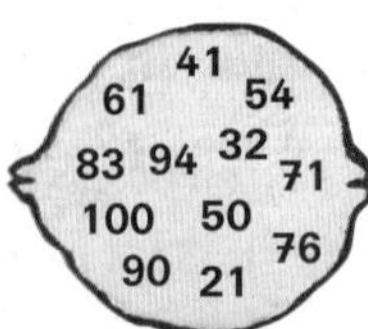
61 41 54
83 94 32 71
100 50 76
90 21

6

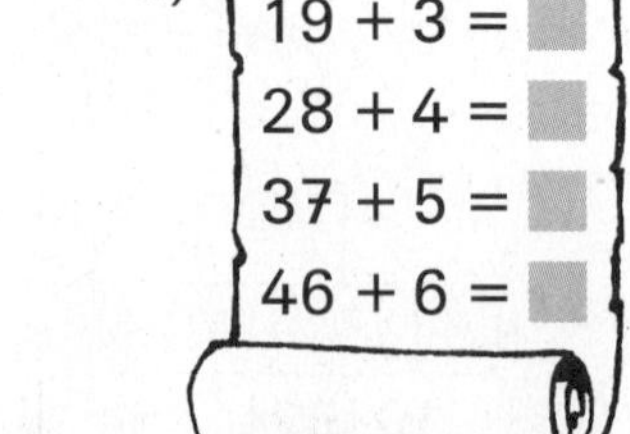

a)	b)	c)	d)
19 + 3 = ▢	12 + 9 = ▢	58 + ▢ = 61	12 + ▢ = 22
28 + 4 = ▢	23 + 8 = ▢	58 + ▢ = 62	23 + ▢ = 32
37 + 5 = ▢	34 + 9 = ▢	58 + ▢ = 63	34 + ▢ = 42
46 + 6 = ▢	45 + 8 = ▢	58 + ▢ = 64	45 + ▢ = 52

1 Verschiedene Rechenwege kennen lernen, miteinander vergleichen und individuell anwenden. Es gibt zwei verschiedene Notationsformen.

1

Zuerst zurück zum Zehner, dann weiter.
34 − 7
HANNA
Zuerst muss ich wechseln:
in 10
KEVIN
Ich denke an 14 − 7.
34 − 7 = ▢
34 − 4 = 30
30 − 3 = ▢
34 − 4 − 3 = ▢

2 Wie rechnest du?

a)	b)	c)	d)	e)
22 − 6 = ▢	24 − 7 = ▢	33 − 6 = ▢	91 − 3 = ▢	84 − 7 = ▢
42 − 6 = ▢	54 − 7 = ▢	33 − 8 = ▢	91 − 9 = ▢	35 − 6 = ▢
52 − 6 = ▢	74 − 7 = ▢	33 − 7 = ▢	91 − 7 = ▢	78 − 9 = ▢
72 − 6 = ▢	34 − 7 = ▢	33 − 5 = ▢	91 − 4 = ▢	64 − 8 = ▢

3 Lege und rechne.

a) 

33 ct − 5 ct = ▢ ct

b) 

41 ct − 7 ct = ▢ ct

c) 

24 ct − 9 ct = ▢ ct

d) 

51 ct − 6 ct = ▢ ct

4

a) Vanessa hat 27 Sticker gesammelt. 9 davon hat sie schon in ihr Stickeralbum geklebt.

b) Arber sammelt kleine Rennautos. Er hat schon 64 verschiedene Autos. 7 davon sind ganz neu.

5

a)	b)
52 − 5 = ▢	61 − 3 = ▢
71 − 2 = ▢	85 − 6 = ▢
36 − 8 = ▢	42 − 4 = ▢
13 − 7 = ▢	96 − 9 = ▢

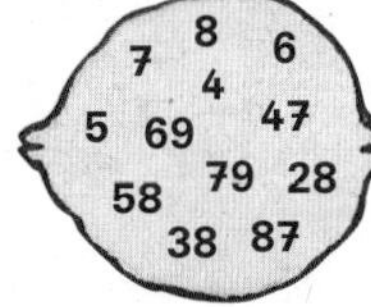
7 8 6
4
5 69 47
79 28
58
38 87

c)	d)
33 − ▢ = 25	25 − ▢ = 18
61 − ▢ = 54	43 − ▢ = 39
24 − ▢ = 18	87 − ▢ = 79
51 − ▢ = 47	74 − ▢ = 69

6

		−	
a)	42		8
b)	21	−	5
c)	93		6
d)	32		7

		−	
e)	73		4
f)	62	−	9
g)	43		5
h)	34		7

7

		−	
a)	82		5
b)	94	−	3
c)	74		4
d)	54		9

		−	
e)	63		7
f)	91	−	6
g)	55		8
h)	52		5

1 Verschiedene Rechenwege entdecken und begründen. Verschiedene Materialien ausprobieren und Notationsformen kennen lernen, miteinander vergleichen und individuell anwenden.

3 Abkürzung „ct" bei der Notation von Gleichungen einführen.

Vorteilhaft rechnen

1

Ich verschiebe ein Plättchen und rechne 16 + □.
17 + 9 = □
Ganz einfach: 9 ist 1 weniger als 10, also rechne ich 17 + 10 − □.
MARTIN
RUBEN
17 + 9 = □
17 + 10 − 1 = □

a)	b)	c)	d)
17 + 9 = □	26 + 9 = □	53 + 9 = □	14 + 9 = □
37 + 9 = □	34 + 9 = □	28 + 9 = □	67 + 9 = □
57 + 9 = □	41 + 9 = □	74 + 9 = □	85 + 9 = □
77 + 9 = □	87 + 9 = □	83 + 9 = □	44 + 9 = □

2

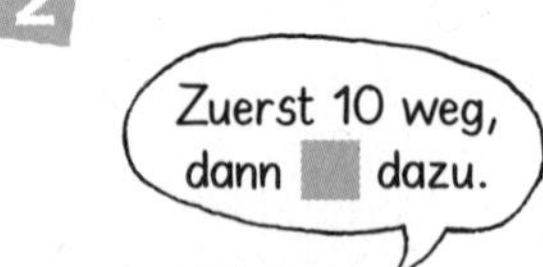
Zuerst 10 weg, dann □ dazu.

a)

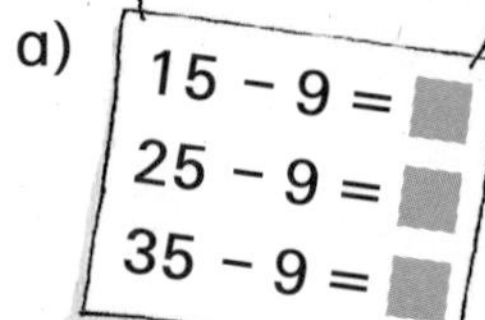
15 − 9 = □
25 − 9 = □
35 − 9 = □

b)
16 − 9 = □
31 − 9 = □
99 − 9 = □

c)
55 − 9 = □
34 − 9 = □
42 − 9 = □

d)
24 − 9 = □
66 − 9 = □
82 − 9 = □

e)
43 − 9 = □
78 − 9 = □
57 − 9 = □

6 16 15 57 69 48 25 34 46 33 7 90 22 26 73

3 Immer 3 Fische haben dasselbe Ergebnis.

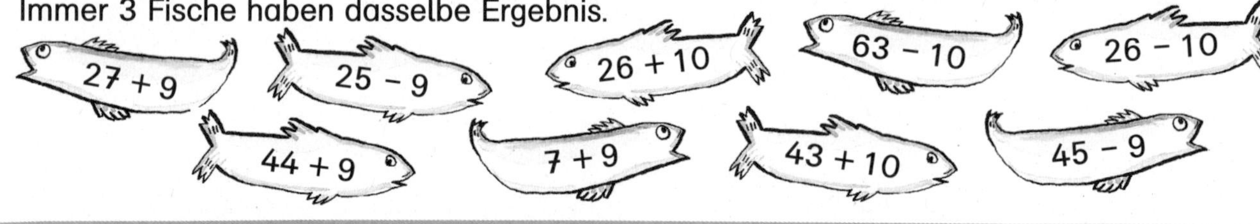
27 + 9
25 − 9
26 + 10
63 − 10
26 − 10
44 + 9
7 + 9
43 + 10
45 − 9

4 Rechne geschickt.

a)	b)	c)	d)
54 + 7 + 6 = □	82 + 6 + 8 = □	3 + 17 + 9 = □	2 + 72 + 8 = □
28 + 6 + 2 = □	4 + 46 + 2 = □	25 + 8 + 5 = □	35 + 7 + 5 = □
36 + 4 + 9 = □	11 + 7 + 9 = □	6 + 65 + 4 = □	8 + 23 + 2 = □
49 + 8 + 1 = □	8 + 27 + 3 = □	5 + 55 + 7 = □	34 + 8 + 6 = □

5 Rechne geschickt.

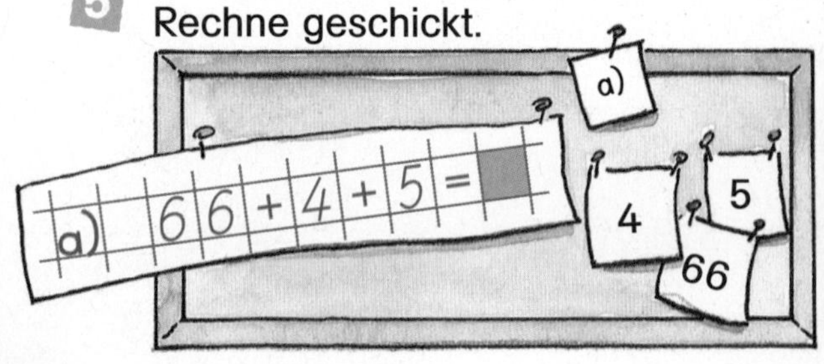
a)
a) 66 + 4 + 5 =
4
5
66

b)
6
4
55

c)
3
7
84

d)
2
8
32

1 und 2 Rechenvorteile für Aufgaben mit Summand bzw. Subtrahend 9 erkennen und begründen.

4 und 5 Aufgaben mit 3 Summanden durch geschicktes Zusammenfassen zu Zehnerzahlen lösen.

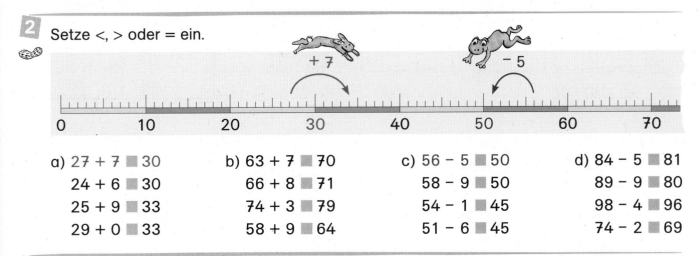

Aufgaben am Zahlenstrahl

1

+ ■ + ■ − ■ − ■

0 10 20 30 40 50 60 70

a)	b)	c)	d)
6 + ■ = 13	25 + ■ = 32	52 − ■ = 47	21 − ■ = 19
16 + ■ = 23	78 + ■ = 85	62 − ■ = 57	68 − ■ = 66
36 + ■ = 43	51 + ■ = 59	12 − ■ = 7	35 − ■ = 26
76 + ■ = 83	89 + ■ = 94	72 − ■ = 67	90 − ■ = 82

2 Setze <, > oder = ein.

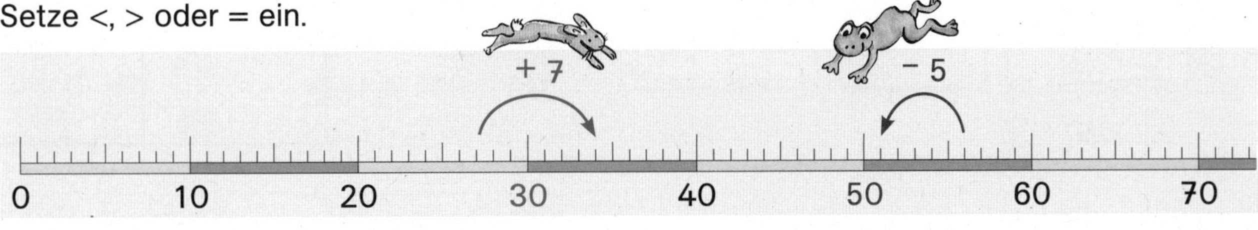
+ 7
− 5
0 10 20 30 40 50 60 70

a)	b)	c)	d)
27 + 7 ■ 30	63 + 7 ■ 70	56 − 5 ■ 50	84 − 5 ■ 81
24 + 6 ■ 30	66 + 8 ■ 71	58 − 9 ■ 50	89 − 9 ■ 80
25 + 9 ■ 33	74 + 3 ■ 79	54 − 1 ■ 45	98 − 4 ■ 96
29 + 0 ■ 33	58 + 9 ■ 64	51 − 6 ■ 45	74 − 2 ■ 69

3 Wie geht es weiter? Setze die Zahlenfolgen fort.

a)	b)	c)
10, 20, 30, ..., 70	36, 34, 32, ..., 12	10, 12, 15, 17, 20, ..., 40
20, 25, 30, ..., 65	70, 65, 60, ..., 15	90, 87, 85, 82, 80, ..., 60
24, 26, 28, ..., 42	60, 58, 56, ..., 40	15, 20, 19, 24, 23, ..., 40
68, 70, 72, ..., 88	70, 60, 50, ..., 0	90, 80, 82, 72, 74, ..., 50

4 Welche Zahlenkarten passen?

Passt.
Jetzt die 2, ...
49 + ■ < 52
49 + 0 < 52
49 + 1 < 52
49 + < 52
49 + < 52
Lösungen: 0, 1,
85 − ■ > 81
Und hier?

5

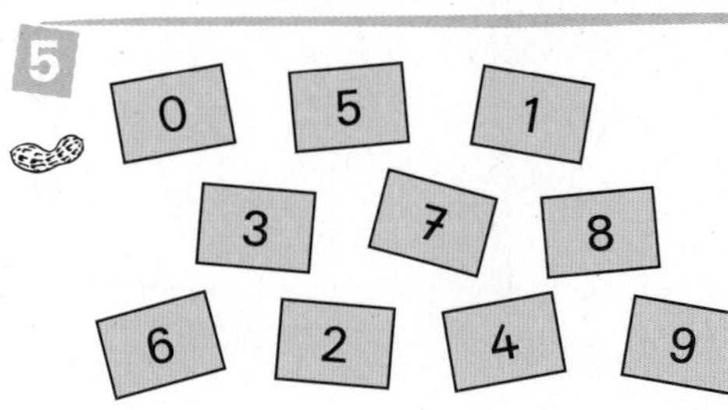
0 5 1
3 7 8
6 2 4 9

a)	b)	c)
62 + ■ < 65	46 − ■ > 42	92 + ■ < 95
29 + ■ < 31	100 − ■ > 99	77 − ■ > 74
70 + ■ < 74	51 − ■ > 48	44 + ■ < 50
88 + ■ < 89	60 − ■ > 55	81 − ■ > 75

1 Gleichungen lösen. Zahlenstrahl als Orientierungshilfe nutzen.

2 Rechensätze mit Zahlen vergleichen.
3 Zahlenfolgen fortsetzen.
4 und 5 Ungleichungen lösen.

Plus und minus mit Zehnerzahlen

1

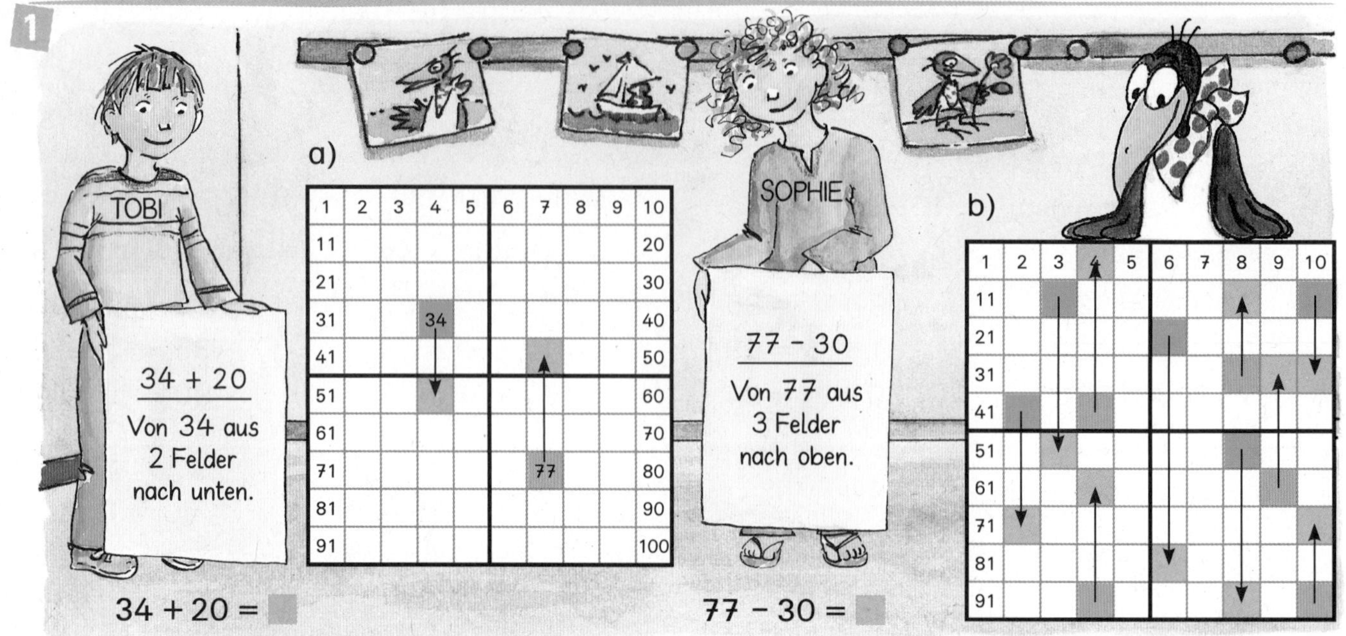
TOBI
34 + 20
Von 34 aus 2 Felder nach unten.
SOPHIE
77 − 30
Von 77 aus 3 Felder nach oben.
a)
b)

34 + 20 = ▢ 77 − 30 = ▢

2

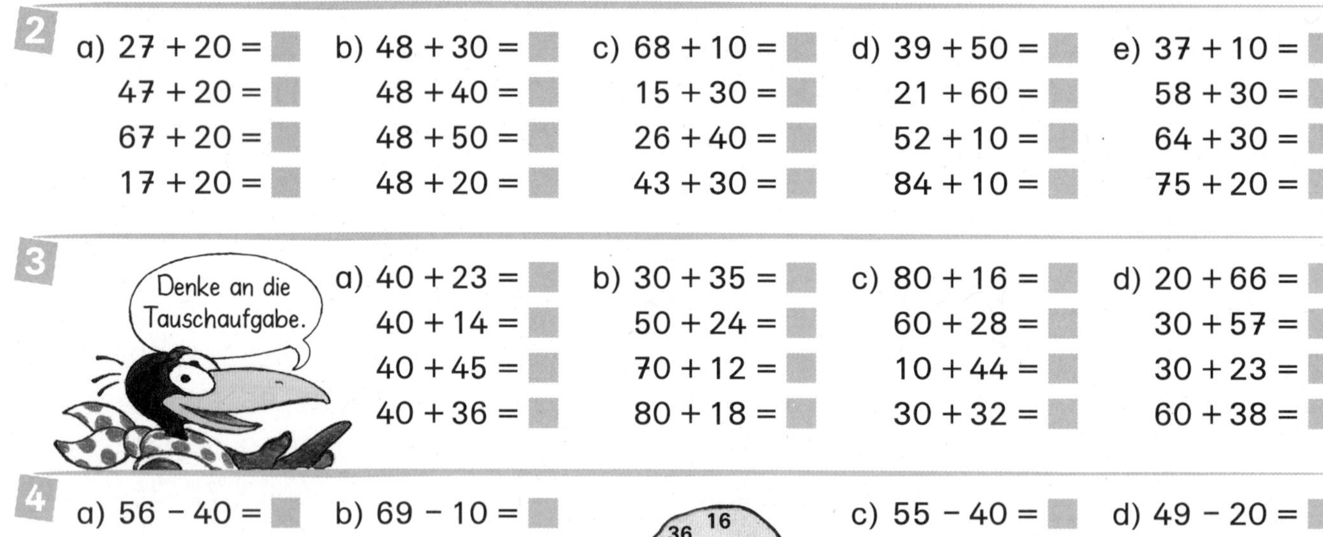

a)	b)	c)	d)	e)
27 + 20 = ▢	48 + 30 = ▢	68 + 10 = ▢	39 + 50 = ▢	37 + 10 = ▢
47 + 20 = ▢	48 + 40 = ▢	15 + 30 = ▢	21 + 60 = ▢	58 + 30 = ▢
67 + 20 = ▢	48 + 50 = ▢	26 + 40 = ▢	52 + 10 = ▢	64 + 30 = ▢
17 + 20 = ▢	48 + 20 = ▢	43 + 30 = ▢	84 + 10 = ▢	75 + 20 = ▢

3

Denke an die Tauschaufgabe.

a)	b)	c)	d)
40 + 23 = ▢	30 + 35 = ▢	80 + 16 = ▢	20 + 66 = ▢
40 + 14 = ▢	50 + 24 = ▢	60 + 28 = ▢	30 + 57 = ▢
40 + 45 = ▢	70 + 12 = ▢	10 + 44 = ▢	30 + 23 = ▢
40 + 36 = ▢	80 + 18 = ▢	30 + 32 = ▢	60 + 38 = ▢

4

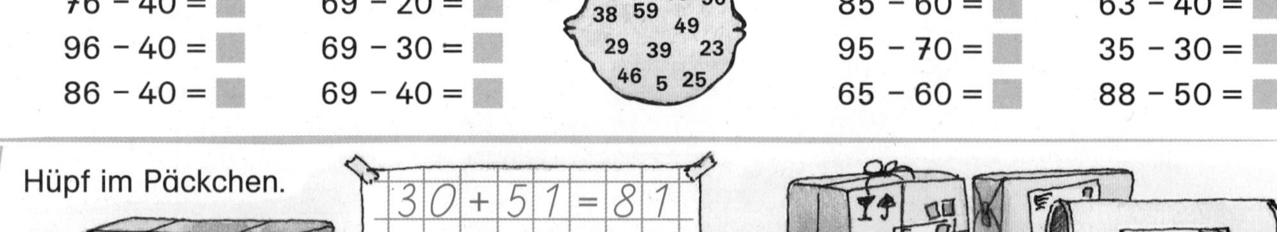
36 16
15 56
38 59
49
29 39 23
46 5 25

a)	b)	c)	d)
56 − 40 = ▢	69 − 10 = ▢	55 − 40 = ▢	49 − 20 = ▢
76 − 40 = ▢	69 − 20 = ▢	85 − 60 = ▢	63 − 40 = ▢
96 − 40 = ▢	69 − 30 = ▢	95 − 70 = ▢	35 − 30 = ▢
86 − 40 = ▢	69 − 40 = ▢	65 − 60 = ▢	88 − 50 = ▢

5 Hüpf im Päckchen.

30 + 51 = 81
81 − 7 = 74
Beginne mit der obersten Aufgabe. Hüpfe dann zu der Aufgabe mit deinem Ergebnis und rechne weiter.

a)
30 + 51 = 81
74 + 20 = ▢
34 + 20 = ▢
81 − 7 = 74
94 − 60 = ▢
54 − 8 = ▢
Ergebnis: 46

b)
57 + 30 = ▢
99 − 70 = ▢
80 + 19 = ▢
9 + 80 = ▢
29 − 20 = ▢
87 − 7 = ▢
Ergebnis: 89

c)
72 − 50 = ▢
31 + 60 = ▢
11 − 10 = ▢
22 + 9 = ▢
91 − 80 = ▢
1 + 40 = ▢
Ergebnis: 41

1 Sprünge auf der Hundertertafel veranschaulichen.
5 Übungsformat „Hüpf im Päckchen" erklären: Das Ergebnis einer Aufgabe ist die erste Zahl der nächsten Aufgabe, das Ergebnis der letzten Aufgabe ist als Kontrollzahl angegeben.

1

a) Meine Zahl ist um 40 größer als 36.
b) Meine Zahl ist um 20 kleiner als 95.
c) Meine Zahl ist um 30 kleiner als 100.
d) Meine Zahl ist um 50 größer als 27.
e) Meine Zahl ist um 20 kleiner als 74.
f) Wenn du von meiner Zahl 60 abziehst, erhältst du 26.
g) Wenn du zu meiner Zahl 40 dazuzählst, erhältst du 87.

2 Verdecke deine Ergebnisse mit Plättchen auf einer Hundertertafel. Was siehst du?

a)	b)	c)	d)	e)
82 − 50 = ▢	76 − 40 = ▢	40 + 28 = ▢	71 − 20 = ▢	53 − 20 = ▢
15 + 30 = ▢	94 − 10 = ▢	64 − 30 = ▢	20 + 66 = ▢	17 + 20 = ▢
55 + 40 = ▢	29 + 30 = ▢	12 + 50 = ▢	88 − 50 = ▢	71 − 30 = ▢
20 + 29 = ▢	30 + 43 = ▢	87 − 10 = ▢	10 + 26 = ▢	20 + 35 = ▢

3

a)	b)
32 + ▢ = 62	74 − ▢ = 34
76 + ▢ = 96	58 − ▢ = 28
18 + ▢ = 88	93 − ▢ = 23
40 + ▢ = 53	36 − ▢ = 16
60 + ▢ = 87	82 − ▢ = 32
20 + ▢ = 75	69 − ▢ = 59

4

a)	b)
99 − 40 = ▢	11 + 20 = ▢
59 + 30 = ▢	▢ − 20 = 31
89 − 40 = ▢	22 + 20 = ▢
49 + 30 = ▢	▢ − 20 = 42
79 − 40 = ▢	33 + 20 = ▢

5

a)
10 20 30
10 30 20
20 10 30
20 30 10
b)
100
40
3
3
100
30
8
3
100
50
7
2
c) Löse durch Probieren.
82
12 30
92
12 20
92
40 12
112
12 20

2 Die Ergebniszahlen auf der Hundertertafel mit Plättchen belegen. Zur Ergebniskontrolle entsteht ein Muster.

Mit dem Bus unterwegs

H
Bachstraße
Linie 8 Hauptbahnhof
Linie 13 Mühltal

1 Bachstraße

Im Bus sind 25 Personen.
6 Personen steigen ein.
Wie viele Personen sind jetzt im Bus?

Rechnen, antworten ...

25 + 6 = ▢

Im Bus sind jetzt ▢ Personen.

2 Marktplatz

Im Bus sind 31 Personen. 5 Personen steigen aus.

a) Wie viele Personen sind jetzt im Bus?

b) Dann steigen 3 Personen ein. Mit wie vielen Personen fährt der Bus weiter?

3

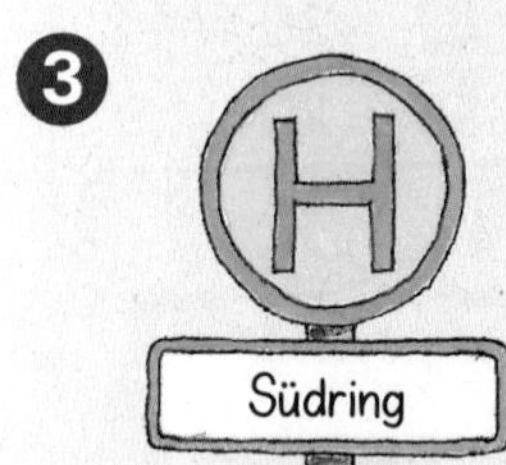
H
Südring

Der Bus kommt mit 29 Personen an und fährt mit 33 Personen ab.

a) Wie viele Personen mehr sind jetzt im Bus?

b) Wie viele Personen sind an der Haltestelle Südring ausgestiegen, wenn 7 Personen eingestiegen sind?

4 Talschule

Vor der Haltestelle waren 32 Personen im Bus. Nach der Haltestelle sind es 28.

a) Wie viele Personen sind jetzt weniger im Bus?

b) Wie viele Personen sind an der Haltestelle Talschule eingestiegen, wenn 8 Personen ausgestiegen sind?

5

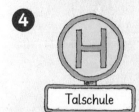

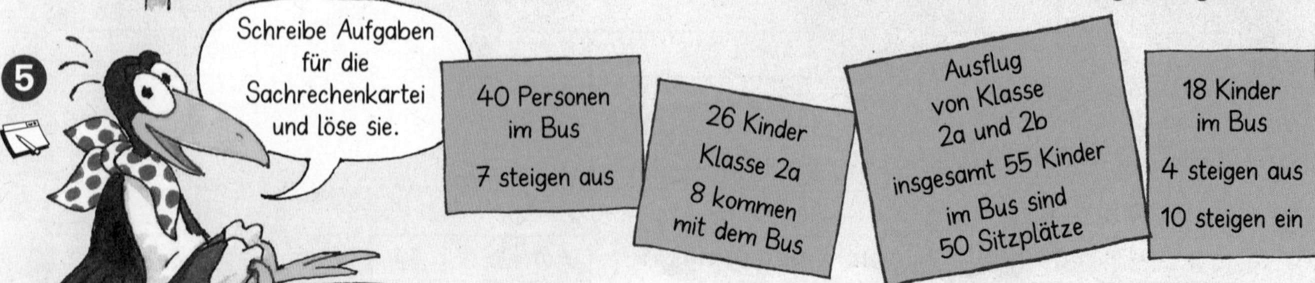
Schreibe Aufgaben für die Sachrechenkartei und löse sie.
40 Personen im Bus
7 steigen aus
26 Kinder Klasse 2a
8 kommen mit dem Bus
Ausflug von Klasse 2a und 2b
insgesamt 55 Kinder
im Bus sind 50 Sitzplätze
18 Kinder im Bus
4 steigen aus
10 steigen ein

1 bis **4** Sachsituation als Lösungshilfe handelnd nachvollziehen. Lösungswege finden und Antwortsätze schreiben. **5** Eigene Texte für die Sachrechenkartei formulieren und lösen.

Ein Pausenfrühstück planen

3 Kinder haben sich für Multivitaminsaft gemeldet.
Gesundes Pausenfrühstück in der Klasse 2b
Wer möchte was essen?
Wurstbrot
Käsebrot
Marmeladen-brot
Obst
Gemüse
Wer möchte was trinken?
Früchtetee
Kräutertee
Wasser
Apfelsaft
Orangensaft
Multisaft
Wer möchte gern Multivitaminsaft trinken?

1 a) Wie viele Kinder möchten etwas essen? Lege eine Tabelle an und übertrage die Informationen aus der Strichliste.

Wurst	Käse	Marmela
4		

b) Wie viele Kinder möchten etwas trinken? Lege auch hier eine Tabelle an.

Früchtetee	Kräutertee	Wasser
3		

2 Die Lehrerin fragt die Kinder, wer was mitbringen möchte.

1 Kind möchte Salami und Schinken mitbringen.

4 Kinder melden sich für Gurken und Tomaten.

2 Kinder bringen Äpfel und Bananen mit.

6 Kinder wollen jeweils ein Brot mitbringen.

9 Kinder fragen zu Hause, ob sie Saft mitbringen können.

5 Kinder wollen jeweils eine Packung Teebeutel mitbringen.

a) Sammle die Informationen in einer Tabelle.

b) Vergleiche deine Tabelle mit den Tabellen aus Aufgabe 1. Überlege, was noch fehlen könnte und was zuviel ist.

3 Einige Kinder kaufen sich in der Schule eine Schulmilch.

a) Wie viele Kinder haben in dieser Woche:
- Vanillemilch bestellt?
- Fruchtmilch und Vanillemilch bestellt?

b) Wie viele Kinder sind in der Klasse 2b, wenn jedes Kind zum Frühstück ein Getränk trinkt?

Milchhof Jost

Schule: Grundschule Sonnenfeld
Klasse: 2 b

Woche vom 23.10. – 27.10.09

Kakao	☒	☒	☒	☒	☐	☐	☐	☐	☐	☐
Frucht	☒	☒	☐	☐	☐	☐	☐	☐	☐	☐
Vanille	☒	☒	☒	☒	☐	☐	☐	☐	☐	☐
Voll	☒	☐	☐	☐	☐	☐	☐	☐	☐	☐

4 Plant zusammen ein eigenes gesundes Klassenfrühstück. Legt dazu Tabellen wie in Aufgabe 1 und 2 an.

Knobeln mit Zahlen

1 Zauberquadrate

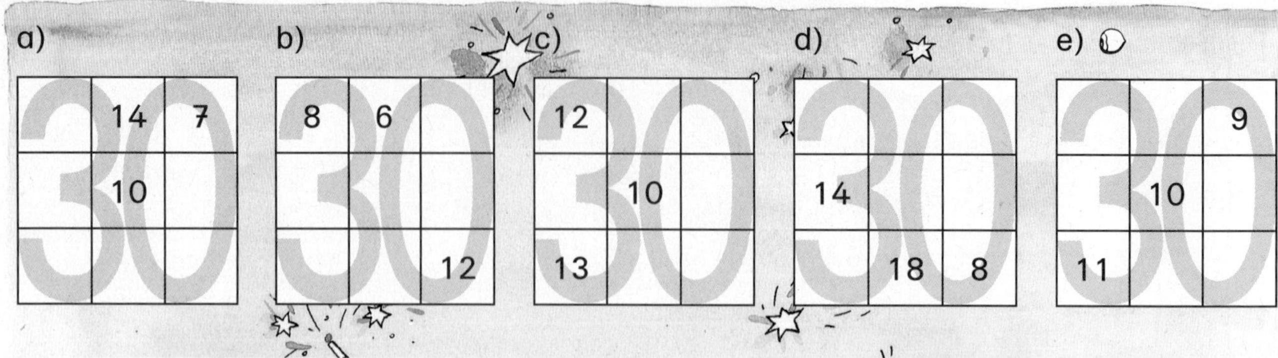

a)
14
7
10
b)
8
6
12
c)
12
10
13
d)
14
18
8
e)
9
10
11

2 Drei Ziffern, sechs Aufgaben:

a) 

3
8
6

36 + 8 = ▒
38 + 6 = ▒
63 + 8 = ▒
68 + 3 = ▒
83 + 6 = ▒
86 + 3 = ▒

b) c) 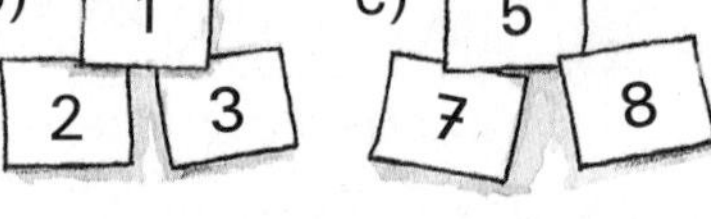

1
2
3
5
7
8

d) 

6
5
2

e) 

7
3
9

f) Bilde mit den Ziffern aus den Aufgaben a) bis e) Minusaufgaben und rechne.
g) Denke dir weitere Aufgaben aus.

3 Zauberdreiecke: Probiere!

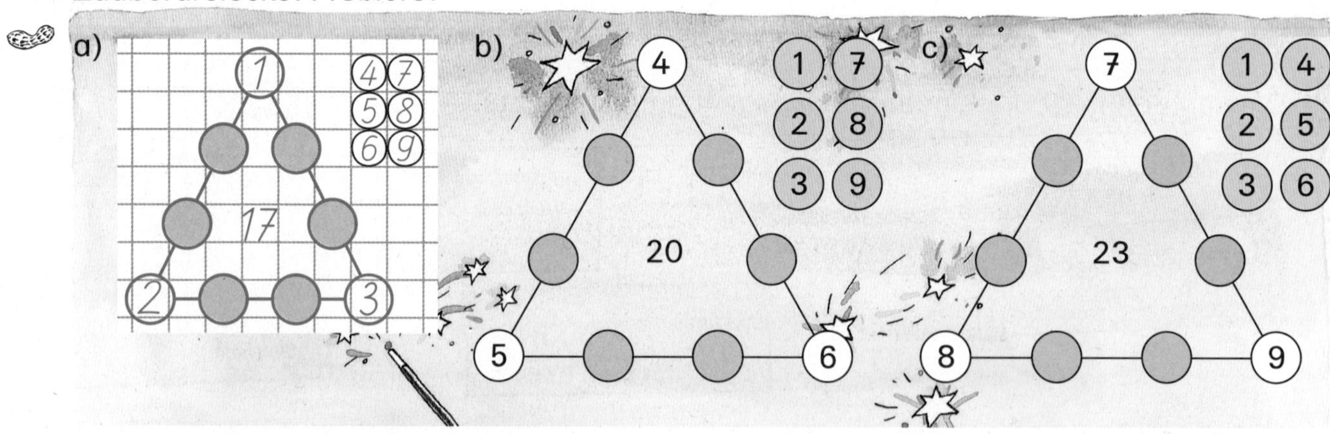

a)
1
4 7
5 8
6 9
17
2
3
b)
4
1 7
2 8
3 9
20
5
6
c)
7
1 4
2 5
3 6
23
8
9

4 a) Sebastian hat 3 Würfel.
Er will die Augenzahl 13 erreichen.
Es gibt mehrere Möglichkeiten:

6 + 6 + 1 = 13
6 + 5 + 2 = 13
6 + 4 + ▒ = 13
▒ + ▒ + ▒ = 13

b) Benedikt will 15 Augen würfeln.
c) Denke dir weitere Ergebnisse aus und finde Aufgaben dazu.

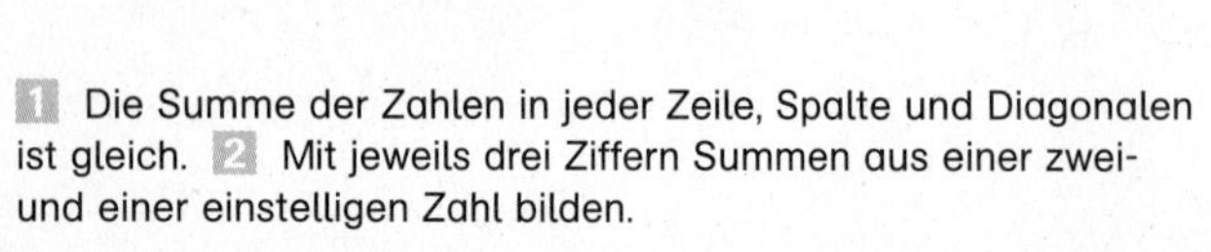

1 Die Summe der Zahlen in jeder Zeile, Spalte und Diagonalen ist gleich. **2** Mit jeweils drei Ziffern Summen aus einer zwei- und einer einstelligen Zahl bilden.

3 Die Zahlen so anordnen, dass sich auf jeder Dreieckseite die Summe 17 (20 bzw. 23) ergibt.

Wiederholung

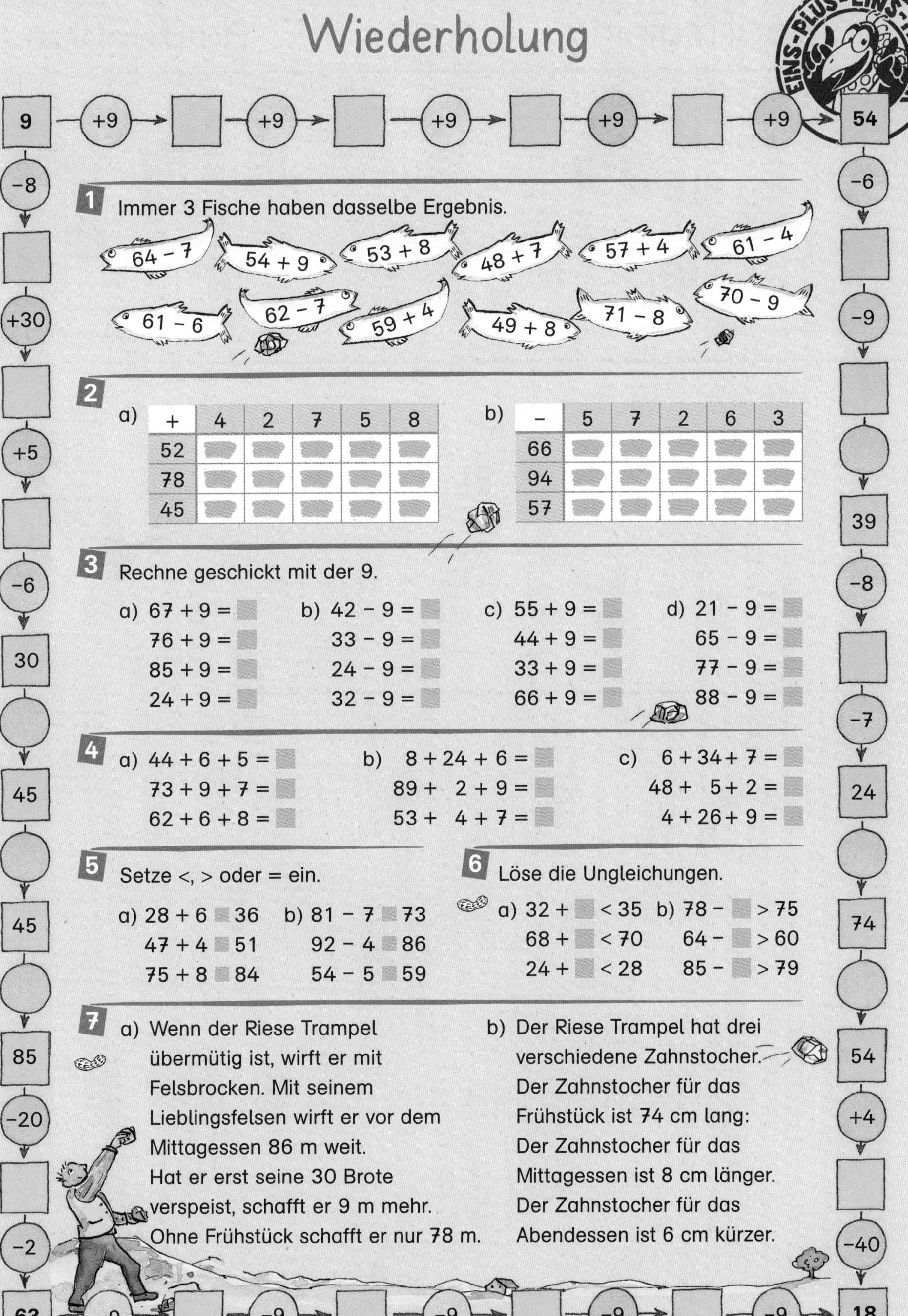

EINS-PLUS-EINS-TRAINER
9 → +9 → □ → +9 → □ → +9 → □ → +9 → □ → +9 → 54
54 → −6 → □ → −9 → □ → ○ → 39 → −8 → □ → −7 → 24 → ○ → 74 → ○ → 54 → +4 → □ → −40 → 18
9 → −8 → □ → +30 → □ → +5 → □ → −6 → 30 → ○ → 45 → ○ → 45 → ○ → 85 → −20 → □ → −2 → 63
63 → −9 → □ → −9 → □ → −9 → □ → −9 → □ → −9 → 18

1 Immer 3 Fische haben dasselbe Ergebnis.

64 − 7 | 54 + 9 | 53 + 8 | 48 + 7 | 57 + 4 | 61 − 4

61 − 6 | 62 − 7 | 59 + 4 | 49 + 8 | 71 − 8 | 70 − 9

2

a)

+	4	2	7	5	8
52					
78					
45					

b)

−	5	7	2	6	3
66					
94					
57					

3 Rechne geschickt mit der 9.

a) 67 + 9 = □
76 + 9 = □
85 + 9 = □
24 + 9 = □

b) 42 − 9 = □
33 − 9 = □
24 − 9 = □
32 − 9 = □

c) 55 + 9 = □
44 + 9 = □
33 + 9 = □
66 + 9 = □

d) 21 − 9 = □
65 − 9 = □
77 − 9 = □
88 − 9 = □

4

a) 44 + 6 + 5 = □
73 + 9 + 7 = □
62 + 6 + 8 = □

b) 8 + 24 + 6 = □
89 + 2 + 9 = □
53 + 4 + 7 = □

c) 6 + 34 + 7 = □
48 + 5 + 2 = □
4 + 26 + 9 = □

5 Setze <, > oder = ein.

a) 28 + 6 □ 36
47 + 4 □ 51
75 + 8 □ 84

b) 81 − 7 □ 73
92 − 4 □ 86
54 − 5 □ 59

6 Löse die Ungleichungen.

a) 32 + □ < 35
68 + □ < 70
24 + □ < 28

b) 78 − □ > 75
64 − □ > 60
85 − □ > 79

7

a) Wenn der Riese Trampel übermütig ist, wirft er mit Felsbrocken. Mit seinem Lieblingsfelsen wirft er vor dem Mittagessen 86 m weit. Hat er erst seine 30 Brote verspeist, schafft er 9 m mehr. Ohne Frühstück schafft er nur 78 m.

b) Der Riese Trampel hat drei verschiedene Zahnstocher. Der Zahnstocher für das Frühstück ist 74 cm lang: Der Zahnstocher für das Mittagessen ist 8 cm länger. Der Zahnstocher für das Abendessen ist 6 cm kürzer.

Kopftraining

Plättchen-Puzzle

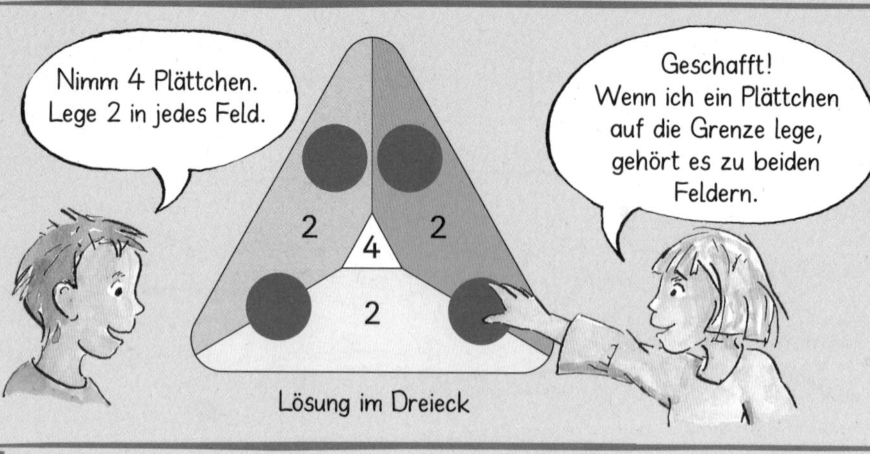
Nimm 4 Plättchen. Lege 2 in jedes Feld.
2 2 4 2
Geschafft! Wenn ich ein Plättchen auf die Grenze lege, gehört es zu beiden Feldern.

Lösung im Dreieck

2 2 4 2 2

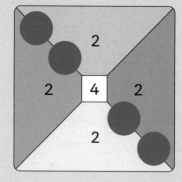

Lösung im Quadrat

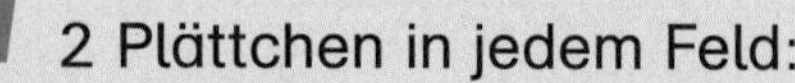

1 2 Plättchen in jedem Feld:

Aufgaben mit Sternen haben mindestens 2 verschiedene Lösungen. Findest du sie?

a)

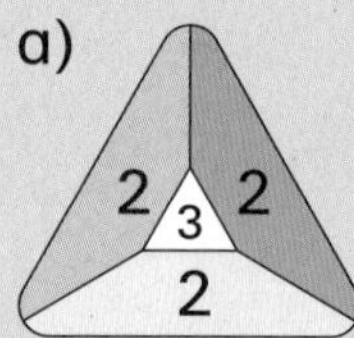
2 3 2 2

*

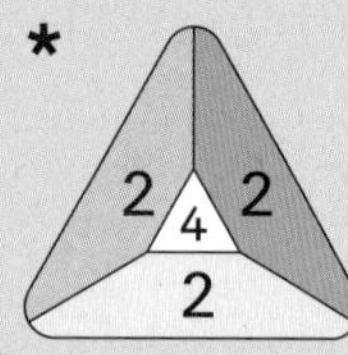
2 4 2 2

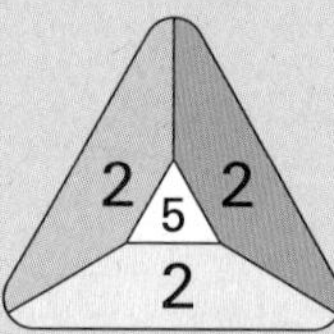
2 5 2 2

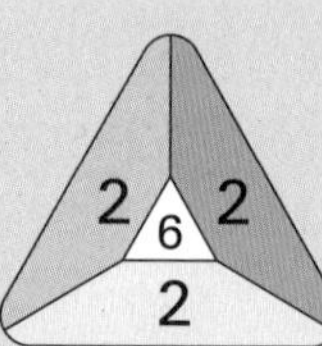
2 6 2 2

b) * 2 2 4 2 2

*

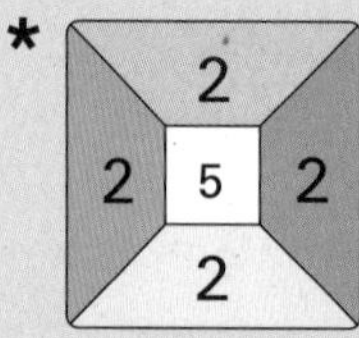
2 2 5 2 2

*

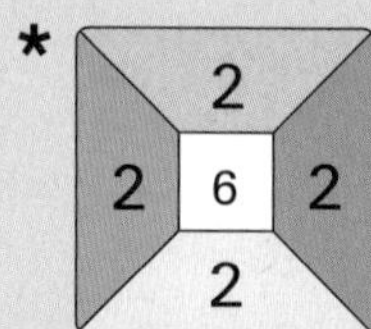
2 2 6 2 2

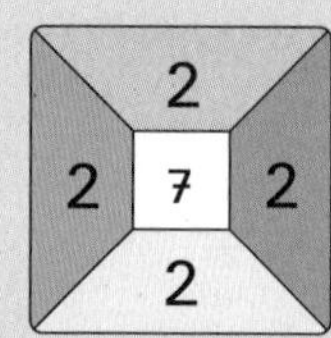
2 2 7 2 2

2 2 8 2 2

2 3 Plättchen in jedem Feld:

a)

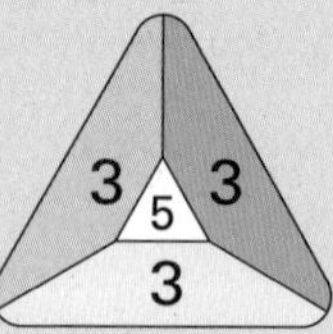
3 5 3 3

*

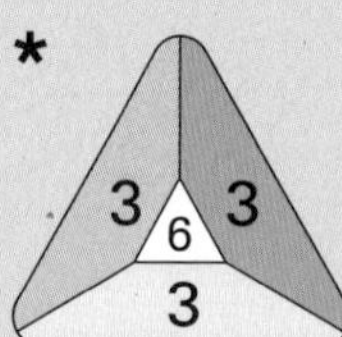
3 6 3 3

*

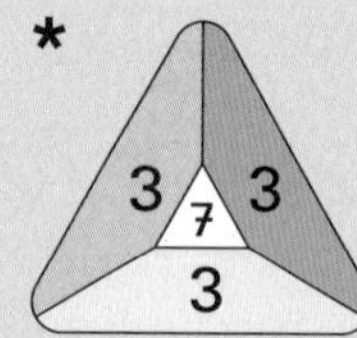
3 7 3 3

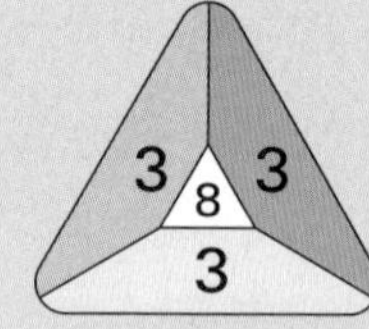
3 8 3 3

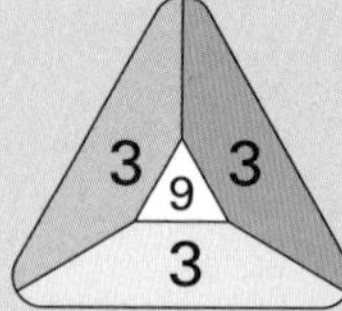
3 9 3 3

b) * 3 3 6 3 3

*

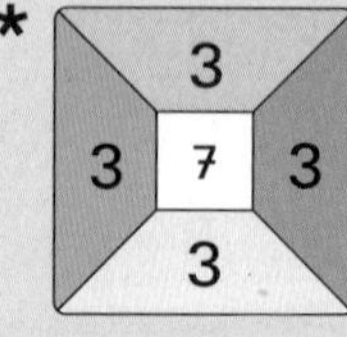
3 3 7 3 3

*

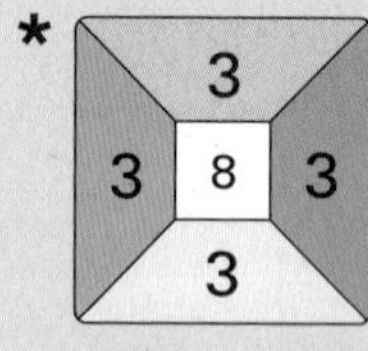
3 3 8 3 3

*

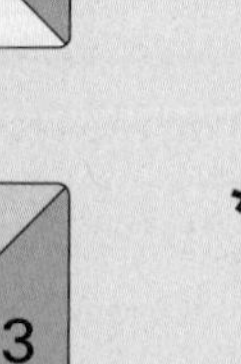
3 3 9 3 3

*

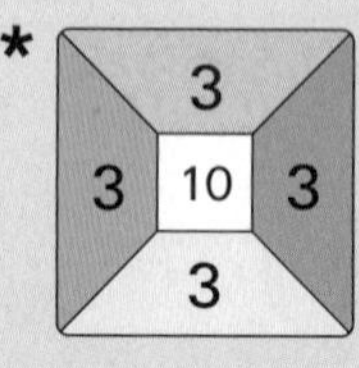
3 3 10 3 3

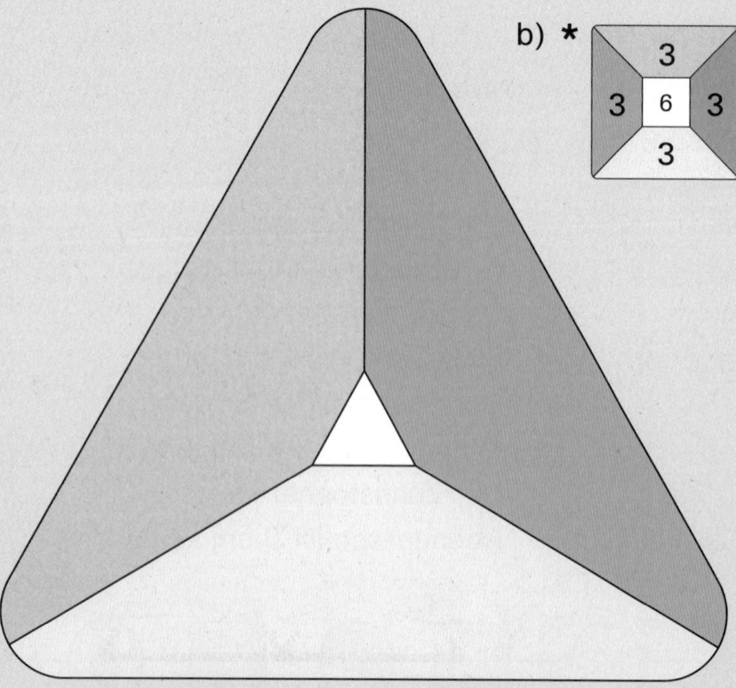

Legefeld

Die im Zentrum angegebene Anzahl von Plättchen so verteilen, dass in jedem Feld 2 (3) Plättchen liegen. Plättchen, die auf der Grenze benachbarter Felder liegen, zählen zu jedem dieser Felder. Verschiedene Lösungen sind nur solche, die nicht durch Drehen des Legefeldes ineinander überführt werden können (Kopiervorlage).

Kopftraining

1

Ich lege 3 Streichhölzer so auf den Tisch, dass die Köpfe den Tisch nicht berühren.

Schaffst du das auch mit:

a) 4 Streichhölzern?
b) 5 Streichhölzern?
c) 6 Streichhölzern?

2

Ich lege 3 Streichhölzer so auf den Tisch, dass jedes von jedem berührt wird.

Schaffst du das auch mit:

a) 4 Streichhölzern?
b) 5 Streichhölzern?
c) 6 Streichhölzern?

3

Ich sehe 5 Dreiecke.

Nur 2 Dreiecke sollen übrig bleiben.
Entferne dazu:

a) 4 Streichhölzer.
b) 3 Streichhölzer.
c) nur 2 Streichhölzer.

4 Kannst du den Trick entdecken?

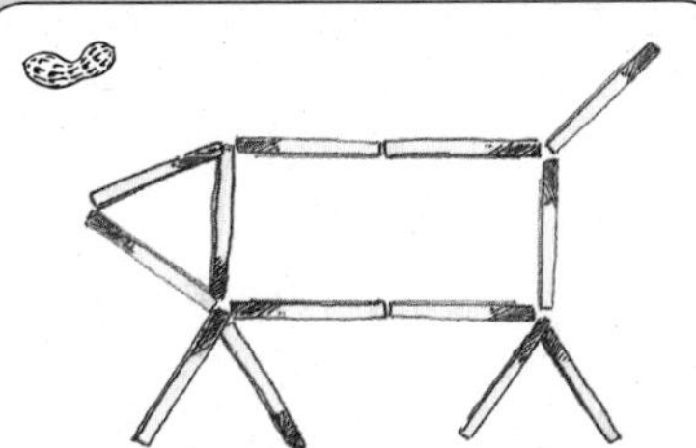

Das Schwein blickt nach links. Lege 2 Hölzchen so um, dass es nach rechts blickt.

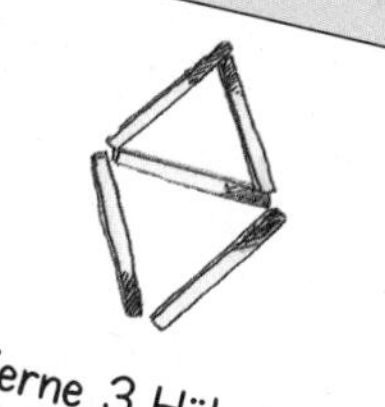

Entferne 3 Hölzchen und lege wieder 2 dazu, um die gleiche Figur zu erhalten.

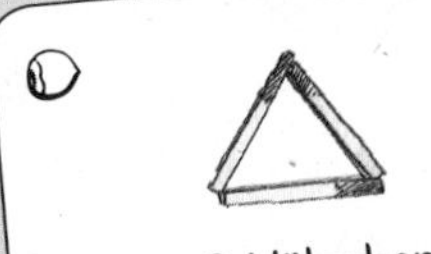

Nimm 3 Hölzchen dazu. Bilde damit zusätzlich 3 solche Dreiecke.

5 Wie viele Dreiecke siehst du?

Ein Tipp: Es sind mehr als 10!

a)

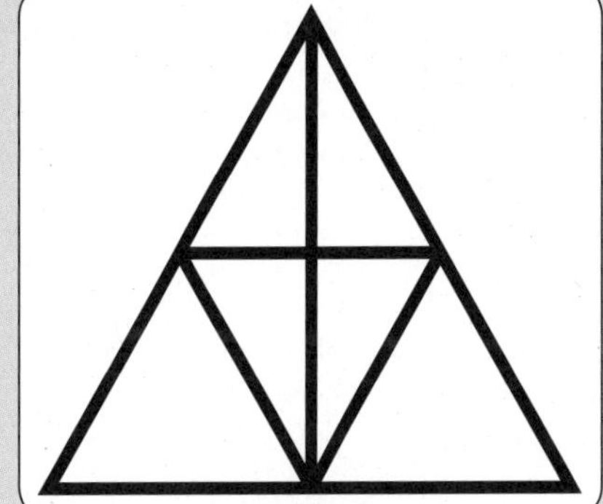

b)

3 Jedes verbleibende Streichholz soll zu einem der 2 Dreiecke gehören. Unvollständige Dreiecke sind also ausgeschlossen.

Kalender

1

2009

JANUAR

Mo	Di	Mi	Do	Fr	Sa	So
			1	2	3	4
5	6	7	8	9	10	11
12	13	14	15	16	17	18
19	20	21	22	23	24	25
26	27	28	29	30	31	

FEBRUAR

Mo	Di	Mi	Do	Fr	Sa	So
						1
2	3	4	5	6	7	8
9	10	11	12	13	14	15
16	17	18	19	20	21	22
23	24	25	26	27	28	

MÄRZ

Mo	Di	Mi	Do	Fr	Sa	So
						1
2	3	4	5	6	7	8
9	10	11	12	13	14	15
16	17	18	19	20	21	22
23	24	25	26	27	28	29
30	31					

APRIL

Mo	Di	Mi	Do	Fr	Sa	So
		1	2	3	4	5
6	7	8	9	10	11	12
13	14	15	16	17	18	19
20	21	22	23	24	25	26
27	28	29	30			

MAI

Mo	Di	Mi	Do	Fr	Sa	So
				1	2	3
4	5	6	7	8	9	10
11	12	13	14	15	16	17
18	19	20	21	22	23	24
25	26	27	28	29	30	31

JUNI

Mo	Di	Mi	Do	Fr	Sa	So
1	2	3	4	5	6	7
8	9	10	11	12	13	14
15	16	17	18	19	20	21
22	23	24	25	26	27	28
29	30					

JULI

Mo	Di	Mi	Do	Fr	Sa	So
		1	2	3	4	5
6	7	8	9	10	11	12
13	14	15	16	17	18	19
20	21	22	23	24	25	26
27	28	29	30	31		

AUGUST

Mo	Di	Mi	Do	Fr	Sa	So
					1	2
3	4	5	6	7	8	9
10	11	12	13	14	15	16
17	18	19	20	21	22	23
24	25	26	27	28	29	30
31						

SEPTEMBER

Mo	Di	Mi	Do	Fr	Sa	So
	1	2	3	4	5	6
7	8	9	10	11	12	13
14	15	16	17	18	19	20
21	22	23	24	25	26	27
28	29	30				

OKTOBER

Mo	Di	Mi	Do	Fr	Sa	So
			1	2	3	4
5	6	7	8	9	10	11
12	13	14	15	16	17	18
19	20	21	22	23	24	25
26	27	28	29	30	31	

NOVEMBER

Mo	Di	Mi	Do	Fr	Sa	So
						1
2	3	4	5	6	7	8
9	10	11	12	13	14	15
16	17	18	19	20	21	22
23	24	25	26	27	28	29
30						

DEZEMBER

Mo	Di	Mi	Do	Fr	Sa	So
	1	2	3	4	5	6
7	8	9	10	11	12	13
14	15	16	17	18	19	20
21	22	23	24	25	26	27
28	29	30	31			

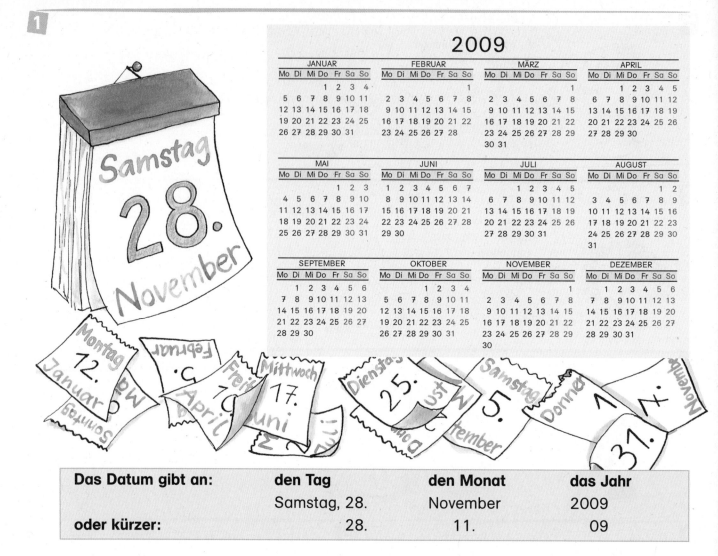

Das Datum gibt an:	**den Tag**	**den Monat**	**das Jahr**
	Samstag, 28.	November	2009
oder kürzer:	28.	11.	09

Viele Kalenderblätter sind abgerissen. Findest du jedes Datum heraus?

2 Was passt zusammen? Auf welchen Wochentag fallen die Tage in diesem Jahr?

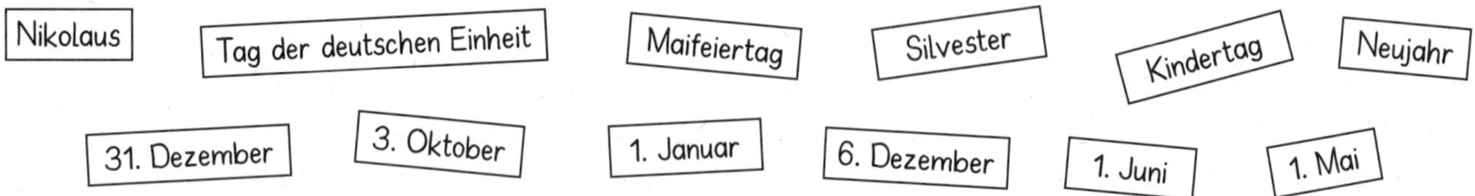
Nikolaus
Tag der deutschen Einheit
Maifeiertag
Silvester
Kindertag
Neujahr
31. Dezember
3. Oktober
1. Januar
6. Dezember
1. Juni
1. Mai

3

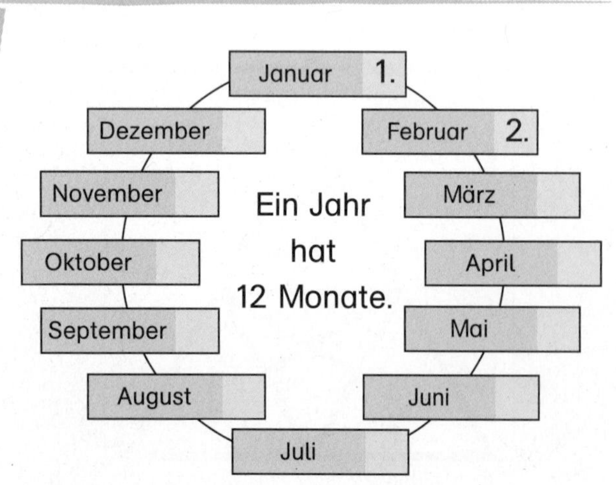
Januar 1.
Februar 2.
März
April
Mai
Juni
Juli
August
September
Oktober
November
Dezember
Ein Jahr hat 12 Monate.

4

Mit der Faustregel kannst du feststellen, wie viele Tage ein Monat hat.

Jan. 31, März 31, Mai 31, Juli 31, Aug. 31, Okt. 31, Dez. 31
Feb. 28, Apr. 30, Juni 30, Sept. 30, Nov. 30

Jahreslauf im Kalender entdecken. **1** Datum finden. Manchmal gibt es mehrere Möglichkeiten. **2** Fest- und Feiertage ihrem Datum zuordnen und im Kalender suchen.

4 Monatsnamen und -längen aufschreiben: Welches ist der kürzeste Monat? Faustregel anwenden.

Was zeigt der Kalender?

1

1.
Februar

a) Justus sagt: „Jetzt ist Sommer." – Stimmt das?
b) Jakob rechnet: „In 3 Wochen kommen Oma und Opa."
c) Lea überlegt: „Wie viele Tage ist das neue Jahr alt?"
d) Carlotta freut sich: „In genau 4 Monaten habe ich Geburtstag!"

2

a) Male das Kalenderblatt von heute.
b) Schreibe das Datum von:

gestern	vorgestern	vor einem Monat	vor einem Jahr
morgen	übermorgen	in zwei Monaten	in einem Jahr

3 So könnt ihr einen Geburtstagskalender basteln:

Januar
1
2
3
4
5

Februar
1
2
3
Mä

<u>Das müsst ihr wissen:</u>
Wie viele Monate hat ein Jahr?
Wie heißen die Monate?
Wie viele Tage haben die Monate?
Ganz wichtig:
dein Geburtsdatum

4 Was verrät euer Kalender? Was nicht?

a) In welchem Monat haben die meisten Kinder Geburtstag?

b) In welchem Monat haben die wenigsten Kinder Geburtstag?

c) Wer hat bald Geburtstag?

d) Wer kann an seinem Geburtstag eine Schneeballschlacht machen?

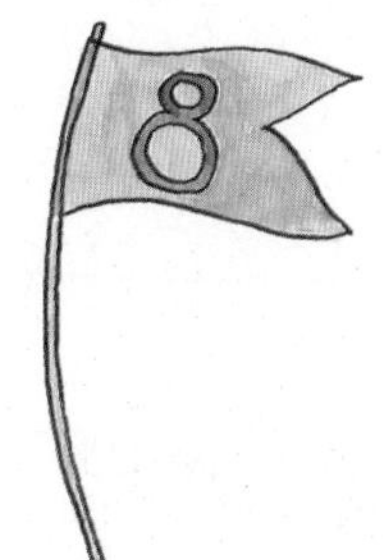
8

e) Wer ist 8 Jahre alt?

f) Wer hat in den Ferien Geburtstag?

g) Wer kann seinen Geburtstag im Freibad feiern?

h) Und was magst du an deinem Geburtstag gern?

2 Aktuelles Kalenderblatt malen, Daten aus der Vergangenheit und Zukunft schreiben, erzählen. Eigene Kalenderaufgaben wie bei **1** finden.

3 Geburtstagskalender basteln (Kopiervorlage).

Mit Formen experimentieren

1 Spanne Muster mit Dreiecken und verschiedenen Vierecken auf dem Geobrett.

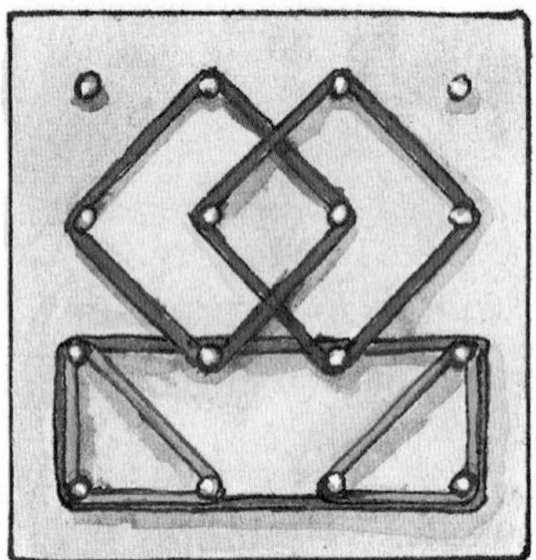

2 Lege den Gummiring um die Punkte.
Welche Figuren entstehen? Schreibe auf.

a) 2, 7, 10, 5 b) 3, 12, 13, 9
c) 2, 12, 15, 5 d) 3, 16, 14
e) 3, 8, 15, 6 f) 4, 11, 13, 6

Erfinde auch Figuren für deinen Partner.
1 2 3 4
5 6 7 8
9 10 11 12
13 14 15 16

3 Schneide aus 2 Quadraten 4 solche Plättchen und lege damit:
a) ein Rechteck,
b) ein Quadrat.

Schaffst du es auch mit 6 oder 8 dreieckigen Plättchen?

4 Nimm 6 Streichhölzer und lege damit:
a) ein Dreieck,
b) verschiedene Vierecke.

Geht es auch mit 4 oder 5 Streichhölzern?

5

a) Luisa hat ein Quadrat gespannt. Verändere das Quadrat 4-mal nacheinander so, dass jede neue Figur genau eine Ecke mehr hat. Zeichne jeden deiner Lösungsschritte auf.

b) Carla hat ein Zwölfeck gespannt. Verändere das Zwölfeck 4-mal hintereinander so, dass jede neue Figur genau eine Ecke weniger hat.

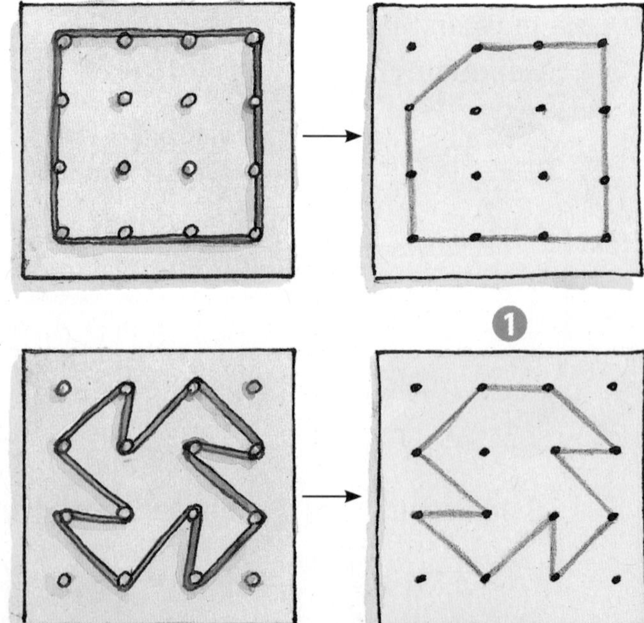
1
1

c) Verändere Carlas Zwölfeck 4-mal nacheinander so, dass bei jeder Figur immer eine Ecke dazukommt.

2 Eingeführte Flächenformen wiederholen.

5 Punkteraster für ein Geobrett nutzen (Kopiervorlage).

Figuren und Muster legen

1

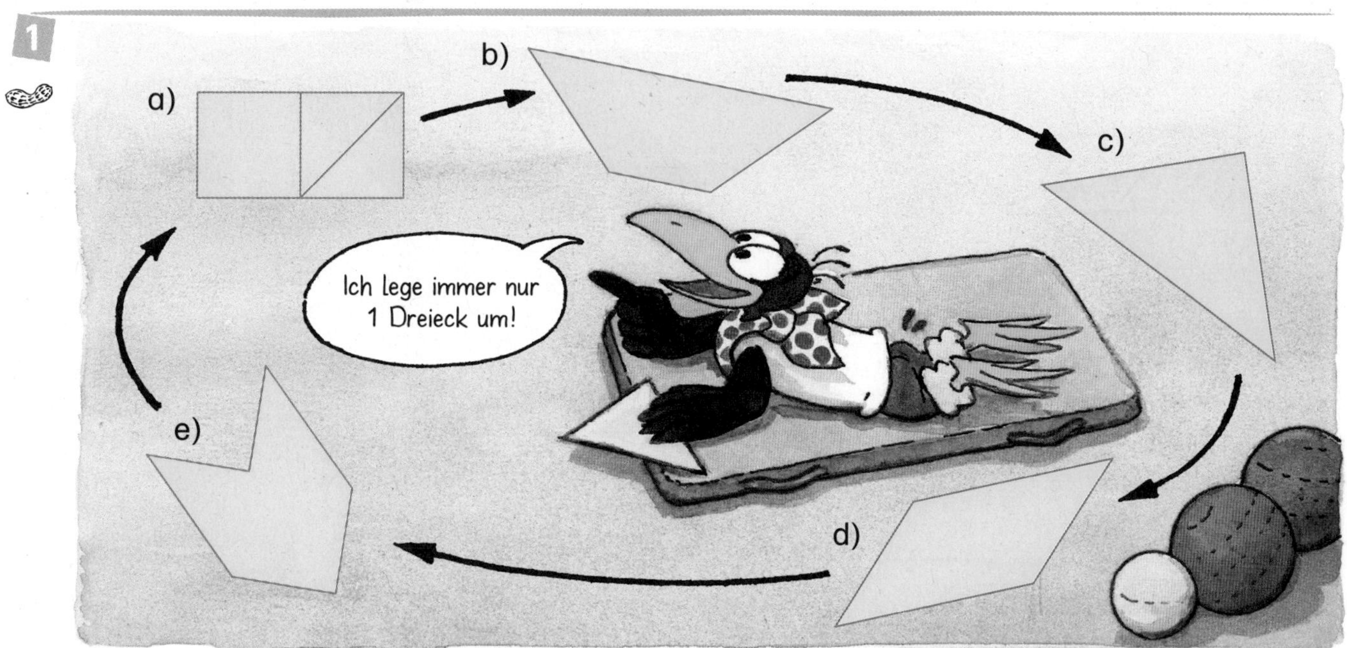
a)
b)
c)
d)
e)
Ich lege immer nur
1 Dreieck um!

2 Lege Quadrate, Dreiecke und Rechtecke. Ergänze oder verändere.

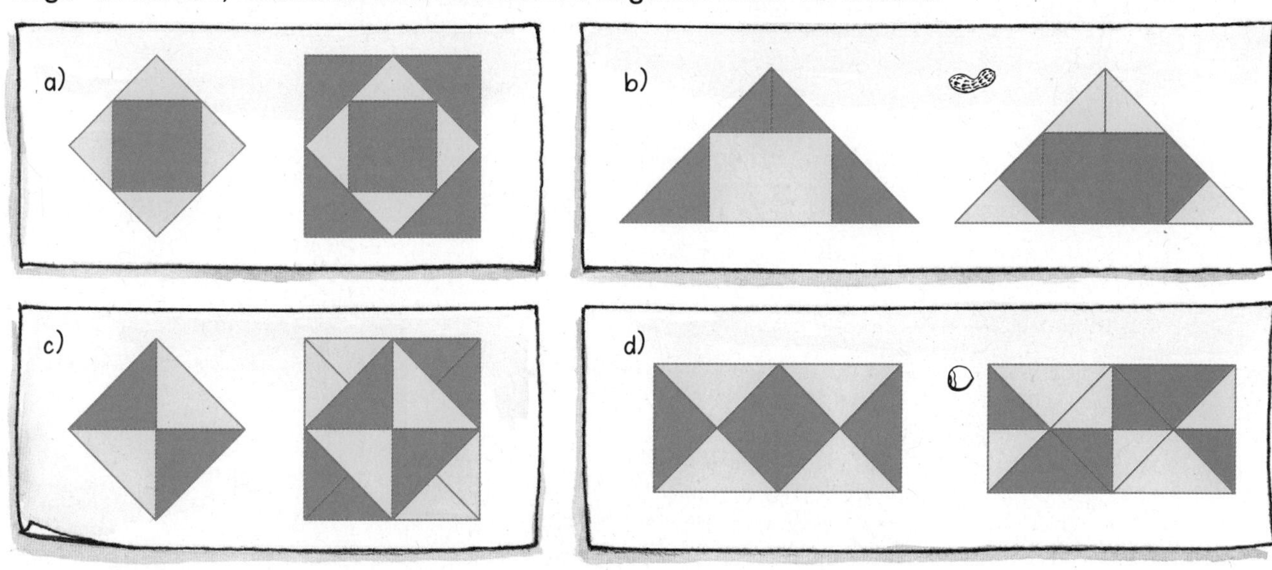
a)
b)
c)
d)

3 Setze das Muster fort. Lege in Partnerarbeit.

a)
c)

b)
d)

1 Zuerst das Rechteck (Figur a) aus einem Quadrat und 2 Dreiecken legen. Die weiteren Figuren (b bis e) bilden, indem nur jeweils ein Dreieck umgelegt wird.

3 Muster nach links und nach rechts fortsetzen.

Figuren auslegen

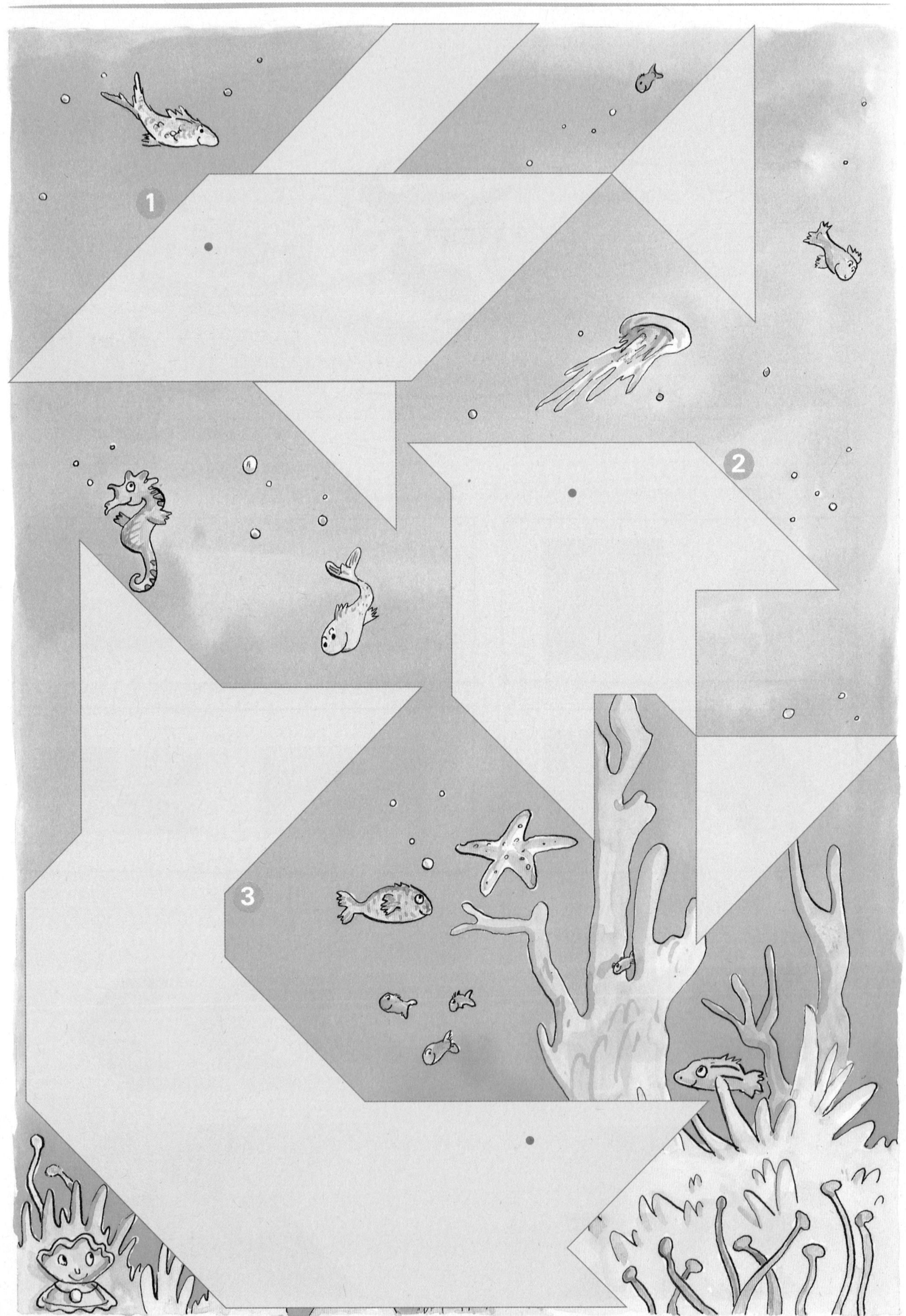

1
2
3

Figuren mit Plättchen auslegen (Material: Quadrate, große und kleine Dreiecke). Es gibt verschiedene Lösungen.

Figuren unterschiedlich auslegen

1
☐	1
△	1
△	2
gesamt	4
gesamt
2
Wie viele Plättchen brauchst du mindestens? Wie viele höchstens?
☐	4
△	2
△	4
gesamt	10
gesamt

Figuren mit den angegebenen Plättchen auslegen.

Die Figuren auf weitere Arten auslegen und die Arbeitsergebnisse notieren (Kopiervorlage).

Auf Karopapier zeichnen

1 Zeichne freihändig.

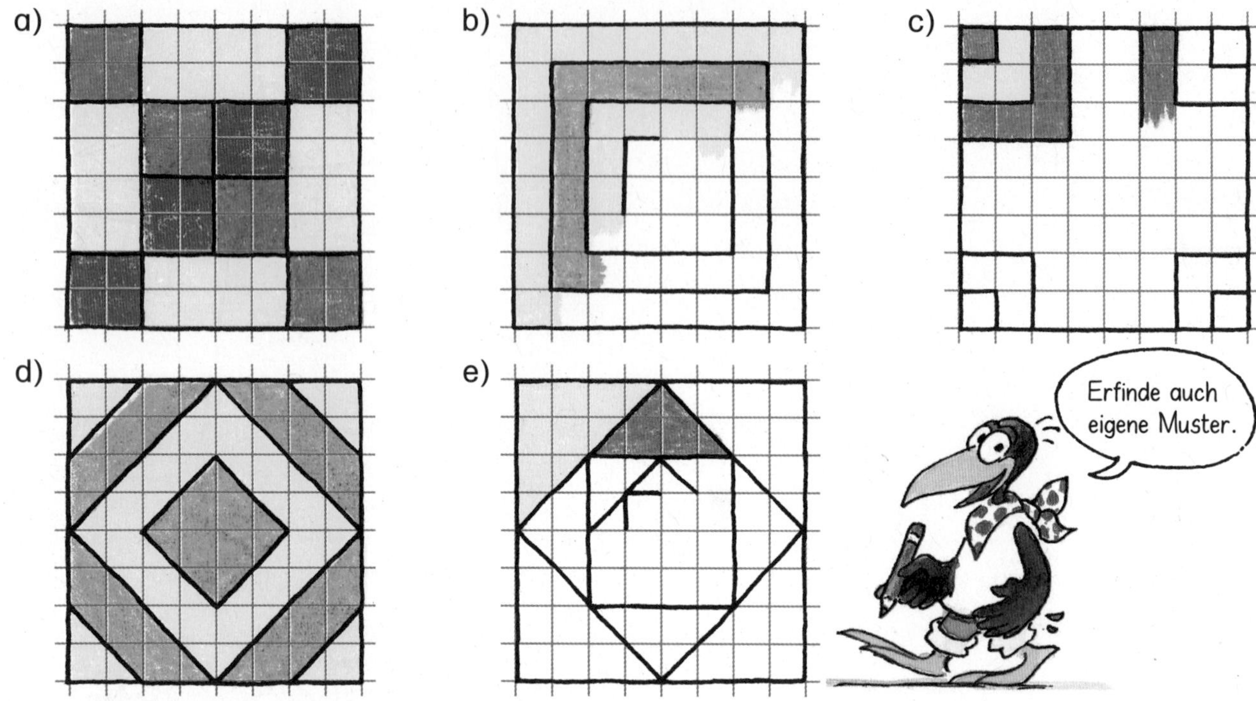
a)
b)
c)
d)
e)
Erfinde auch eigene Muster.

2 Setze das Muster nach links und rechts fort. Zeichne mit dem Lineal oder einer Schablone.

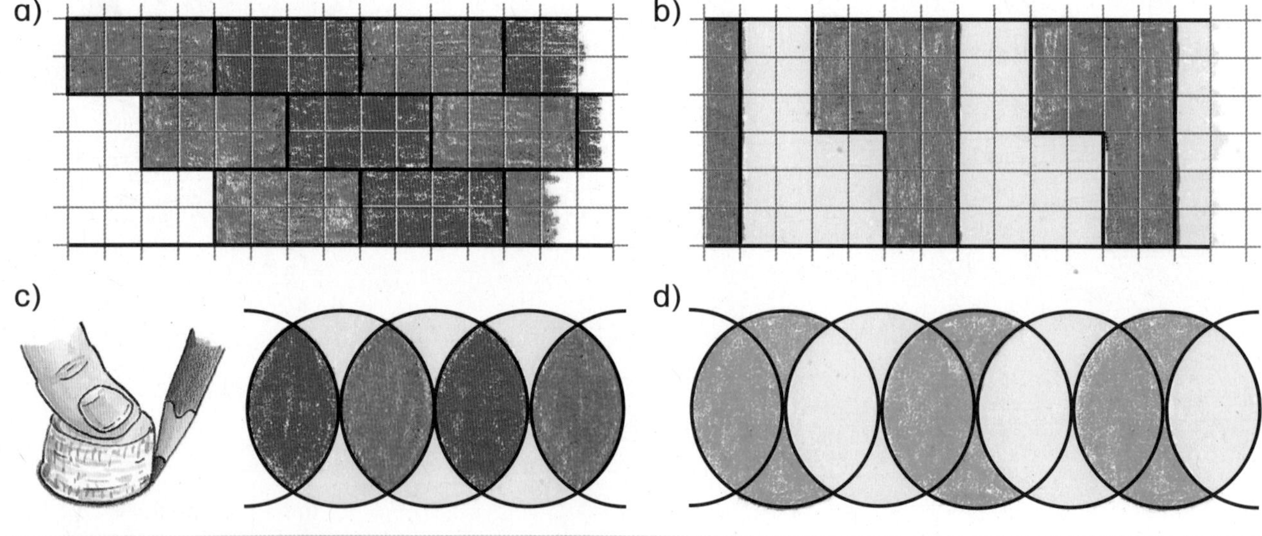
a)
b)
c)
d)

3 Zeichne die Figur nach Plan. Was entdeckst du?

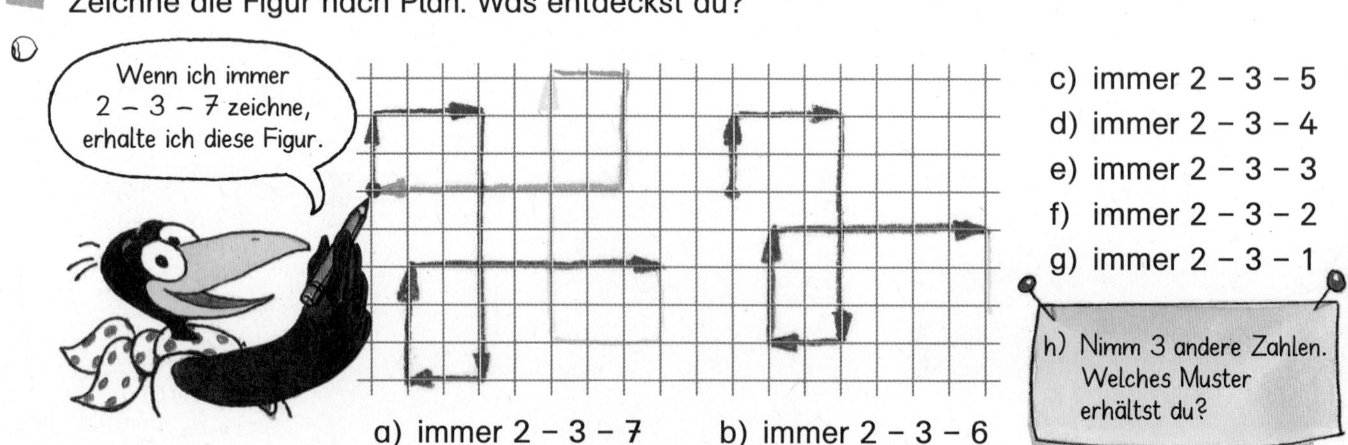
Wenn ich immer 2 – 3 – 7 zeichne, erhalte ich diese Figur.
a) immer 2 – 3 – 7
b) immer 2 – 3 – 6

c) immer 2 – 3 – 5
d) immer 2 – 3 – 4
e) immer 2 – 3 – 3
f) immer 2 – 3 – 2
g) immer 2 – 3 – 1

h) Nimm 3 andere Zahlen. Welches Muster erhältst du?

1 und **2** Freihand und mit dem Lineal bzw. einer Schablone zeichnen.

3 Der Zyklus 2 – 3 – 7 wiederholt sich (Farben rot, blau, gelb, grün). Jeder Zyklus beginnt mit einer anderen Richtung.

1 Welche Formen erhältst du? Beschreibe sie möglichst genau.

Löse zuerst nur in Gedanken. Falte dann und kontrolliere. Dann ist es Kopfgeometrie.
JULIAN
Ich stelle mir ein Quadrat vor und falte die linke untere Ecke zur rechten oberen Ecke.
BERAT
Bei meinem Quadrat falte ich eine Ecke zur Mitte.
LUSIA
Bei meinem Quadrat falte ich beide oberen Ecken zur Mitte.
Welche Formen können entstehen, wenn ich ein Rechteck einmal falte?
ANTONIA
Ich falte bei einem Quadrat die 2 unteren auf die 2 oberen Ecken.
AMELIE
Ich stelle mir ein Quadrat vor und falte die linke obere und die rechte untere Ecke zur Mitte.

2 Falte einen Flieger.

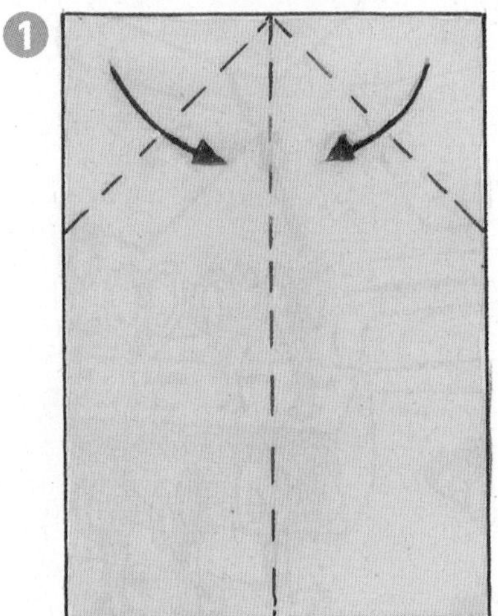

Papier der Länge nach falten.
Die 2 Ecken nach innen falten.

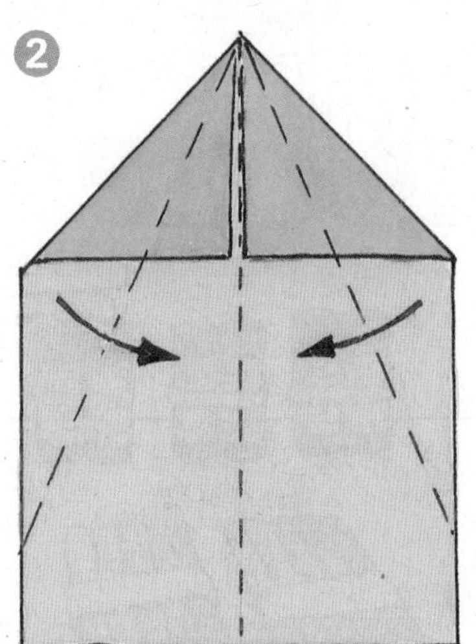

Auch diese 2 Ecken nach innen falten.

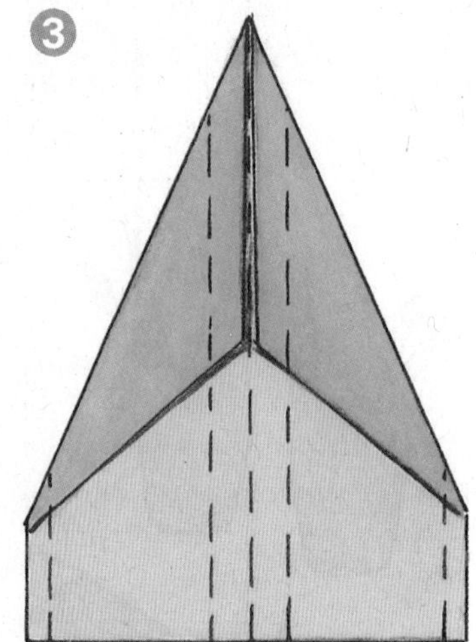

Weitere Kanten falten.

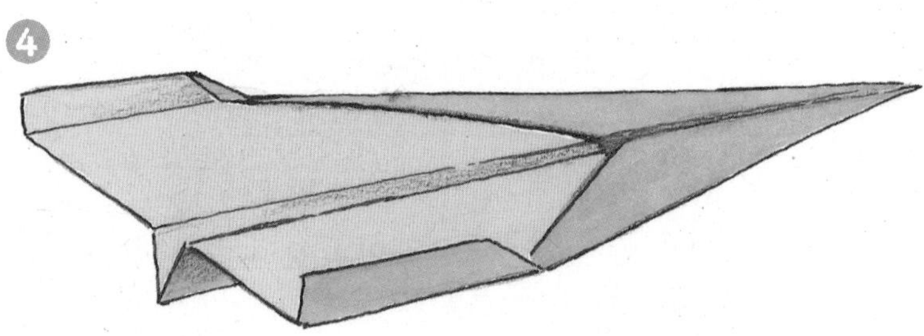

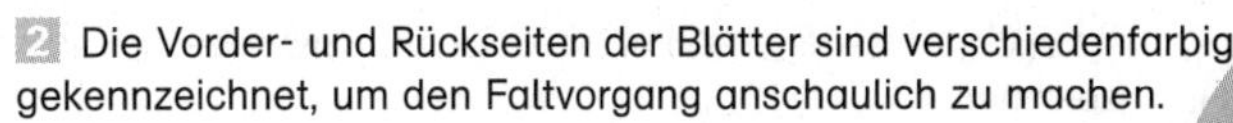
Ich falte noch andere Flieger!

1 Die Kinder falten zuerst in der Vorstellung. Das nachträgliche Falten dient der Kontrolle.

2 Die Vorder- und Rückseiten der Blätter sind verschiedenfarbig gekennzeichnet, um den Faltvorgang anschaulich zu machen.

Malnehmen

$4 + 4 + 4 = 12$

$3 \cdot 4 = 12$

mal ist gleich

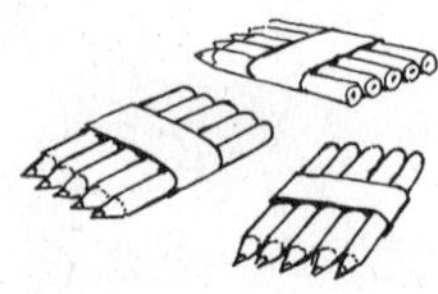

$5 + 5 + 5 = \square$

$3 \cdot 5 = \square$

$2 + 2 + 2 + 2 + 2 = \square$

$5 \cdot 2 = \square$

Im Klassenzimmer Multiplikationsaufgaben suchen.

1 Schreibe Plus- und Malaufgaben.

a)

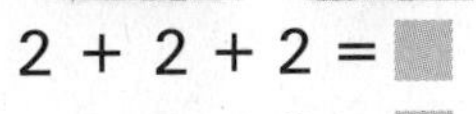

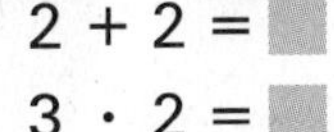

2 + 2 + 2 = □

3 · 2 = □

b)

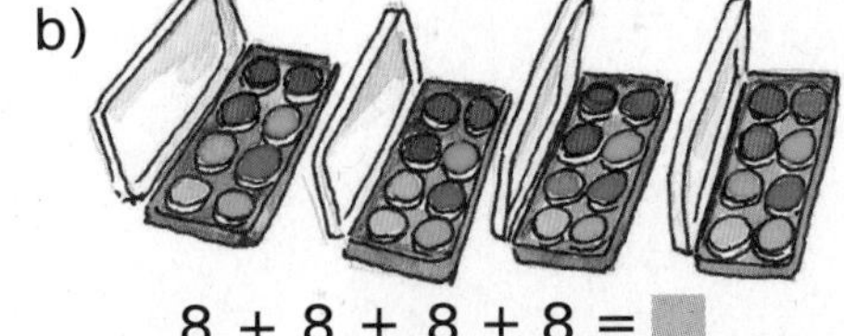

8 + 8 + 8 + 8 = □

□ · 8 = □

c)

KNETE
KNETE

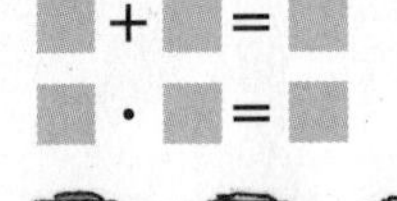

□ + □ = □

□ · □ = □

d)

Kreide
Kreide

Kreide

e)

f)

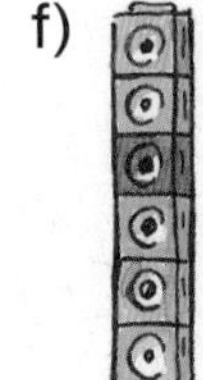

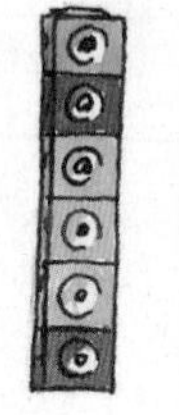

2 Schreibe Plus- und Malaufgaben zu den Bildern.

a)

b)

c)

d)

3 Finde eigene Malaufgaben. Male Bilder. Schreibe auch die Plusaufgabe.

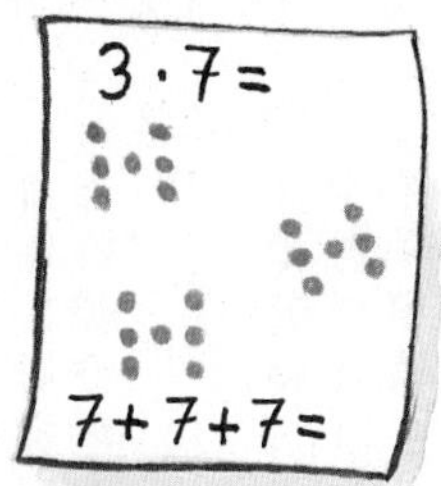
3 · 7 =
7 + 7 + 7 =

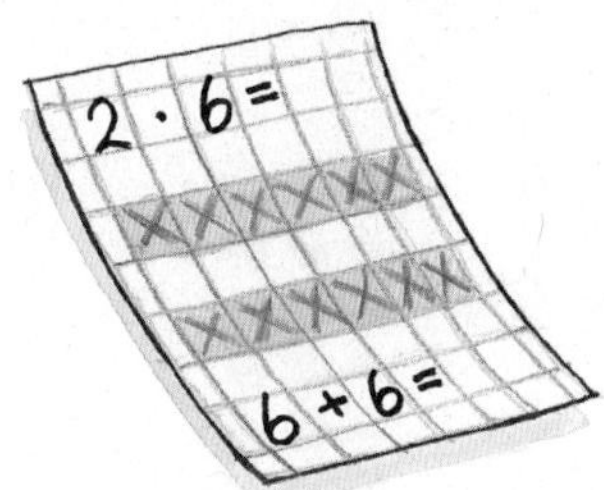
2 · 6 =
6 + 6 =

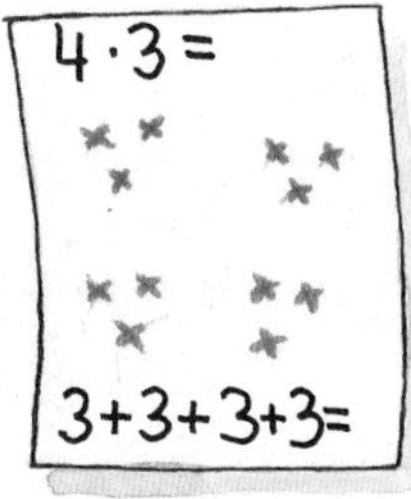
4 · 3 =
3 + 3 + 3 + 3 =

4

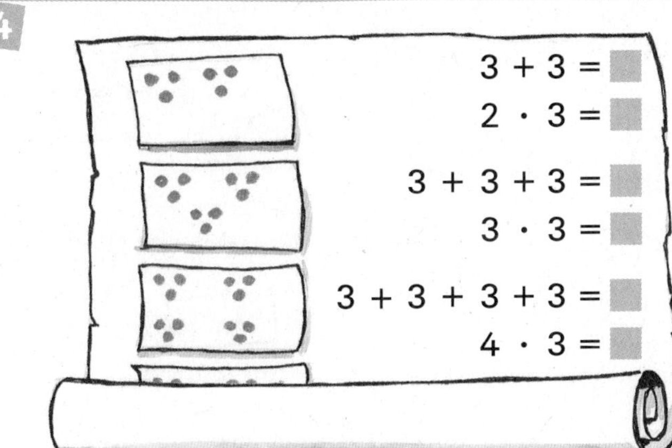

3 + 3 = □

2 · 3 = □

3 + 3 + 3 = □

3 · 3 = □

3 + 3 + 3 + 3 = □

4 · 3 = □

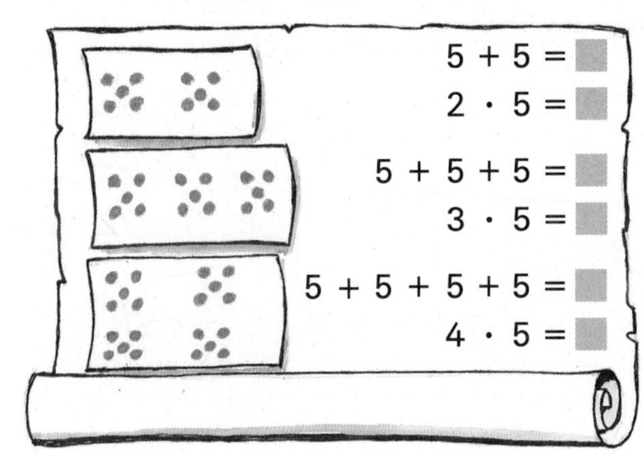

5 + 5 = □

2 · 5 = □

5 + 5 + 5 = □

3 · 5 = □

5 + 5 + 5 + 5 = □

4 · 5 = □

5

a)	b)	c)	d)
6 + 6 = □	2 + 2 + 2 = □	4 + 4 + 4 = □	7 + 7 = □
□ · □ = □	□ · □ = □	□ · □ = □	□ · □ = □
6 + 6 + 6 = □	2 + 2 + 2 + 2 = □	4 + 4 + 4 + 4 = □	□ + □ + □ = □
□ · □ = □	□ · □ = □	□ · □ = □	□ · □ = □

Zusammenhang zwischen Additions- und Multiplikationsaufgaben üben.

4 und **5** Nachbaraufgaben für verschiedene Zahlen kennen lernen.

Tauschaufgaben

1

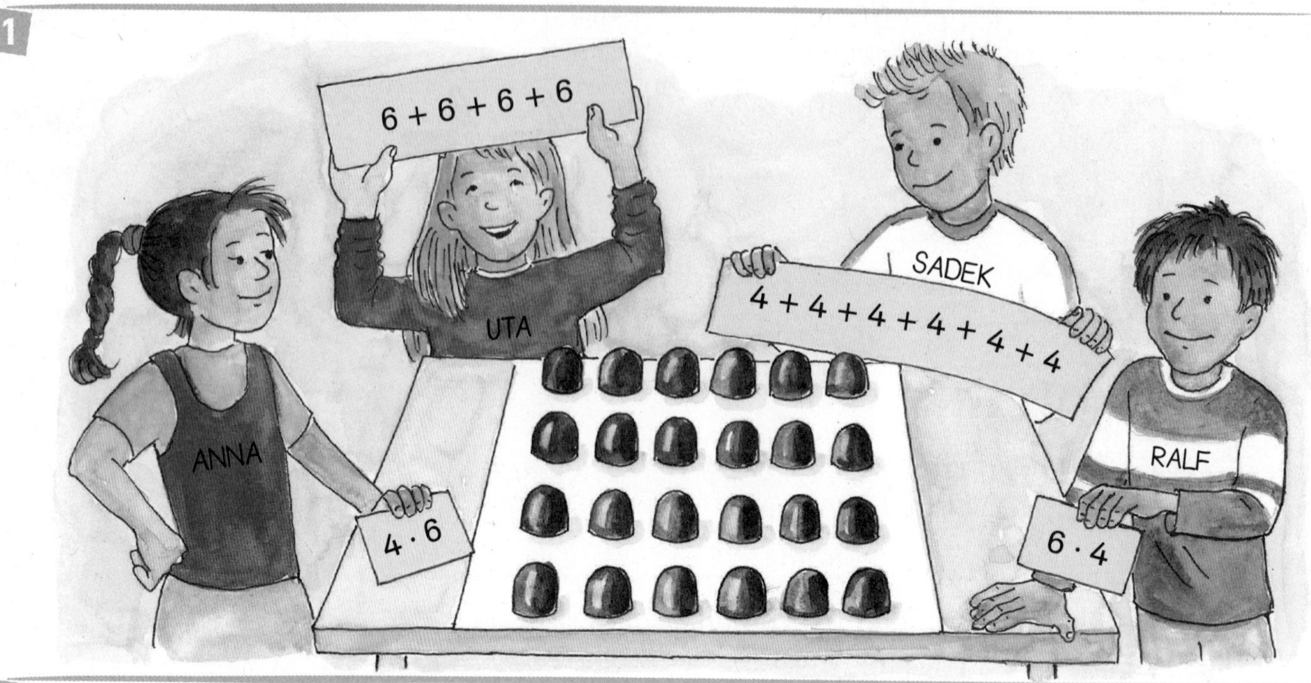
6 + 6 + 6 + 6
SADEK
4 + 4 + 4 + 4 + 4 + 4
UTA
ANNA
4 · 6
RALF
6 · 4

2 Schreibe immer zwei Malaufgaben.

a)
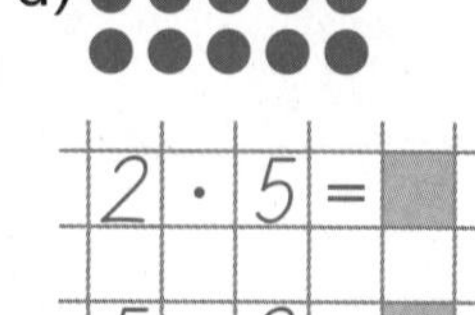
2 · 5 =
5 · 2 =

b)
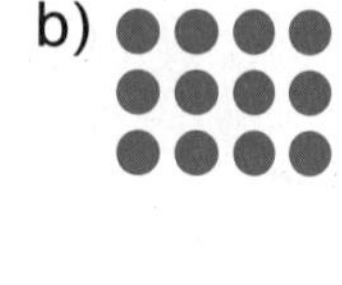

c)
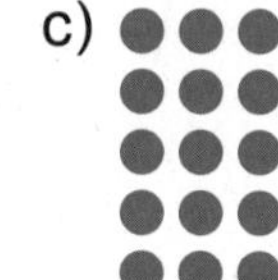

d)

e)
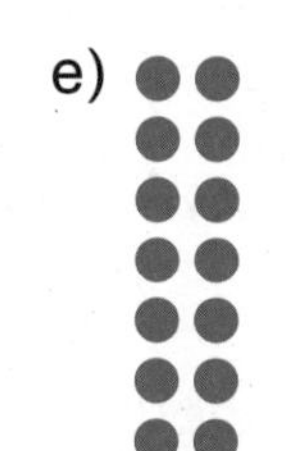

!

f)

g)
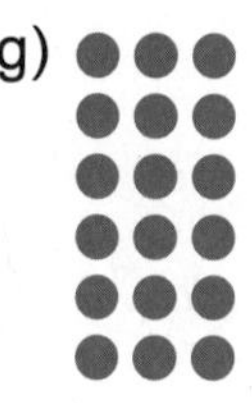

h)

i)
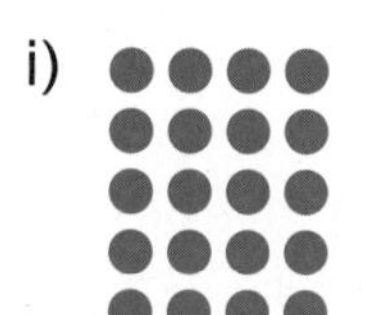

j)
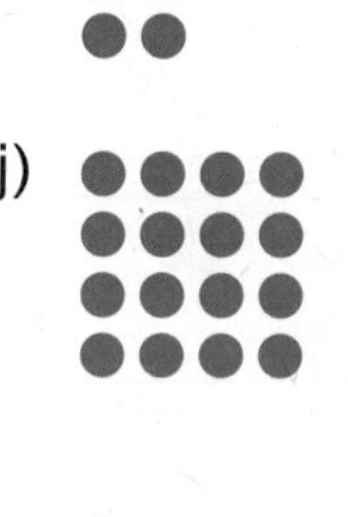

3 Schreibe Aufgabe und Tauschaufgabe. Male ein Punktebild dazu.

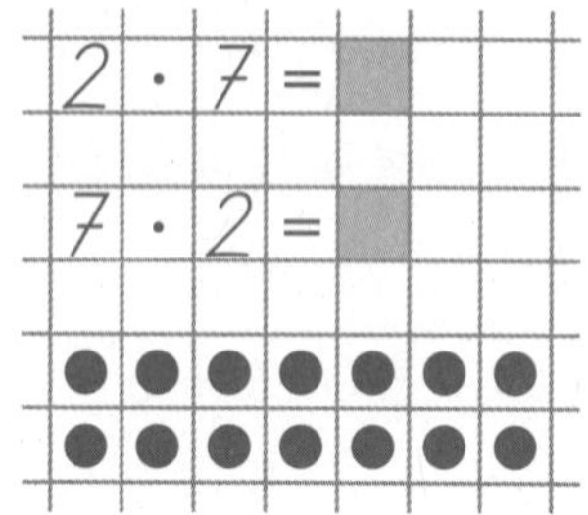
2 · 7 =
7 · 2 =

2 · 7

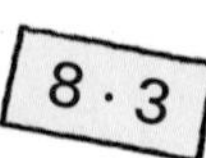
8 · 3

6 · 2

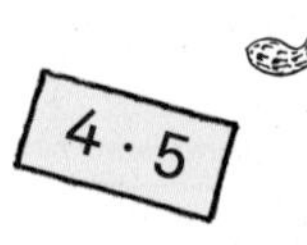
4 · 5

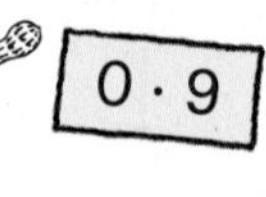
0 · 9

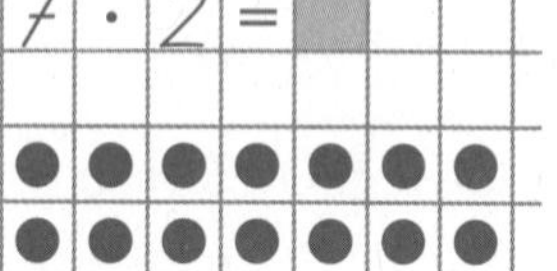

2 · 4

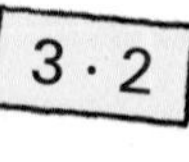
3 · 2

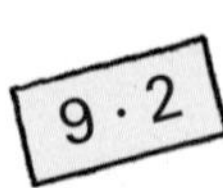
9 · 2

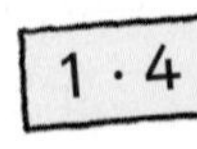
1 · 4

3 · 6
7 · 0

4 a)

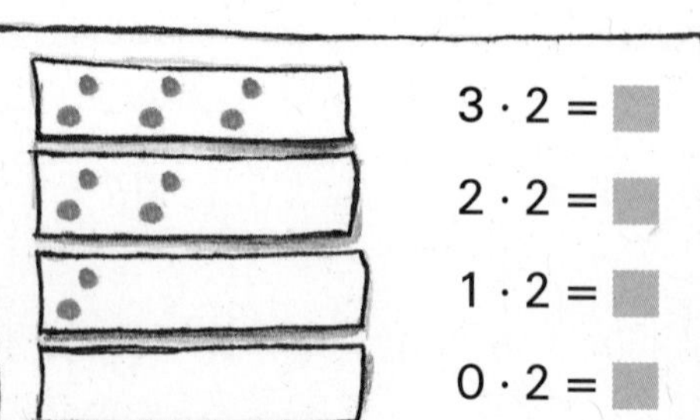

3 · 2 = ▢
2 · 2 = ▢
1 · 2 = ▢
0 · 2 = ▢

b) 5 · 3 = ▢
4 · 3 = ▢
3 · 3 = ▢
2 · 3 = ▢
1 · 3 = ▢
0 · 3 = ▢

c) 0 · 7 = ▢
7 · 0 = ▢
1 · 7 = ▢
7 · 1 = ▢
2 · 7 = ▢
7 · 2 = ▢

3 und **4** Multiplikation mit Faktor 0 thematisieren. Dabei auf systematische Fehler wie 0 · 3 = 3 oder 3 · 0 = 3 achten.

Malaufgaben am Hunderterfeld

1

3 · 8
8 · 3
Ich sehe noch mehr Aufgaben.
5 · 3
3 · 3

2 Welche Aufgaben siehst du? Schreibe in dein Heft!

a) 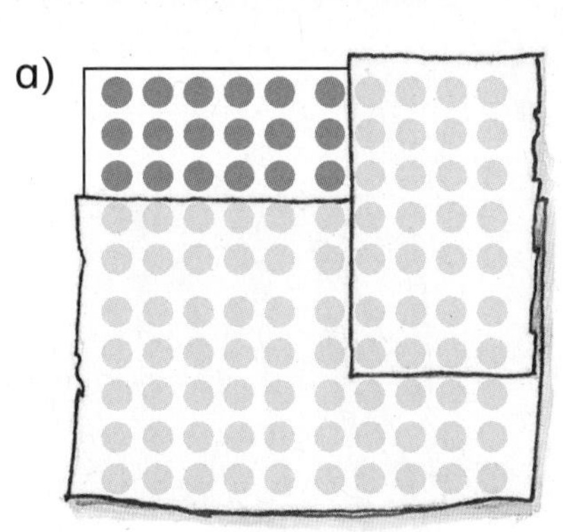

b) 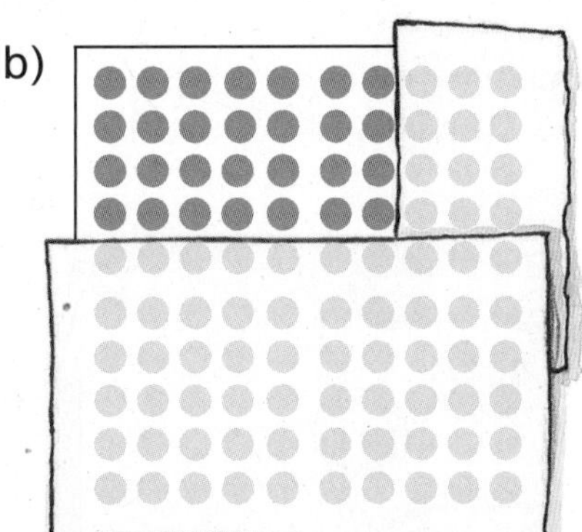

c) 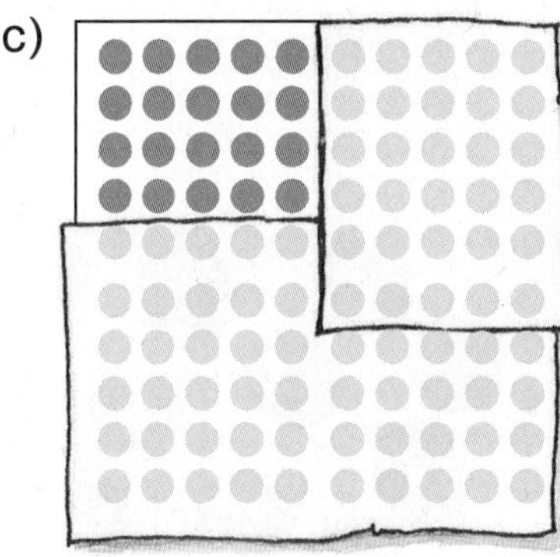

d) 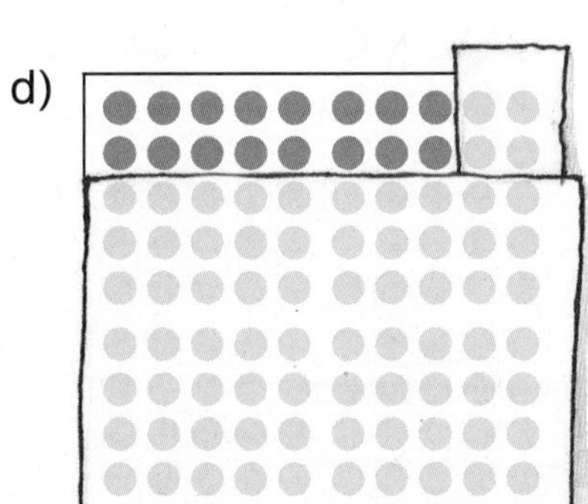

e) 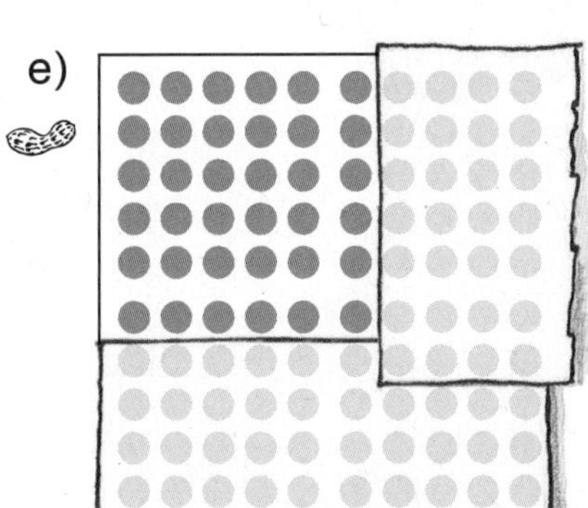

f) 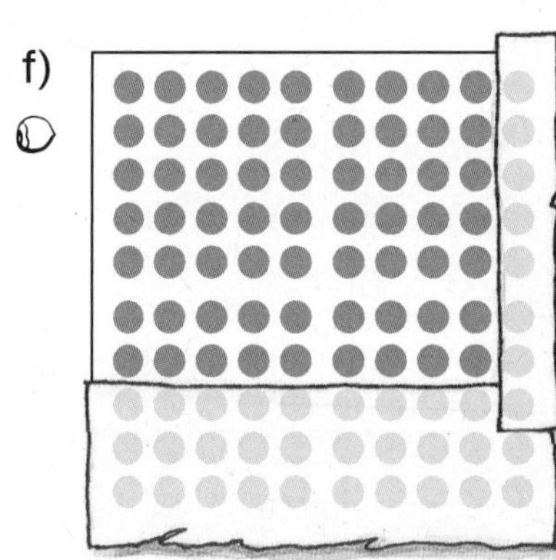

3 Zeige am Hunderterfeld und rechne.

2 · 7 = ▢	3 · 4 = ▢
3 · 9 = ▢	4 · 8 = ▢
5 · 10 = ▢	5 · 2 = ▢
4 · 6 = ▢	5 · 5 = ▢
8 · 2 = ▢	6 · 3 = ▢
5 · 4 = ▢	2 · 9 = ▢

4 Welche Malaufgaben passen zu diesen Ergebnissen?
Wo gibt es mehrere Lösungen? Wo keine?

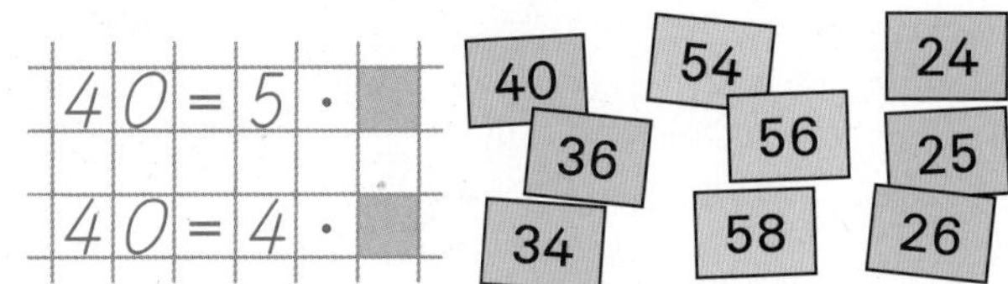
40 = 5 ·
40 = 4 ·
40
36
34
54
56
58
24
25
26

1 und **2** Aufgaben am Hunderterfeld erkennen und zeigen.

3 und **4** Aufgaben mithilfe des Hunderterfeldes lösen.

Aufteilen

1 Immer 4 Kinder sitzen auf einer Matte. Wie viele Matten werden gebraucht?

$12 = \square \cdot 4$

$12 : 4 = \square$

geteilt durch ist gleich

2

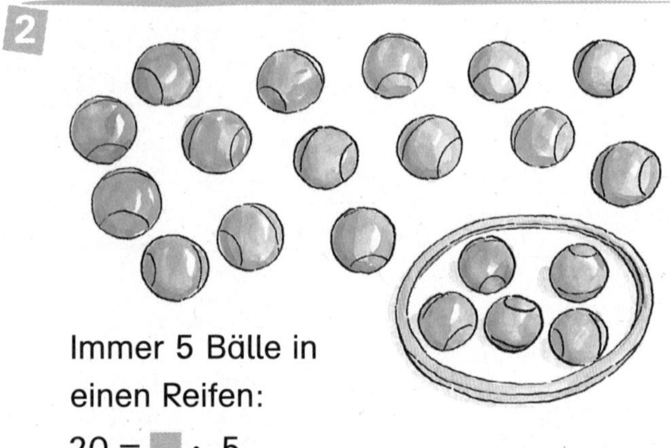

Immer 5 Bälle in einen Reifen:

$20 = \square \cdot 5$

$20 : 5 = \square$

Man braucht $\square$ Reifen.

3

Immer 4 Hockeyschläger in eine Tonne:

$16 = \square \cdot 4$

$16 : 4 = \square$

Man braucht $\square$ Tonnen.

4

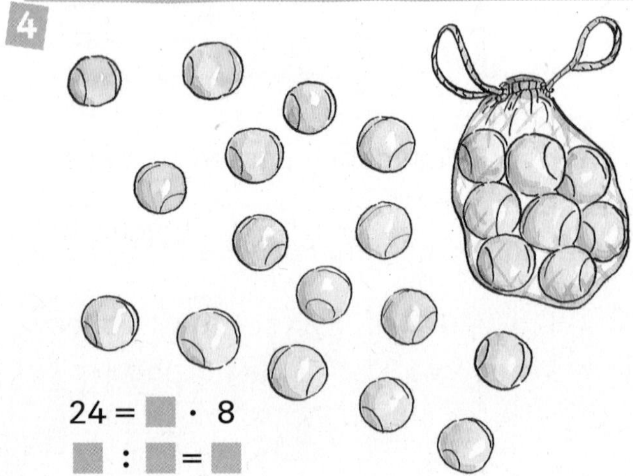

$24 = \square \cdot 8$

$\square : \square = \square$

5

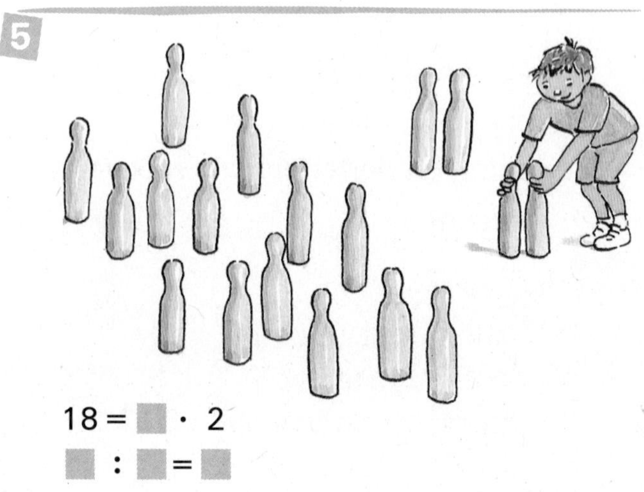

$18 = \square \cdot 2$

$\square : \square = \square$

1 bis 5 Einführung der Division: (Auf-)Teilen als Umkehrung der Multiplikation kennen lernen.

Einführung der Sprech- und Schreibweise bei der Division.

1 Zeichne und kreise ein.

a) 

20 : 5 = ▢

b) 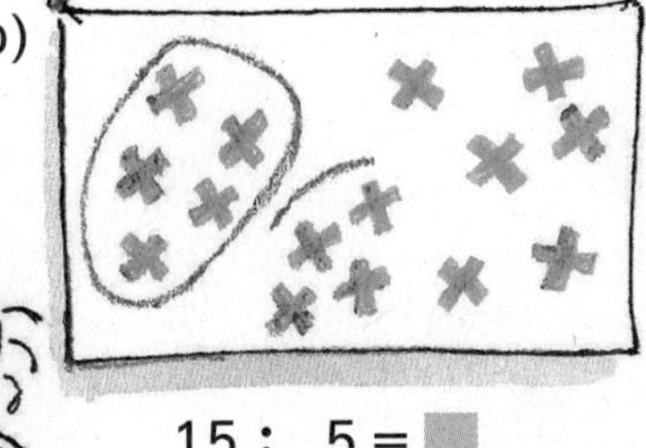

15 : 5 = ▢

c) 16 : 2 = ▢

d) 20 : 2 = ▢
20 : 4 = ▢
20 : 1 = ▢
20 : 10 = ▢

e) 15 : 3 = ▢
15 : 15 = ▢
14 : 2 = ▢
14 : 7 = ▢

f) 16 : 8 = ▢
24 : 8 = ▢
24 : 4 = ▢
28 : 4 = ▢

2 a) Immer 6 Plättchen in eine Reihe:

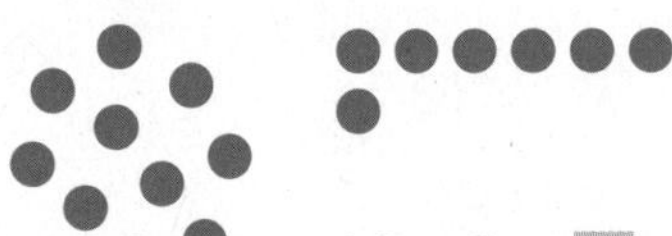

18 : 6 = ▢

b) Immer 4 Plättchen in eine Reihe:

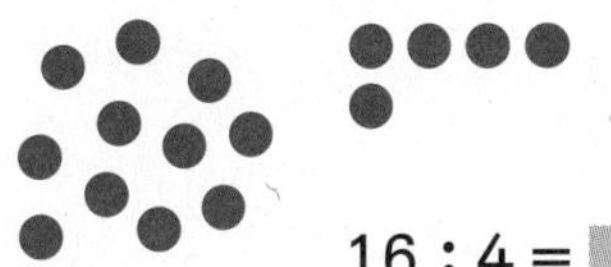

16 : 4 = ▢

c) Nils hat 24 Plättchen. Welche Reihen kann er legen?

d) Valentino hat 13 Plättchen.

3

a) 8 : 4 = ▢
8 : 2 = ▢
8 : 8 = ▢

b) 16 : 4 = ▢
16 : 8 = ▢
16 : 2 = ▢

c) 10 : 5 = ▢
10 : 2 = ▢
10 : 1 = ▢

d) 18 : 3 = ▢
21 : 3 = ▢
21 : 7 = ▢

e) 32 : 8 = ▢
24 : 8 = ▢
24 : 4 = ▢

4 Welche Geteiltaufgaben findest du?

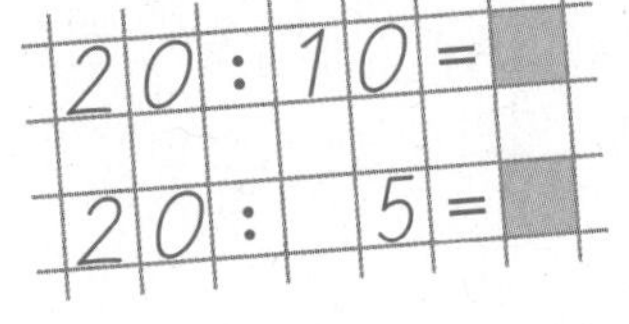
20 : 10 =
20 : 5 =

20 40 15 32 12 7 19 56 25 14

5

12

Im Turnverein sind 40 Kinder. Wie viele:
a) Zweiergruppen,
b) Fünfergruppen,
c) Vierergruppen und
d) Achtergruppen können die Kinder bilden?

6

Ich habe 17 Würfel.

Die Kinder bauen immer gleich hohe Türme.
a) Corinna hat 12 Würfel.
Welche Türme kann sie damit bauen, wenn keine Würfel übrig bleiben sollen?
b) Matthias hat 20 Würfel, Vera hat 24 Würfel, Björn hat 30 Würfel.

1 Ikonische Darstellung als Lösungshilfe nutzen.
3 Aufgaben können mit Plättchen gelegt werden.
4 und **5** Divisionsaufgaben eigenständig bilden.
6 Würfeltürme nachbauen.
2 bis **5** Besonderheiten bei Primzahlen beachten.

Verteilen

1

10 : 5

2

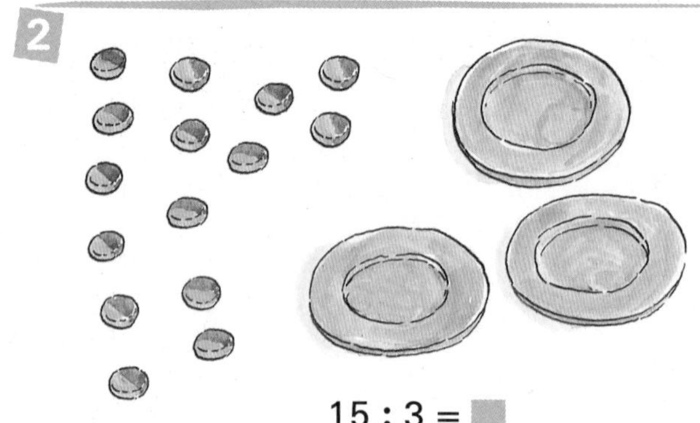

15 : 3 = ___

3

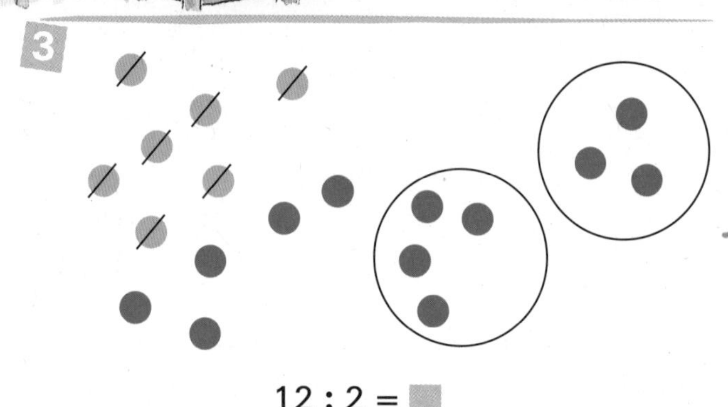

12 : 2 = ___

4 Lege Plättchen und verteile.

a)	b)	c)
8 : 4 = ___	28 : 4 = ___	8 : 2 = ___
12 : 4 = ___	24 : 8 = ___	16 : 2 = ___
16 : 4 = ___	20 : 5 = ___	30 : 5 = ___
20 : 4 = ___	20 : 10 = ___	24 : 4 = ___

5 Verteile 32 Spielkarten …

a) an 4 Kinder.
b) an 2 Kinder.
c) an 8 Kinder.
d) an 16 Kinder.

a) 32 = 4 · ___
32 : 4 = ___

6 Welche Aufgabe, Frage und Rechnung gehören zusammen?
Schreibe auch die Antwort auf.

12 Setzsteine werden auf 4 Spielfelder verteilt.
14 Mühlesteine werden an 2 Mitspieler verteilt.
48 Karten werden an 8 Kinder verteilt.
Wie viele Karten bekommt jedes Kind?
Wie viele Setzsteine sind auf einem Spielfeld?
Wie viele Mühlesteine bekommt jeder?
___ : 2 = ___
___ : 8 = ___
___ : 4 = ___

Verteilen als weiteres Vorstellungsbild der Division erfassen.
3 Ikonische Darstellung des Verteilens als Lösungshilfe nutzen.
6 Drei Sachaufgaben zusammensetzen und lösen.

1

12 : 3 = ■
■ · 3 = 12

2

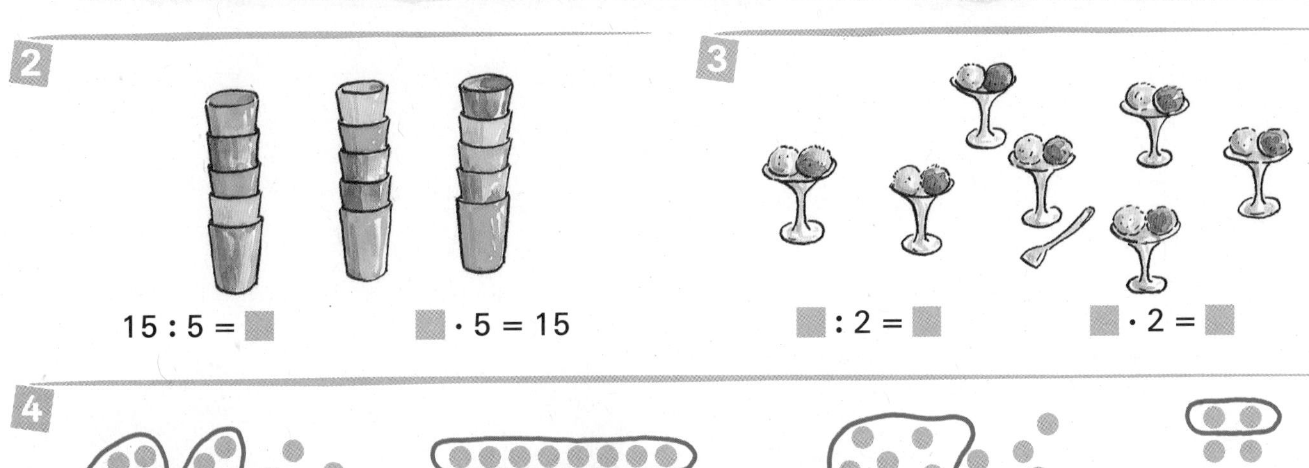

15 : 5 = ■ ■ · 5 = 15

3

■ : 2 = ■ ■ · 2 = ■

4

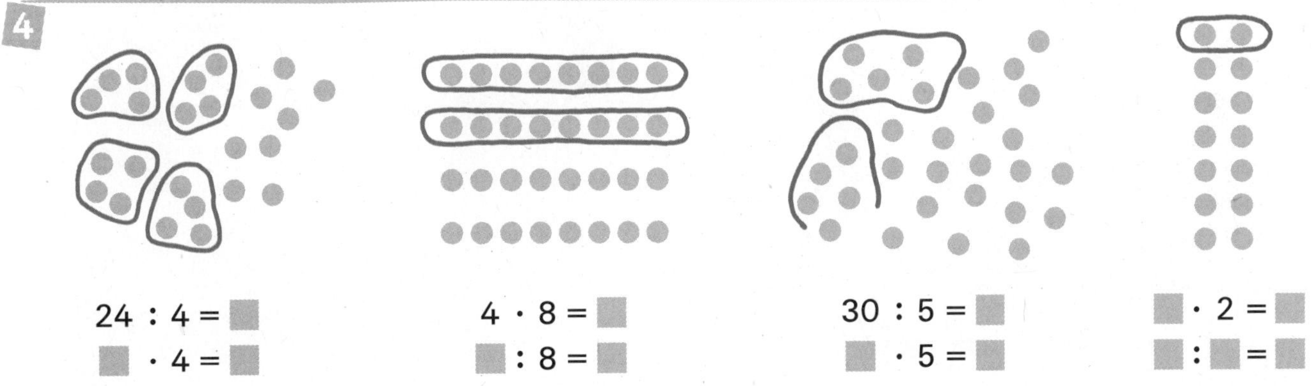

24 : 4 = ■	4 · 8 = ■	30 : 5 = ■	■ · 2 = ■
■ · 4 = ■	■ : 8 = ■	■ · 5 = ■	■ : ■ = ■

5 Male Punktefelder. Schreibe auch die Umkehraufgabe.

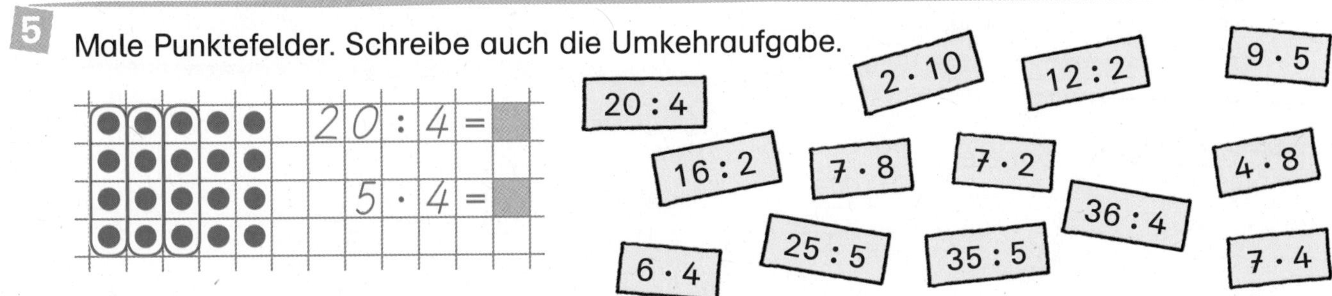
20 : 4 = ■
5 · 4 = ■
20 : 4
2 · 10
12 : 2
9 · 5
16 : 2
7 · 8
7 · 2
4 · 8
36 : 4
6 · 4
25 : 5
35 : 5
7 · 4

6 Rechne auch die Umkehraufgabe.

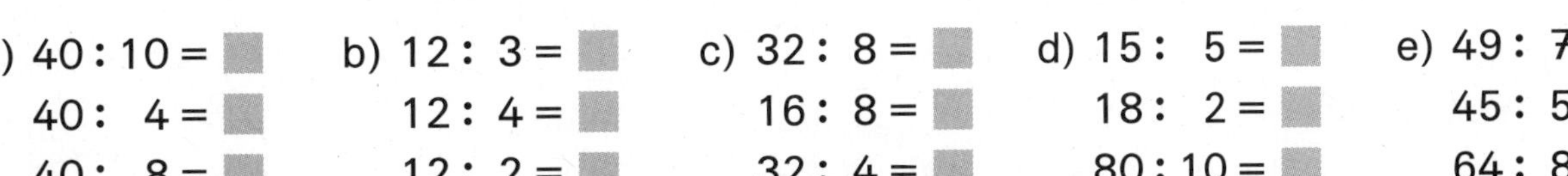

a)	b)	c)	d)	e)
40 : 10 = ■	12 : 3 = ■	32 : 8 = ■	15 : 5 = ■	49 : 7 = ■
40 : 4 = ■	12 : 4 = ■	16 : 8 = ■	18 : 2 = ■	45 : 5 = ■
40 : 8 = ■	12 : 2 = ■	32 : 4 = ■	80 : 10 = ■	64 : 8 = ■
40 : 5 = ■	12 : 6 = ■	16 : 4 = ■	24 : 8 = ■	36 : 4 = ■

Division und Multiplikation als Umkehroperationen verstehen.

4 Divisionsaufgabe und Multiplikationsaufgabe aus einer ikonischen Darstellung ablesen.

Nachbaraufgaben – Verdoppeln und halbieren

1

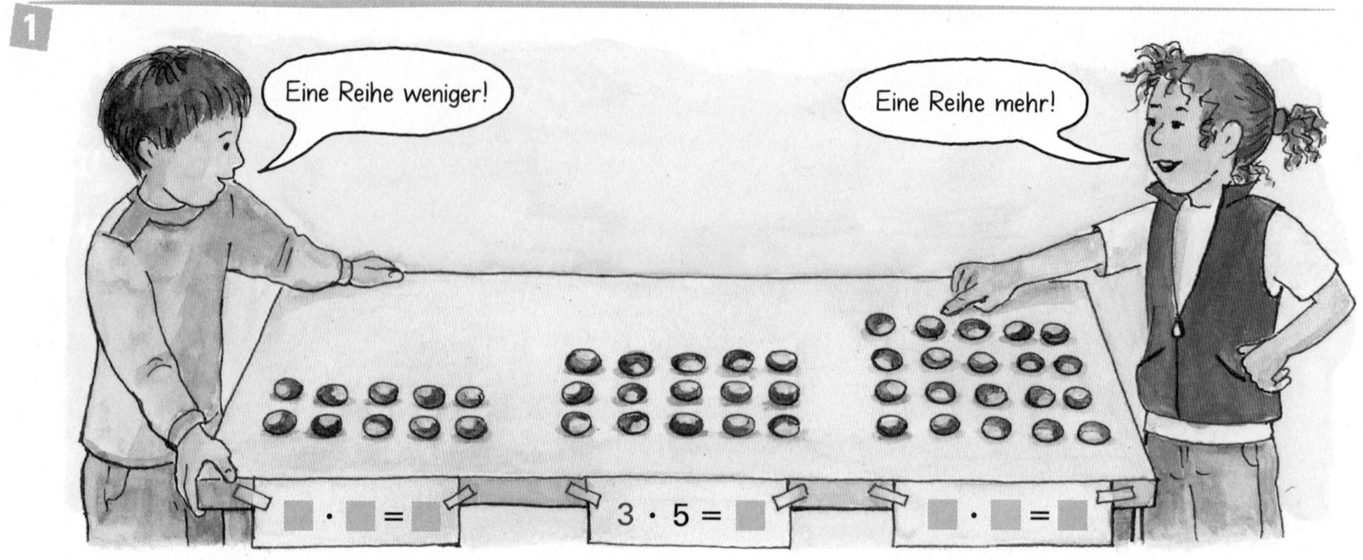
Eine Reihe weniger!
Eine Reihe mehr!
■ · ■ = ■
3 · 5 = ■
■ · ■ = ■

2

7	·	5	=	■
8	·	5	=	40
9	·	5	=	■

8 · 5 = 40

9 · 10 = 90

5 · 5 = 25

8 · 6 = ■

6 · 8 = ■

4 · 5 = ■

5 · 6 = ■

10 · 7 = ■

3

Ich habe
3 Äpfel.
1 · 3 = ■

Ich sehe
6 Äpfel.
2 · 3 = ■

4 Halbiere und verdopple.

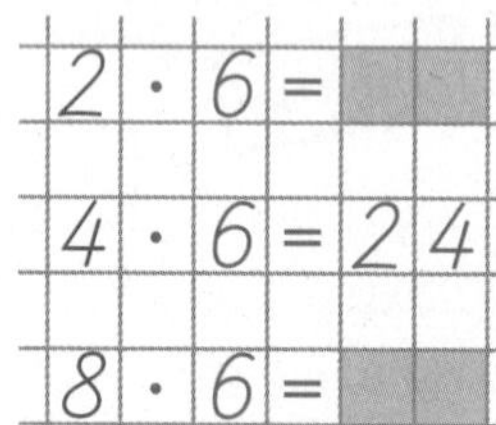
2 · 6 = ■
4 · 6 = 24
8 · 6 = ■

4 · 6 = 24

2 · 9 = 18

2 · 5 = 10

4 · 5 = 20

2 · 7 = ■

4 · 3 = ■

4 · 8 = ■

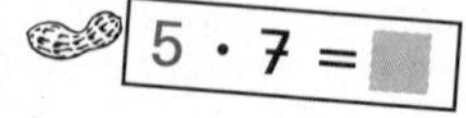
5 · 7 = ■

5

a) Die Oma schenkt Marc und Lena zusammen 32 Euro. Sie wollen gerecht teilen.

b) Ich denke mir eine Zahl. Sie ist die Hälfte von 6 · 8.

Vom Ergebnis einer bekannten Aufgabe durch Nachbaraufgaben oder durch Verdopplung bzw. Halbierung eines Faktors auf die Lösung weiterer Aufgaben schließen.

Gerade und ungerade Zahlen

1

Wir haben 25 Steine gesammelt.
Können wir die gerecht teilen?
Alina und Paul haben 24 Muscheln.
Selim und Max haben 48 Spielkarten.
Sirin und Jonas haben 33 Cent-Stücke im Sparschwein.
Jan und Daniel haben 17 Sticker.

2 Welche Zahlen kannst du halbieren? Lege mit Plättchen.

Alle ▭ Zahlen kann ich halbieren.

Zahl	12	14	19	30	34	37	50	52	53	70	77
die Hälfte											

3 Schreibe gerade und ungerade Zahlen in dein Heft.
Schau auf die Einer, was fällt dir auf?

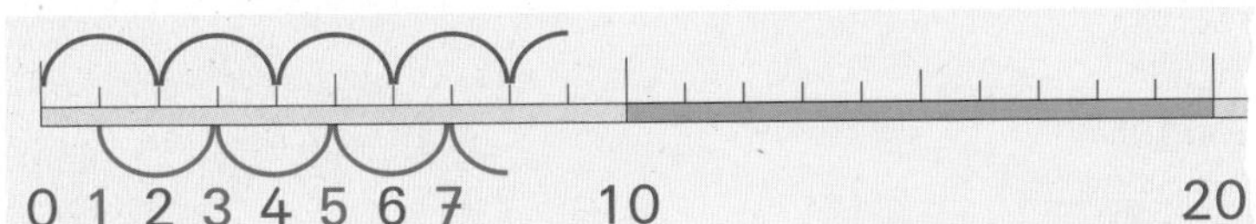

0 1 2 3 4 5 6 7
10
20

gerade Zahlen	0, 2, 4, 6, ...
ungerade Zahlen	1, 3, 5, ...

4 a) Immer mal 2!
b) Immer mal 5!

a) 1 · 2 =
8 · 2 =

1, 8, 10, 3, 5

Schau auf das Ergebnis. Ist es eine gerade oder eine ungerade Zahl?

c) Immer mal 4!
d) Immer mal 3!

4, 8, 5, 2, 3

5 Was stellst du fest?

Ich verdopple eine gerade Zahl.
Ich verdopple eine ungerade Zahl.
Ich rechne ungerade plus gerade Zahl!
5
8
11
4
9
2
3
7
6

1 und 2 Gerade Zahlen als diejenigen erkennen, die ohne Rest durch 2 teilbar sind.

3 Anhand der Einerstellen schnell erfassen, ob es sich um eine gerade Zahl handelt. Verschiedene Abschnitte des Zahlenstrahls untersuchen.

Einmaleins mit 1 – Rechnen mit 0 und 1

1
Ich habe 6 gewürfelt.
Ich auch.
ALFONS
KIMIA
6 · 1 =
1 · =
2
7 · 1 =
1 · 7 =
7 · 1
4 · 0
1 · 4
0 · 3
Welche Malaufgaben mit 0 und 1 fehlen?
10 · 1
1 · 1
1 · 0
1 · 3
9 · 1
8 · 0
0 · 2
0 · 0
0 · 1
1 · 6
3
Im Land der 0 und 1
Achtung!
a) 3 + 0 =
3 + 1 =
3 · 0 =
3 · 1 =
b) 6 − 0 =
6 + 0 =
6 · 1 =
6 · 0 =
c) 10 · 0 =
0 · 10 =
10 · 1 =
10 − 0 =
d) 0 · 7 =
0 + 7 =
7 − 7 =
7 · 0 =
h) 0 · =
· 0 =
· = 0
g) 9 · = 0
− 9 = 0
9 · = 9
+ 9 = 9
e) 1 + = 1
1 − = 1
1 − = 0
1 · = 0
f) · 5 = 5
− 5 = 0
· 5 = 0
− 5 = 5

1 und 2 Die Aufgaben sowie ihre Umkehrungen ablesen und rechnen.

3 *Zur Information:* Multiplikationsaufgaben mit Nullen werden häufig falsch gelöst, da das Multiplizieren mit 0 und 1 miteinander verwechselt wird!

Die Einmaleinstafel – Einmaleins mit 10

1

Lies so:
1 · 3 = 3

Leichte Aufgaben: Ich schreibe das Ergebnis grün.
Schwere Aufgaben: Ich schreibe es rot.

•	1	2	3	4	5	6	7	8	9	10
1	1	2	3	4	5	6	7	8	9	10
2	2		6							
3	3				15		21	24	27	
4	4									
5	5		15							
6	6									
7	7									70
8	8									
9	9									
10	10									

2

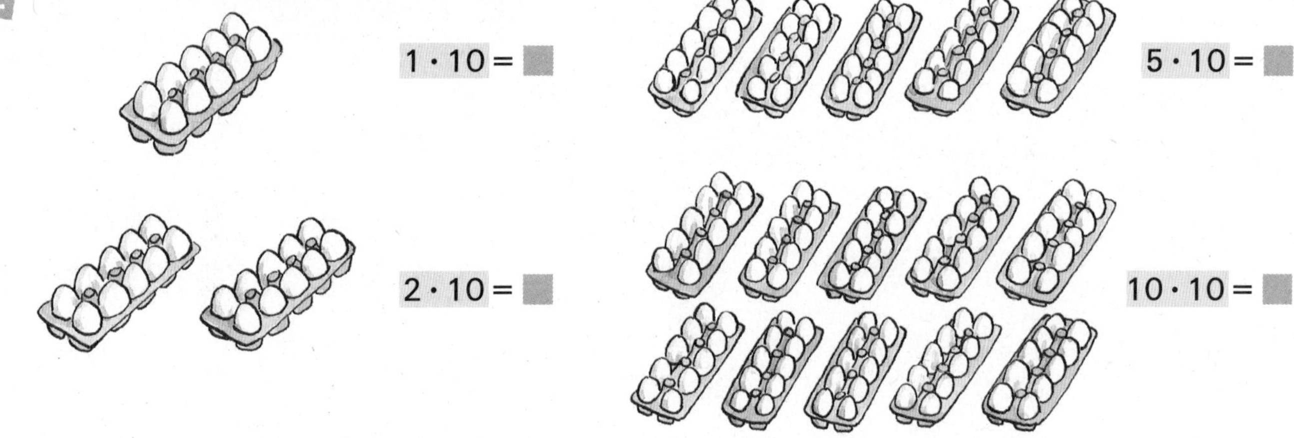

1 · 10 = ▢　　　5 · 10 = ▢

2 · 10 = ▢　　　10 · 10 = ▢

3

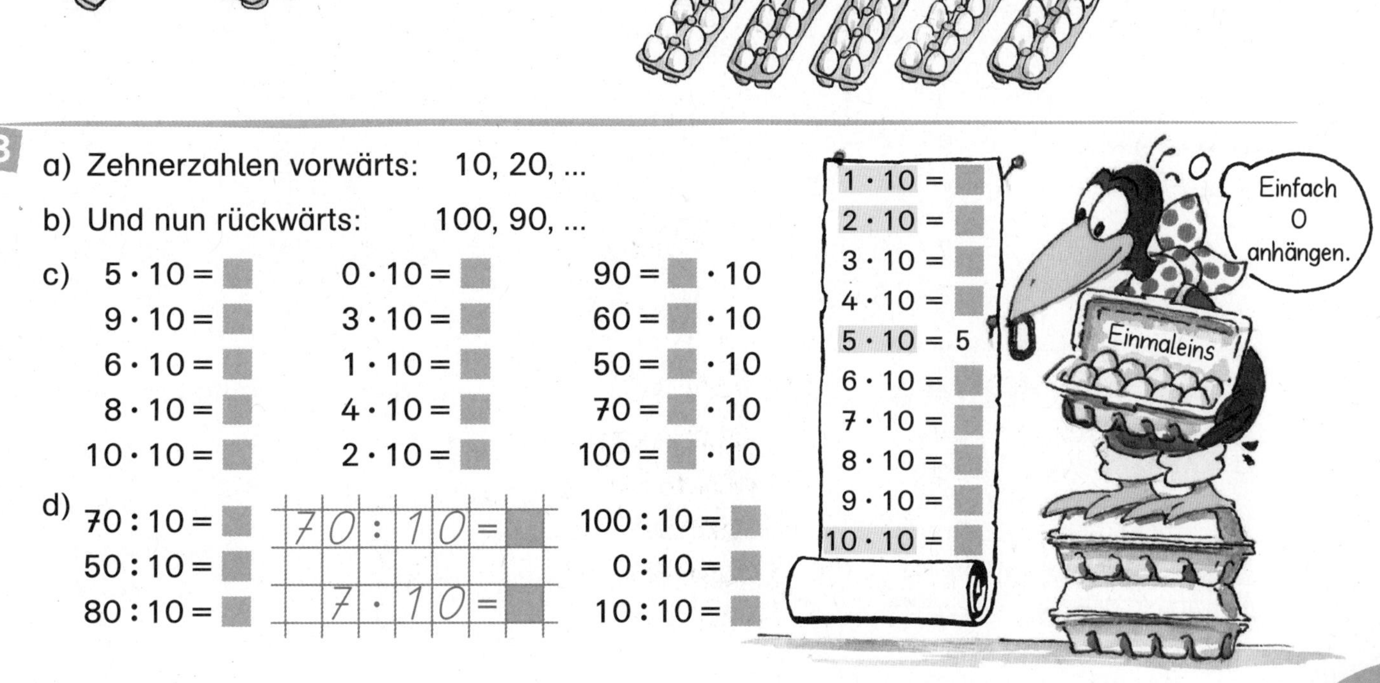

1 · 10 = ▢
2 · 10 = ▢
3 · 10 = ▢
4 · 10 = ▢
5 · 10 = 5
6 · 10 = ▢
7 · 10 = ▢
8 · 10 = ▢
9 · 10 = ▢
10 · 10 = ▢
Einfach 0 anhängen.
Einmaleins

a) Zehnerzahlen vorwärts: 10, 20, ...

b) Und nun rückwärts: 100, 90, ...

c)

5 · 10 = ▢	0 · 10 = ▢	90 = ▢ · 10
9 · 10 = ▢	3 · 10 = ▢	60 = ▢ · 10
6 · 10 = ▢	1 · 10 = ▢	50 = ▢ · 10
8 · 10 = ▢	4 · 10 = ▢	70 = ▢ · 10
10 · 10 = ▢	2 · 10 = ▢	100 = ▢ · 10

d)

70 : 10 = ▢	70 : 10 = ▢	100 : 10 = ▢
50 : 10 = ▢		0 : 10 = ▢
80 : 10 = ▢	▢ 7 · 10 = ▢	10 : 10 = ▢

1 Einmaleinstafel einführen (Kopiervorlage). Aufgaben lesen. Einträge während der weiteren Arbeit nach individuellem Schwierigkeitsgrad gestalten.

3 Die Ergebnisse von Multiplikationsaufgaben mit 10 als Zehnerzahlen einprägen, Divisionsaufgaben lösen.

Einmaleins mit 5 und 10

1 Wie viele Finger?

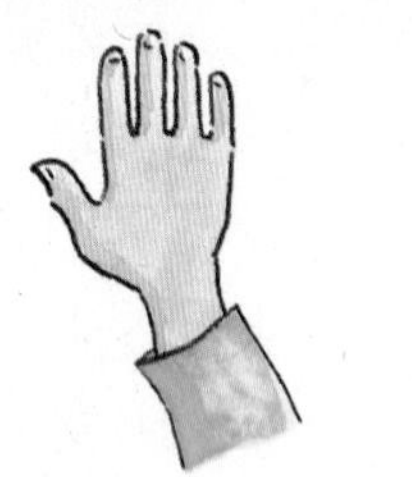

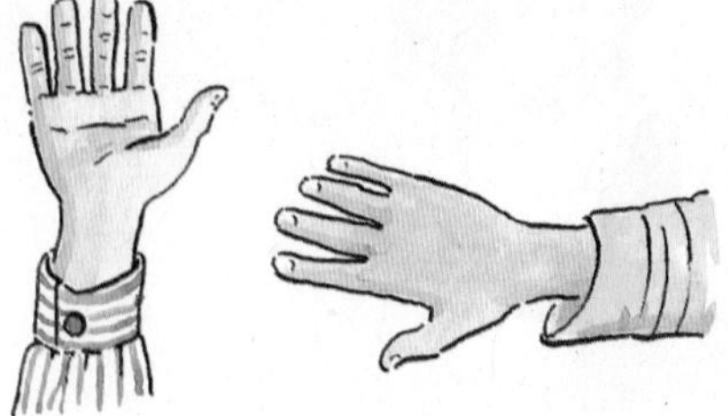
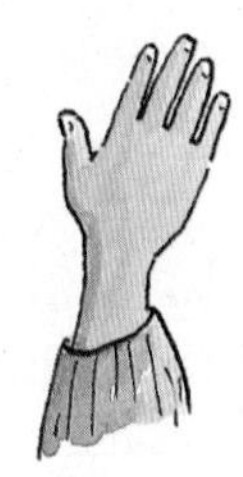

2

1 · 5 = ▢ 5 · 5 = ▢

2 · 5 = ▢ 10 · 5 = ▢

3

a) Fünferzahlen vorwärts: 5, 10, ...
b) Und nun rückwärts: 50, 45, ...

c)

5 · 5 = ▢	50 : 5 = ▢
4 · 5 = ▢	45 : 5 = ▢
1 · 5 = ▢	25 : 5 = ▢
0 · 5 = ▢	20 : 5 = ▢
6 · 5 = ▢	10 : 5 = ▢
7 · 5 = ▢	0 : 5 = ▢

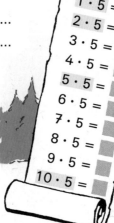

1 · 5 =
2 · 5 =
3 · 5 =
4 · 5 =
5 · 5 =
6 · 5 =
7 · 5 =
8 · 5 =
9 · 5 =
10 · 5 =
Einmaleins
Betrachte die Ergebnisse. Was fällt dir auf?

4

a)	b)	c)	d)	e)
10 = 1 · 10	20 = ▢ · 10	30 = ▢ · 10	40 = ▢ · 10	50 = ▢ · 10
10 = ▢ · 5	20 = ▢ · 5	30 = ▢ · 5	40 = ▢ · 5	50 = ▢ · 5

5

a)	b)	c)	d)	e)
4 · 10 = ▢	9 · 10 = ▢	2 · 10 = ▢	30 : 10 = ▢	0 : 10 = ▢
4 · 5 = ▢	9 · 5 = ▢	2 · 5 = ▢	30 : 5 = ▢	0 : 5 = ▢
6 · 10 = ▢	7 · 10 = ▢	10 · 10 = ▢	80 : 10 = ▢	70 : 10 = ▢
6 · 5 = ▢	7 · 5 = ▢	10 · 5 = ▢	40 : 5 = ▢	35 : 5 = ▢

6

Wie viele Hände?
Wie viele Finger?
Wie viele Füße?
Wie viele Zehen?
Wie viele Kinder?

7 Rechne mit der Tauschaufgabe.

5 · 8 = ▢	5 · 8 = ▢	5 · 4 = ▢
5 · 9 = ▢		5 · 3 = ▢
10 · 8 = ▢	8 · 5 = ▢	10 · 3 = ▢
5 · 6 = ▢		5 · 7 = ▢

5 Multiplikationsaufgaben mit 5 durch Halbieren von Zehnerzahlen lösen.

7 Multiplikationsaufgaben mit 5 durch Bilden der Tauschaufgabe lösen.

1 Wie viele Schuhe?

2

 ■ · 2 = ■

 ■ · 2 = ■

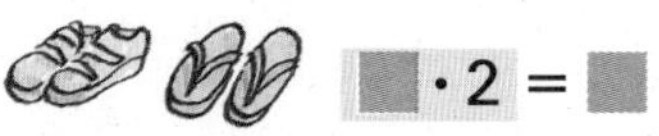 ■ · 2 = ■

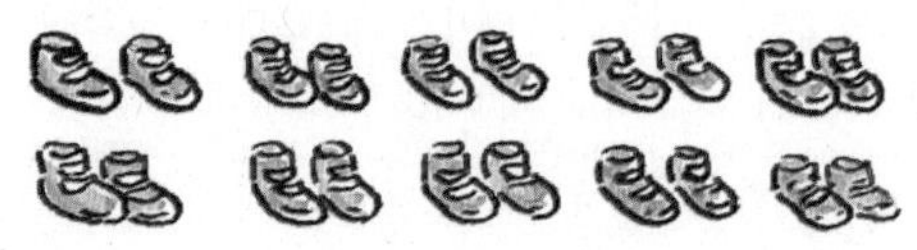 ■ · 2 = ■

3

a) Zweierzahlen vorwärts: 2, 4, ...

b) Und nun rückwärts: 20, 18, ...

c)

4 · 2 = ■	7 · 2 = ■	4 : 2 = ■
1 · 2 = ■	9 · 2 = ■	8 : 2 = ■
3 · 2 = ■	6 · 2 = ■	14 : 2 = ■
2 · 2 = ■	8 · 2 = ■	10 : 2 = ■
5 · 2 = ■	10 · 2 = ■	20 : 2 = ■

Einmaleins

1 · 2 = ■
2 · 2 = ■
3 · 2 = ■
4 · 2 = ■
5 · 2 = ■
6 · 2 = ■
7 · 2 = ■
8 · 2 = ■
9 · 2 = ■
10 · 2 = ■

4 Wie viele sind es?

3 Paar Strümpfe
9 Mützen
4 Paar Rollschuhe
8 Paar Schlittschuhe
6 Paar Gummistiefel
1 Paar Socken
7 Paar Turnschuhe
5 Paar Handschuhe
9 Paar Strandschuhe

5

·	5	4	8	6	7	10
1						
2						

6

20 = ■ · 2	12 : 2 = ■	2 : 2 = ■
14 = ■ · 2	6 : 2 = ■	8 : 2 = ■
0 = ■ · 2	18 : 2 = ■	0 : 2 = ■
22 = ■ · 2	4 : 2 = ■	16 : 2 = ■

7

Maria hilft beim Wäsche aufhängen.
Ihr Vater hat 7 Paar Socken gewaschen.
Wie viele einzelne Socken muss Maria aufhängen?

8 9 Kinder kommen zur Geburtstagsparty.
Im Flur ziehen alle ihre Schuhe aus.
Wie viele Schuhe stehen jetzt im Flur?

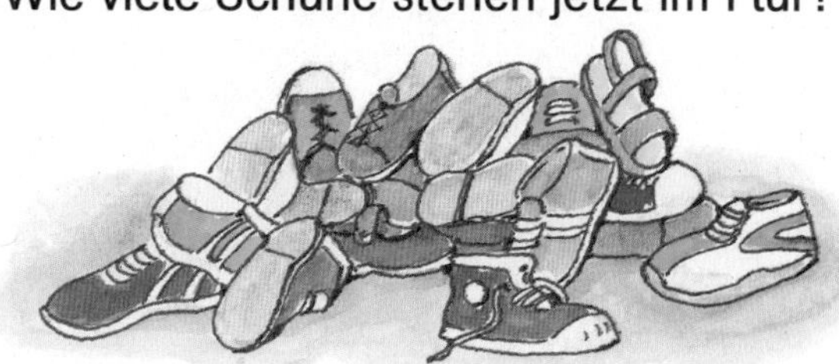

5 Über das Verdoppeln können die Multiplikationsaufgaben mit 2 gelöst werden.

Quadratzahlen

1

Ich habe ein Quadrat mit 9 Plättchen gelegt.
Und ich lege ein Quadrat mit ☐ Plättchen.

Kannst du Quadrate mit 4, 9, 12, 16, 22 oder 25 Plättchen legen?

2

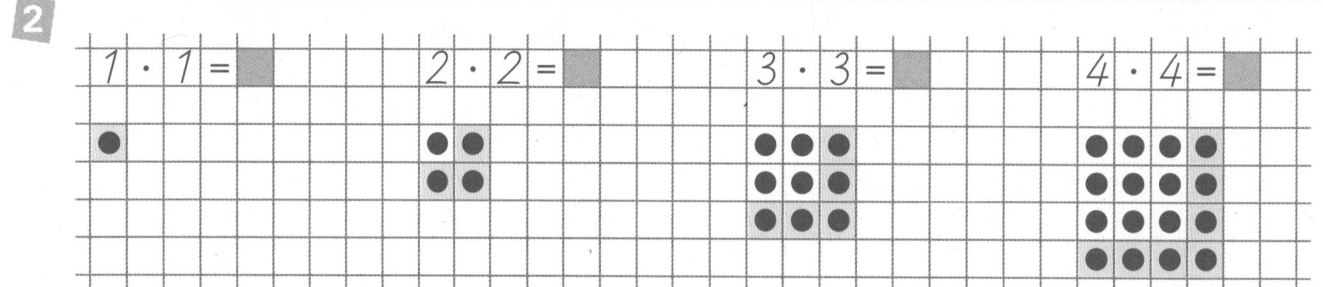
1 · 1 = ☐
2 · 2 = ☐
3 · 3 = ☐
4 · 4 = ☐

3

25 = ☐ · ☐ 9 = ☐ · ☐ 100 = ☐ · ☐ 64 = ☐ · ☐ 121 = ☐ · ☐

49 = ☐ · ☐ 16 = ☐ · ☐ 81 = ☐ · ☐ 36 = ☐ · ☐ 144 = ☐ · ☐

Ich habe alle Quadratzahlen eingetragen. Das sind Kernaufgaben.

•	1	2	3	4	5	6	7	8	9	10
1	1									
2		4								
3			9							
4				16						
5					25					
6						36				
7							49			
8								64		
9									81	
10										100

Die Kernaufgaben helfen mir bei den Aufgaben in den roten Kästchen.
2 · 3 = ☐
3 · 3 = 9
4 · 3 = ☐

4 Zuerst die Quadratzahlen, dann die Nachbaraufgaben lösen.

a) 5 · 5 = ☐
6 · 5 = ☐
6 · 6 = ☐
7 · 6 = ☐

b) 4 · 4 = ☐
5 · 4 = ☐
5 · 5 = ☐
6 · 5 = ☐

c) 7 · 7 = ☐
7 · 8 = ☐
8 · 8 = ☐
8 · 9 = ☐

d) 8 · 7 = ☐
8 · 8 = ☐
9 · 8 = ☐
9 · 9 = ☐

e) 30 = ☐ · 6
36 = ☐ · 6
42 = ☐ · 7
49 = ☐ · 7

1 Mit Plättchen Quadrate legen.
2 Alle Quadrataufgaben ins Heft schreiben und zeichnen. Erarbeiten, dass immer 3, 5, 7, ... Punkte dazukommen.

3 Aufgaben zu den Quadratzahlen finden. Die Quadratzahlen als Kernaufgaben einführen. Strategie zur Erarbeitung der Nachbaraufgaben entwickeln.

Weitere Kernaufgaben

1

•	1	2	3	4	5	6	7	8	9	10
1	1	2			5					10
2	2	4			10					20
3	3	6			15					30
4	4	8			20					40
5	5	10			25					50
6	6	12			30					60
7	7	14			35					70
8	8	16			40					80
9	9	18			45					90
10	10	20			50					100

Die einfachen Malaufgaben habe ich schon eingetragen. Das sind Kernaufgaben.
Ihre Tauschaufgaben sind auch immer Kernaufgaben.

2

Kernaufgaben

a) 1 · 3 = ▢
2 · 3 = ▢
5 · 3 = ▢
10 · 3 = ▢

b) 1 · 4 = ▢
2 · 4 = ▢
5 · 4 = ▢
10 · 4 = ▢

c) 1 · 6 = ▢
2 · 6 = ▢
5 · 6 = ▢
10 · 6 = ▢

d) ▢ · 7 = ▢
▢ · 7 = ▢
▢ · 7 = ▢
▢ · 7 = ▢

e) ▢ · 8 = ▢
▢ · 8 = ▢
▢ · 8 = ▢
▢ · 8 = ▢

f) ▢ · 9 = ▢
▢ · 9 = ▢
▢ · 9 = ▢
▢ · 9 = ▢

3 Zuerst die Kernaufgaben, dann die Nachbaraufgaben lösen.

Einmal 6 dazu, dann noch einmal ...

a) 2 · 6 = ▢
3 · 6 = ▢
4 · 6 = ▢

2 · 4 = ▢
3 · 4 = ▢
4 · 4 = ▢

b) 2 · 9 = ▢
3 · 9 = ▢
4 · 9 = ▢

2 · 3 = ▢
3 · 3 = ▢
4 · 3 = ▢

c) 2 · 8 = ▢
3 · 8 = ▢
4 · 8 = ▢

2 · 7 = ▢
3 · 7 = ▢
4 · 7 = ▢

4

a) 4 · 3 = ▢
5 · 3 = ▢
6 · 3 = ▢

b) 4 · 4 = ▢
5 · 4 = ▢
6 · 4 = ▢

c) 4 · 7 = ▢
5 · 7 = ▢
6 · 7 = ▢

d) 9 · 4 = ▢
10 · 4 = ▢
11 · 4 = ▢

e) 9 · 8 = ▢
10 · 8 = ▢
11 · 8 = ▢

36 = ▢ · 9
45 = 5 · ▢
54 = ▢ · 9

24 = 4 · ▢
30 = ▢ · 6
36 = 6 · ▢

32 = ▢ · 8
40 = 5 · ▢
48 = ▢ · 8

54 = 9 · ▢
60 = ▢ · 6
66 = 11 · ▢

63 = ▢ · 7
70 = 10 · ▢
77 = ▢ · 7

1 Außer den Quadratzahlen alle erarbeiteten Kernaufgaben in der Einmaleinstafel zusammentragen.

3 und 4 Mittels der Kernaufgaben Nachbaraufgaben lösen.

Kernaufgaben zusammensetzen

1

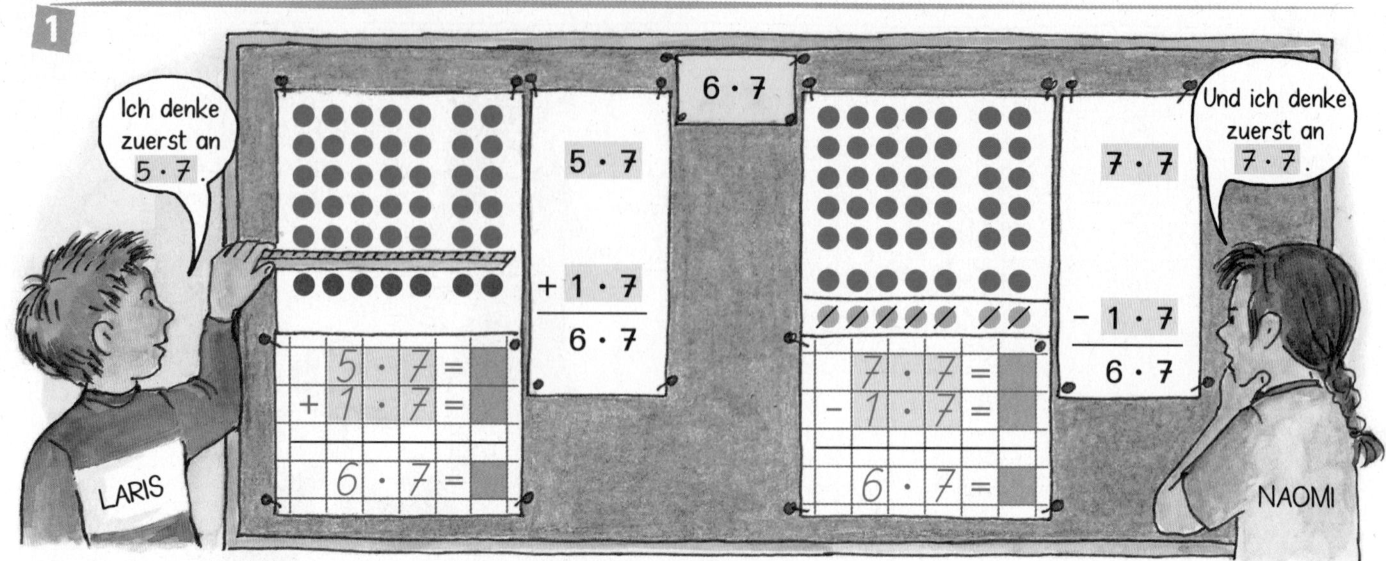

Ich denke zuerst an 5 · 7.
6 · 7
5 · 7
+ 1 · 7
6 · 7
5 · 7 =
+ 1 · 7 =
6 · 7 =
7 · 7 =
− 1 · 7 =
6 · 7 =
7 · 7
− 1 · 7
6 · 7
Und ich denke zuerst an 7 · 7.
LARIS
NAOMI

2 Welche Aufgaben helfen dir?

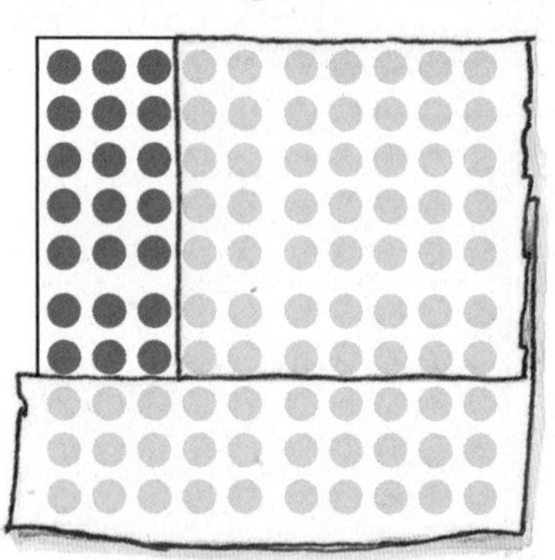

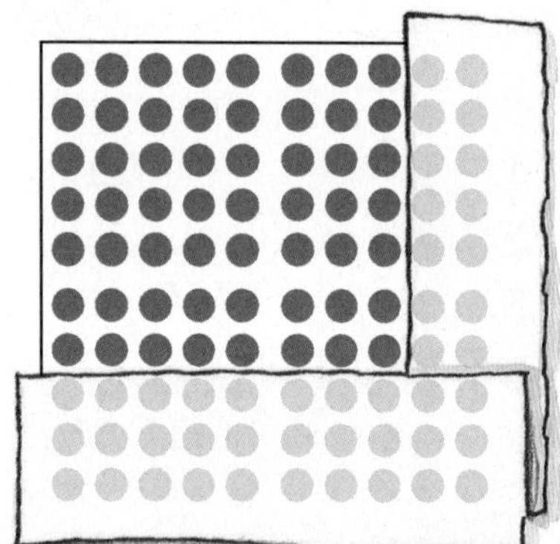

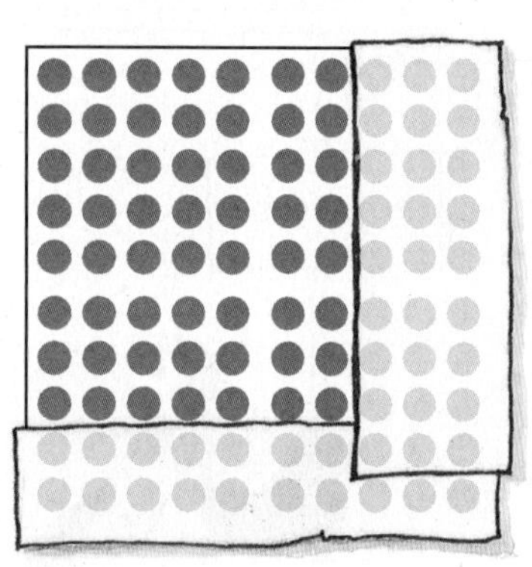

3 Zeige am Hunderterfeld und rechne wie Laris.

a) 5 · 4 = ☐
2 · 4 = ☐
7 · 4 = ☐

b) 5 · 6 = ☐
2 · 6 = ☐
7 · 6 = ☐

c) 5 · 9 = ☐
1 · 9 = ☐
6 · 9 = ☐

d) 3 · 7 3 · 9 6 · 4 7 · 9

4 Zeige am Hunderterfeld und rechne wie Naomi.

a) 10 · 3 = ☐
2 · 3 = ☐
8 · 3 = ☐

b) 5 · 6 = ☐
1 · 6 = ☐
4 · 6 = ☐

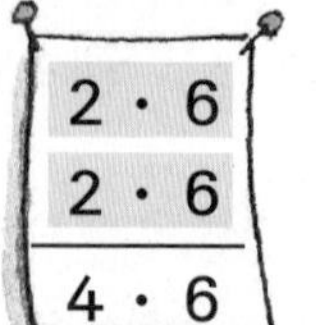

2 · 6
2 · 6
4 · 6

c) 10 · 6 = ☐
2 · 6 = ☐
8 · 6 = ☐

d) 5 · 3 = ☐
1 · 3 = ☐
4 · 3 = ☐

Hier verdopple ich lieber!

e)

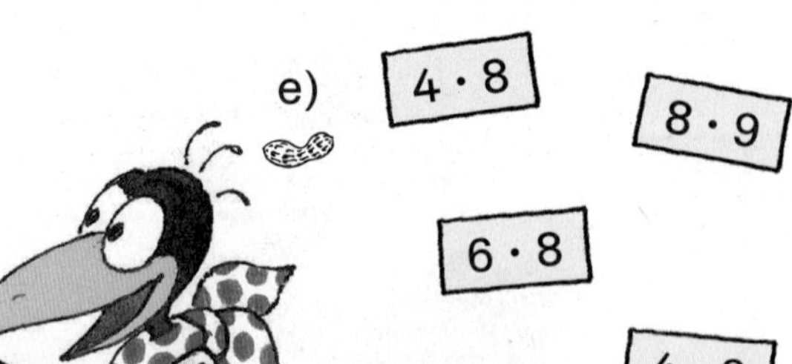

4 · 8
8 · 9
6 · 8

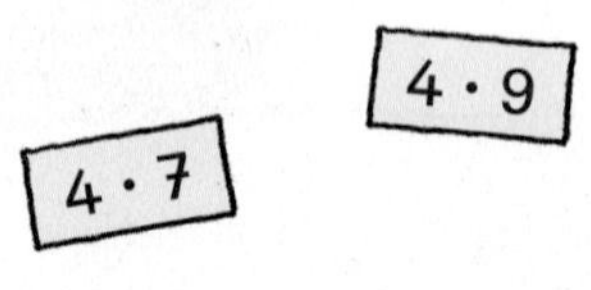

4 · 9
4 · 7

5

a) 1 · 9 + 1 = ☐
2 · 9 + 2 = ☐
3 · 9 + ☐ = ☐

b) 5 · 1 + 2 · 1 = ☐
5 · 2 + 2 · 2 = ☐
5 · 3 + 2 · ☐ = ☐

c) 10 · 10 − 2 · 10 = ☐
10 · 9 − 2 · 9 = ☐
10 · 8 − 2 · ☐ = ☐

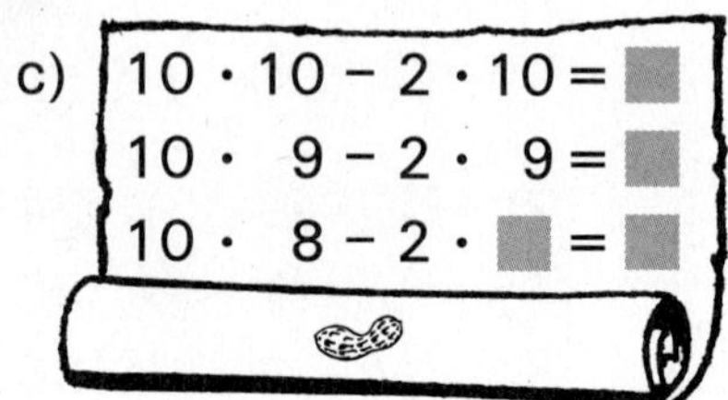

Durch Addition und Subtraktion von Kernaufgaben weitere Aufgaben erschließen.

Kernaufgaben nutzen

1

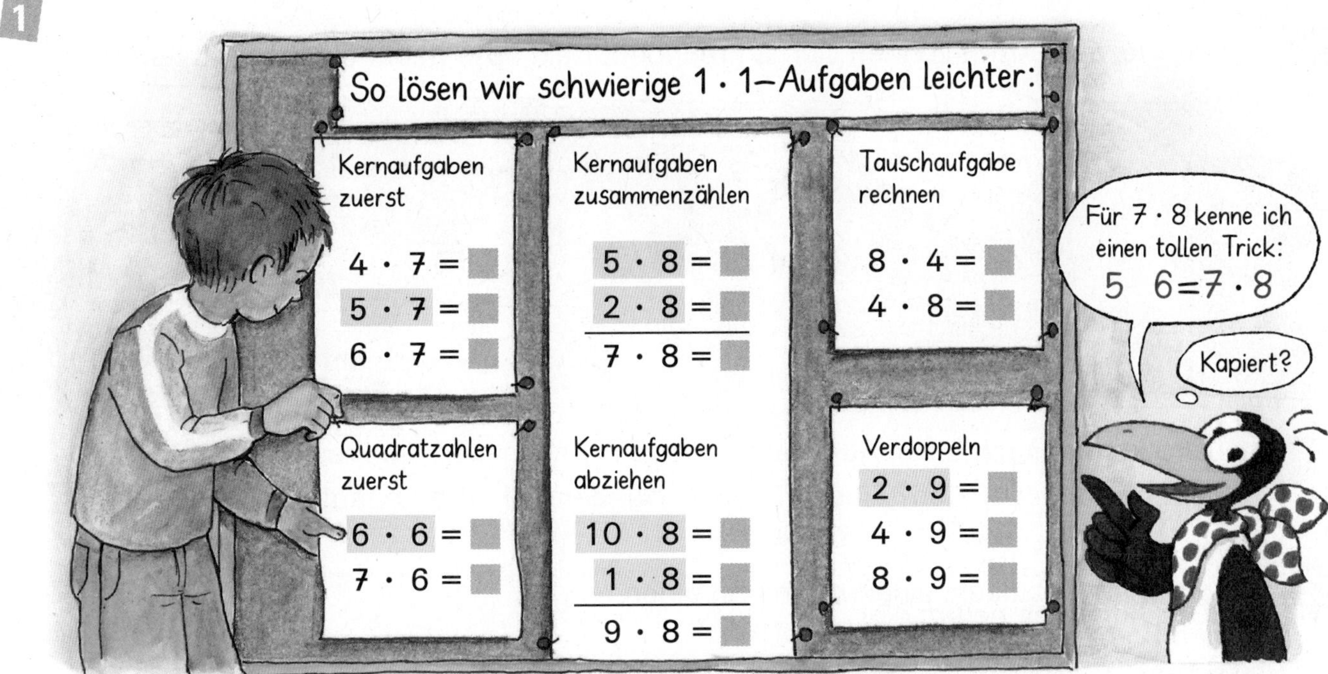

So lösen wir schwierige 1 · 1–Aufgaben leichter:
Kernaufgaben zuerst
4 · 7 =
5 · 7 =
6 · 7 =
Kernaufgaben zusammenzählen
5 · 8 =
2 · 8 =
7 · 8 =
Tauschaufgabe rechnen
8 · 4 =
4 · 8 =
Quadratzahlen zuerst
6 · 6 =
7 · 6 =
Kernaufgaben abziehen
10 · 8 =
1 · 8 =
9 · 8 =
Verdoppeln
2 · 9 =
4 · 9 =
8 · 9 =
Für 7 · 8 kenne ich einen tollen Trick:
5 6=7 · 8
Kapiert?

2

a) Nutze Kernaufgaben.

6 · 8 = ▢
6 · 9 = ▢

4 · 8 = ▢
4 · 9 = ▢

8 · 7 = ▢
9 · 8 = ▢

b) Setze aus Kernaufgaben zusammen.

7 · 4 = ▢
7 · 9 = ▢
7 · 3 = ▢

9 · 4 = ▢
9 · 6 = ▢
9 · 7 = ▢

c) Rechne die Tauschaufgabe.

8 · 5 = ▢
6 · 5 = ▢
9 · 5 = ▢

7 · 2 = ▢
9 · 2 = ▢
6 · 2 = ▢

d) Löse durch Verdoppeln.

4 · 8 = ▢
4 · 6 = ▢
4 · 7 = ▢

8 · 4 = ▢
8 · 6 = ▢
8 · 7 = ▢

3

Die 56 war zuerst rot, weil 7 · 8 schwierig ist. Nun schreibe ich 56 grün, weil ich 7 · 8 = 56 auswendig kann.

•	1	2	3	4	5	6	7	8	9	10
1	1	2	3	4	5	6	7	8	9	10
2	2	4	6	8	10	12	14	16	18	20
3	3	6	9	12	15	18	21	24	27	30
4	4	8	12	16	20	24	28	32	36	40
5	5	10	15	20	25	30	35	40	45	50
6	6	12	18	24	30	36	42	48	54	60
7	7	14	21	28	35	42	49	56	63	70
8	8	16	24	32	40	48	56	64	72	80
9	9	18	27	36	45	54	63	72	81	90
10	10	20	30	40	50	60	70	80	90	100

KLAUS

Wie sieht deine Tafel jetzt aus? Sei ehrlich!

TANJA

Wie kannst du bei den roten Ergebnissen von Kernaufgaben ausgehen?

1 Wandzeitung zur Nutzung der Kernaufgaben erstellen.
2 Kernaufgaben nutzen.
3 Einmaleinstafel individuell ausfüllen (Kopiervorlage).

Wie viele Möglichkeiten gibt es?

1 a) Auf wie viele Arten können sich 3 Freunde für ein Foto nebeneinander stellen?

Ich zeichne alle Möglichkeiten!
1.
2.
Wie viele Möglichkeiten gibt es?
ALEX
BERAT
CARLO
Ich notiere sie mir.
1. A B C
2.

b) Doro kommt noch dazu. Auf wie viele Arten können sich die Freunde jetzt nebeneinander stellen? Finde viele verschiedene Möglichkeiten!

2 Mara hat einen blauen, einen roten und einen gelben Steckwürfel.

a) Wie viele verschiedene Türme aus 3 Würfeln kann sie damit bauen?

b) Sie nimmt noch einen grünen Würfel dazu. Wie viele verschiedene Türme aus 4 Steckwürfeln gibt es?

Baue und zeichne.

3 Erkan hat ein blaues, ein rotes und ein gelbes Dreieck. Außerdem hat er ein blaues und ein rotes Quadrat.

a) Wie viele verschiedene Häuser kann Erkan damit legen?

Wie viele Häuser sind es, wenn er noch:

b) ein gelbes Quadrat dazunimmt?

c) ein gelbes und ein grünes Quadrat dazunimmt?

Zeichne.

Aha! Es gibt hier immer 3 · ▢ = ▢ Möglichkeiten.

4 Wie viele verschiedene Möglichkeiten haben die Kinder um sich anzuziehen?

a) Tom hat 2 verschiedene Jeans und 3 T-Shirts.

b) Sabrina hat 3 verschiedene Hosen und 5 T-Shirts.

c) Julia hat 3 Hosen, 5 T-Shirts und 2 verschiedene Baseballmützen.

Zeichne und rechne.

5 Experimentiere: Wie viele verschiedene Türme aus 4 Steckwürfeln können die Kinder bauen?

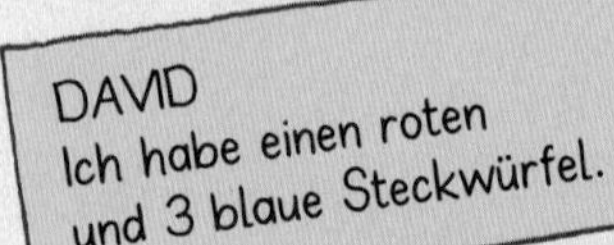
DAVID
Ich habe einen roten und 3 blaue Steckwürfel.

DILARA
Ich habe 2 rote und 2 blaue Steckwürfel.

AMELIE
Ich habe einen roten, einen blauen und 2 gelbe Steckwürfel.

Aufgaben zur Kombinatorik enaktiv und zeichnerisch lösen.

Wiederholung

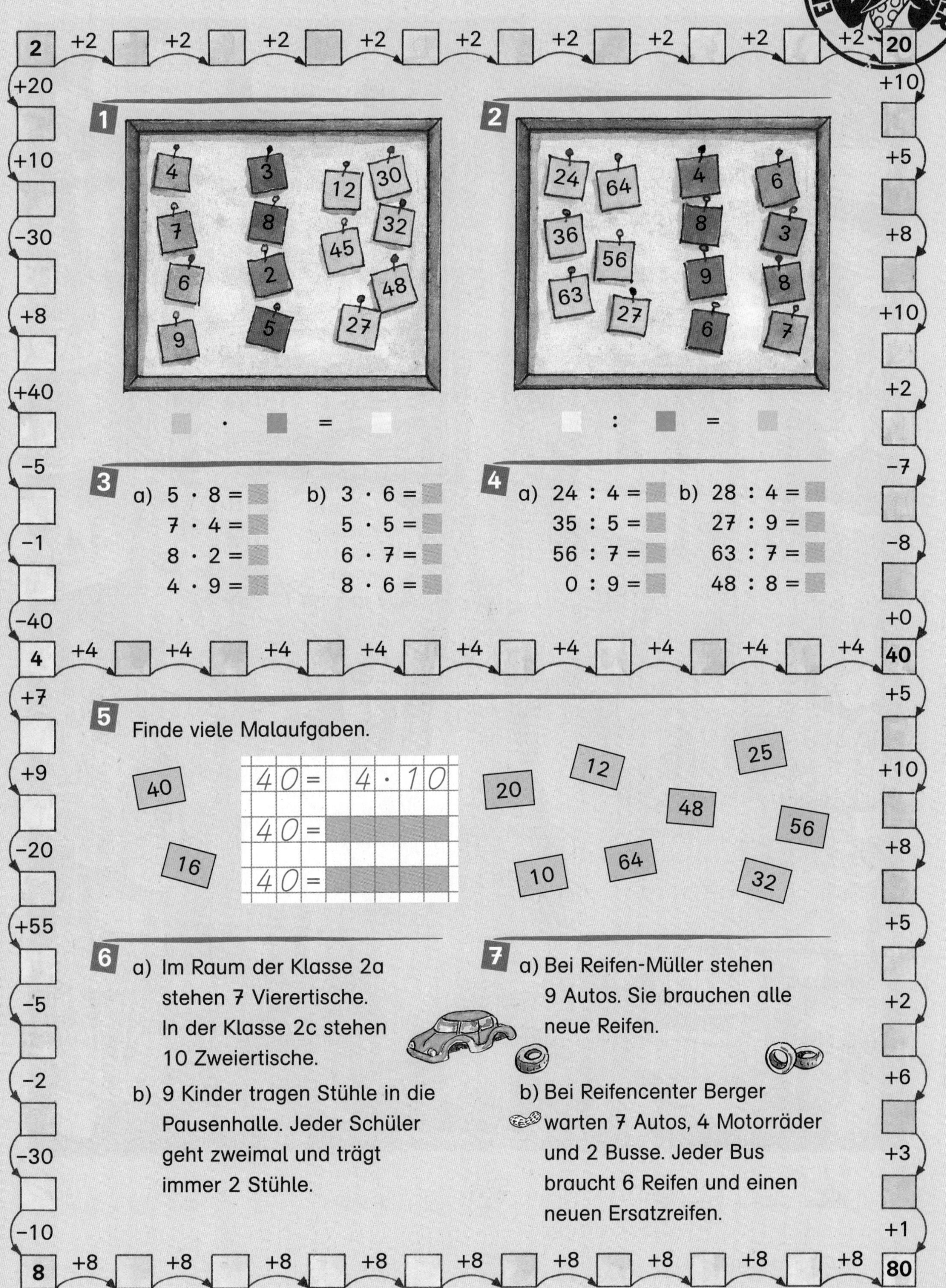

EINS-PLUS-EINS-TRAINER
2
+2
+20
+10
-30
+8
+40
-5
-1
-40
20
+10
+5
+8
+2
-7
-8
+0
4
+4
40
+7
+9
-20
+55
-5
-2
-30
-10
+5
+10
+8
+5
+2
+6
+3
+1
8
+8
80

1

4 7 6 9 3 8 2 5 12 30 32 45 48 27

□ · □ = □

2

24 64 36 56 63 27 4 8 9 6 6 3 8 7

□ : □ = □

3

a) 5 · 8 = □
7 · 4 = □
8 · 2 = □
4 · 9 = □

b) 3 · 6 = □
5 · 5 = □
6 · 7 = □
8 · 6 = □

4

a) 24 : 4 = □
35 : 5 = □
56 : 7 = □
0 : 9 = □

b) 28 : 4 = □
27 : 9 = □
63 : 7 = □
48 : 8 = □

5 Finde viele Malaufgaben.

40 16 20 12 25 48 56 10 64 32

40 = 4 · 10
40 = □
40 = □

6

a) Im Raum der Klasse 2a stehen 7 Vierertische. In der Klasse 2c stehen 10 Zweiertische.

b) 9 Kinder tragen Stühle in die Pausenhalle. Jeder Schüler geht zweimal und trägt immer 2 Stühle.

7

a) Bei Reifen-Müller stehen 9 Autos. Sie brauchen alle neue Reifen.

b) Bei Reifencenter Berger warten 7 Autos, 4 Motorräder und 2 Busse. Jeder Bus braucht 6 Reifen und einen neuen Ersatzreifen.

In der Hexenküche

Kröteneier
Flugpillen
eingehexter Knoblauch
Was für ein Durcheinander!
Zauberdisteln
... und jetzt die Kröteneier. Wie viele haben wir noch?
Krötenhof
10

43 + 20 = ▢ ▢ + ▢ = ▢ ▢ + ▢ = ▢

▢ + ▢ = ▢ ▢ + ▢ = ▢ ▢ + ▢ = ▢

Additionsaufgaben im Bild finden, im Heft notieren. Lösungswege erklären und begründen.

Plusaufgaben ohne Zehnerübergang

1

Klar, 2 Kästchen nach unten bedeutet plus 20.
Ich rechne mit Geheimschrift.
64 + 20 = ■
LEONI
IVO
64

a) 64 + 20 = ■
26 + 40 = ■
72 + 20 = ■
47 + 30 = ■

b) 32 + 20 = ■
44 + 30 = ■
56 + 40 = ■
17 + 50 = ■

c) 27 + 50 = ■
37 + 40 = ■
47 + 20 = ■
77 + 10 = ■

d) 34 + ■ = 54
34 + ■ = 74
34 + ■ = 84
34 + ■ = 64

2

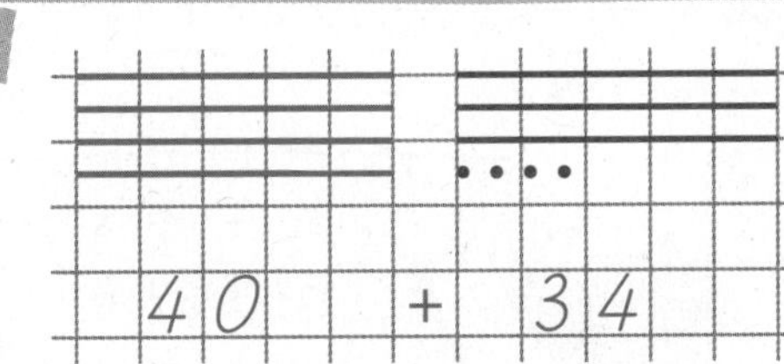
40 + 34

a) 40 + 34 = ■
50 + 34 = ■
60 + 21 = ■
70 + 21 = ■

b) 10 + 37 = ■
20 + 54 = ■
60 + 28 = ■
40 + 15 = ■

c) 43 + 20 = ■
40 + 27 = ■
67 + 30 = ■
70 + 26 = ■

3

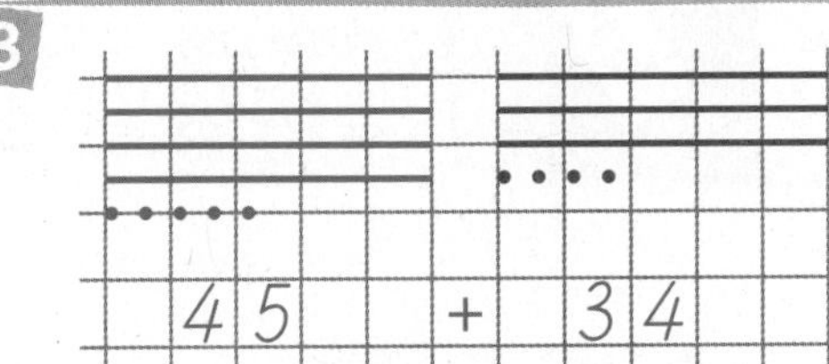
45 + 34

a) 45 + 34 = ■
53 + 34 = ■
66 + 21 = ■
78 + 21 = ■

b) 12 + 37 = ■
25 + 54 = ■
61 + 28 = ■
43 + 15 = ■

c) 43 + 24 = ■
42 + 27 = ■
67 + 32 = ■
26 + 73 = ■

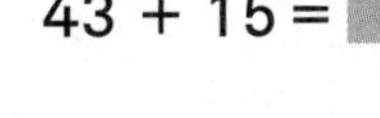

4

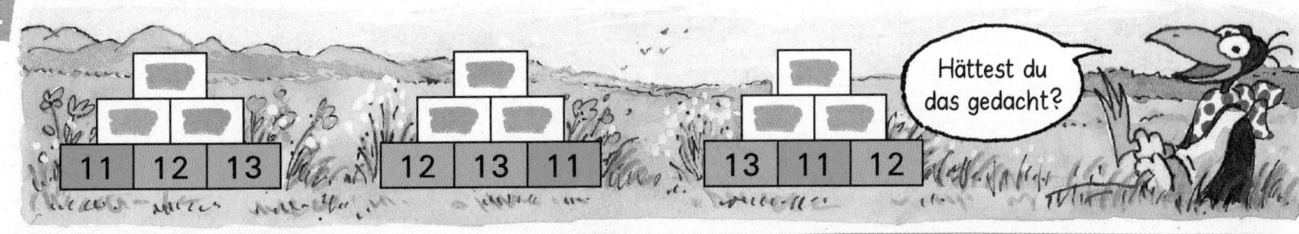
11 12 13
12 13 11
13 11 12
Hättest du das gedacht?

5

a)

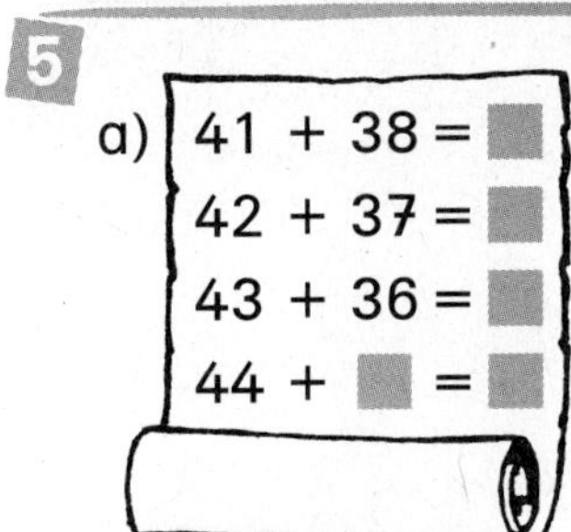

41 + 38 = ■
42 + 37 = ■
43 + 36 = ■
44 + ■ = ■

b)

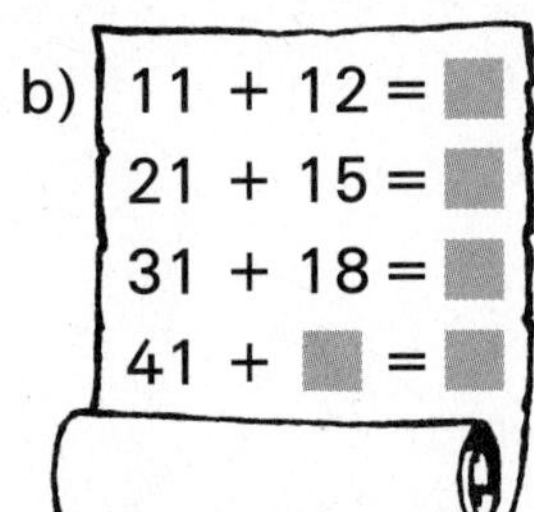

11 + 12 = ■
21 + 15 = ■
31 + 18 = ■
41 + ■ = ■

6

24 kleine Hexen fliegen auf ihren Besen zum Hexenfest auf den Blocksberg. 13 Hexen und die Oberhexe tanzen schon um das Lagerfeuer.

1 Geeignete Rechenhilfe zum Addieren herausfinden.
2 und **3** Verwendung der Hundertertafel möglich.

Als Hilfestellung evtl. bereits halbschriftliche Notation verwenden (siehe S. 76).

Plusaufgaben mit Zehnerübergang

1

38 + 24
Zehner plus Zehner, Einer plus Einer.
Erst die Zehner dazu, dann die Einer.
Oder umgekehrt: Erst die Einer dazu, dann die Zehner.
ANNE
NIKLAS
MARK
38 + 24 = ▢
30 + 20 = 50
8 + 4 = ▢
38 + 24 = ▢
38 + 20 = 58
58 + 4 = ▢

2 Wie rechnest du?

a) 47 + 18 = ▢
37 + 28 = ▢
57 + 28 = ▢
77 + 18 = ▢

b) 76 + 16 = ▢
46 + 39 = ▢
26 + 55 = ▢
57 + 38 = ▢

65 74 92 85 70 82 41 95 81

c) 69 + 13 = ▢
47 + 45 = ▢
16 + 65 = ▢
28 + 46 = ▢

d) 38 + 57 = ▢
34 + 36 = ▢
24 + 58 = ▢
26 + 15 = ▢

3

Hüpf im Päckchen.
Ergebnis: 100
Ergebnis: 99

a) 7 + 15 = ▢
51 + 4 = ▢
73 + 27 = ▢
22 + 29 = ▢
55 + 18 = ▢

b) 14 + 9 = ▢
56 + 37 = ▢
93 + 6 = ▢
41 + 15 = ▢
23 + 18 = ▢

4 Immer 3 Fische haben dasselbe Ergebnis.

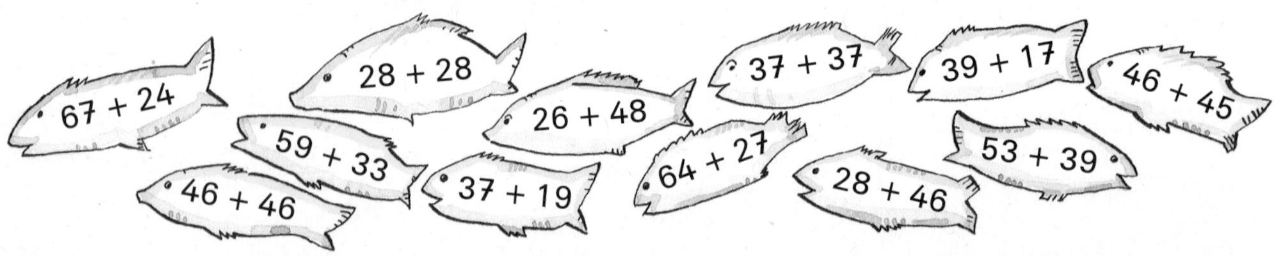
67 + 24
28 + 28
26 + 48
37 + 37
39 + 17
46 + 45
59 + 33
46 + 46
37 + 19
64 + 27
28 + 46
53 + 39

5 Der Fischverkäufer auf dem Wochenmarkt erzählt:

a) „Ich habe am Vormittag 19 Forellen und am Nachmittag 38 Forellen verkauft."

b) „Von den Heringen sind noch 27 übrig. 45 habe ich schon verkauft."

c) „Am Montag habe ich 17 Lachse, am Mittwoch 28 und am Samstag 26 verkauft."

1 und **2** Verschiedene Lösungswege für das halbschriftliche Addieren kennen lernen, vergleichen und individuell anwenden.

3 Das Ergebnis einer Aufgabe ist die erste Zahl der nächsten Aufgabe.

1

Meine Zahl ist doppelt so groß wie 39.
Meine Zahl ist um 27 größer als 55.
Wenn du von meiner Zahl 45 abziehst, erhältst du 37.
Meine Zahl ist die Hälfte von 76.
Wenn du von meiner Zahl 36 abziehst, erhältst du 27.
Meine Zahl ist doppelt so groß wie die Hälfte von 100.

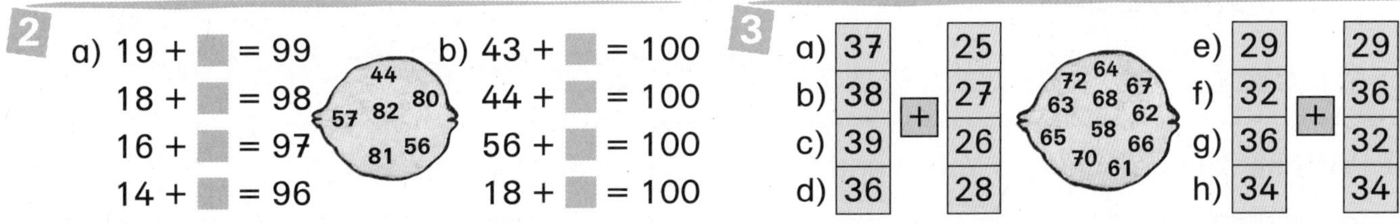

2

a) 19 + ☐ = 99
18 + ☐ = 98
16 + ☐ = 97
14 + ☐ = 96

44 80 57 82 81 56

b) 43 + ☐ = 100
44 + ☐ = 100
56 + ☐ = 100
18 + ☐ = 100

3

		+	
a)	37		25
b)	38		27
c)	39		26
d)	36		28

72 64 67 63 68 62 58 65 66 70 61

		+	
e)	29		29
f)	32		36
g)	36		32
h)	34		34

4

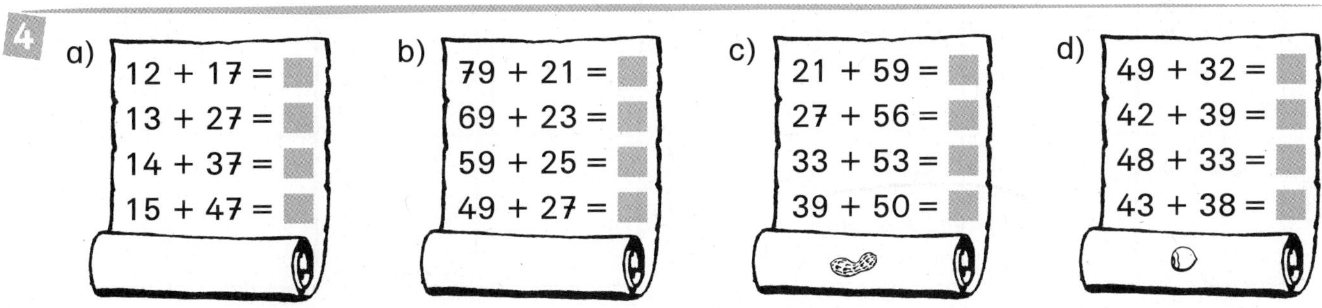

a)
12 + 17 = ☐
13 + 27 = ☐
14 + 37 = ☐
15 + 47 = ☐

b)
79 + 21 = ☐
69 + 23 = ☐
59 + 25 = ☐
49 + 27 = ☐

c)
21 + 59 = ☐
27 + 56 = ☐
33 + 53 = ☐
39 + 50 = ☐

d)
49 + 32 = ☐
42 + 39 = ☐
48 + 33 = ☐
43 + 38 = ☐

5 Tauschaufgaben: Welche Aufgabe findest du leichter? Begründe.

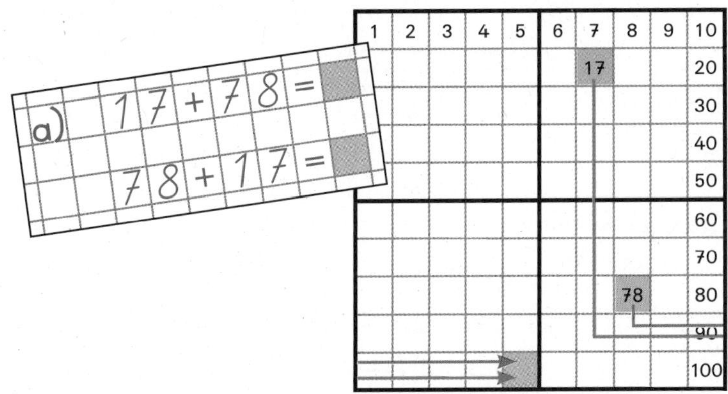

a) 17 + 78 =
78 + 17 =
1 2 3 4 5 6 7 8 9 10
17 20 30 40 50 60 70 78 80 90 100

a) 17 + 78 = ☐
78 + 17 = ☐

b) 3 + 69 = ☐
69 + 3 = ☐

... und hier?

c) 4 + 56 = ☐
57 + 3 = ☐
14 + 68 = ☐
26 + 55 = ☐
32 + 69 = ☐

d) 36 + 16 = ☐
15 + 87 = ☐
13 + 38 = ☐
24 + 47 = ☐
7 + 77 = ☐

6 Finde die Rechenfehler. Löse alle falschen Aufgaben richtig in deinem Heft.

Das war falsch! Ein Zehner wurde übersehen.
36 + 45 = 71 f
81

a)
58 + 34 = 92
36 + 45 = 71
75 + 17 = 93
24 + 62 = 96
38 + 47 = 85

b)

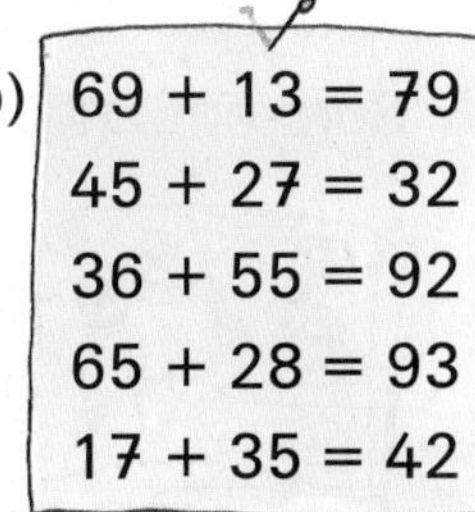

69 + 13 = 79
45 + 27 = 32
36 + 55 = 92
65 + 28 = 93
17 + 35 = 42

5 Tauschaufgaben als Rechenvorteil nutzen.

6 Typische Rechenfehler finden, verbessern und beschreiben.

Minusaufgaben ohne Zehnerübergang

1

Zehner minus Zehner, Einer minus Einer.
68 − 25
Erst die Zehner weg, dann die Einer.
MANDY
YALCIN
FABIAN
68
68 − 25 =
60 − 20 = 40
8 − 5 =
68 − 25 =
68 − 20 = 48
48 − 5 =
Oder umgekehrt: Erst die Einer weg, ...

2 Welche Aufgaben haben Yalcin und Fabian gerechnet?

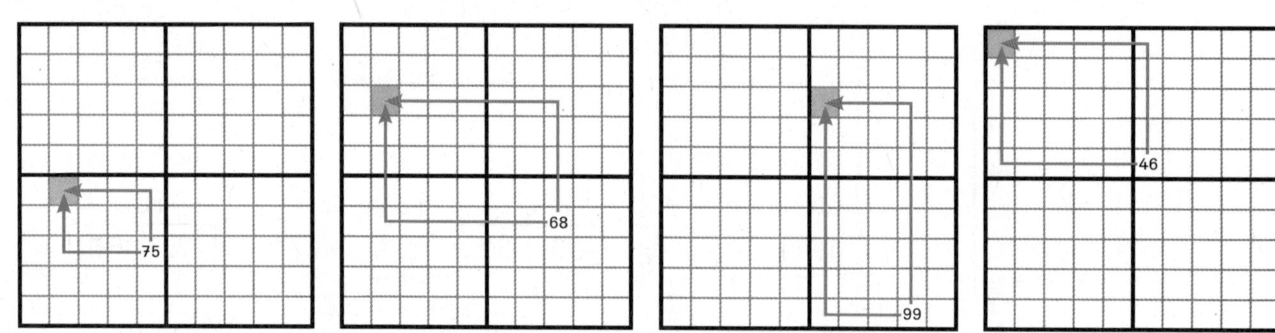
75
68
99
46

3 Welche Aufgaben haben die Kinder gerechnet?

a) 

b) 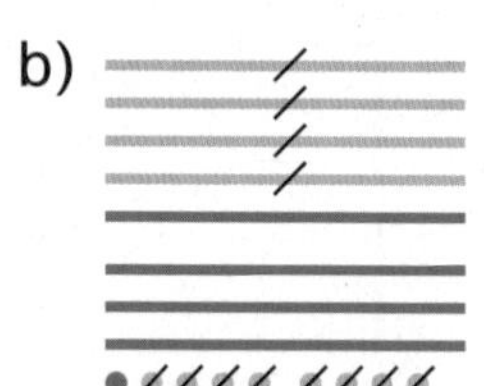

c) 

d) 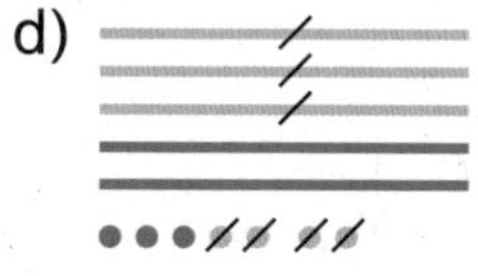

4 Wie rechnest du?

a)	b)	c)	d)
57 − 23 = ■	78 − 15 = ■	56 − 25 = ■	99 − 66 = ■
47 − 23 = ■	78 − 25 = ■	65 − 52 = ■	77 − 44 = ■
37 − 23 = ■	78 − 45 = ■	84 − 42 = ■	55 − 22 = ■
27 − 13 = ■	78 − 65 = ■	48 − 24 = ■	66 − 22 = ■

5 Sara hat 24 Sticker gesammelt.

a) Benjamin hat schon doppelt so viele Sticker wie Sara.

b) Sara schenkt einer Freundin zum Geburtstag die Hälfte ihrer Sticker.

c) Benjamin verschenkt nur halb so viele wie Sara.

1 Verschiedene Rechenwege für das halbschriftliche Subtrahieren kennen lernen, vergleichen und individuell anwenden. Eigene Lösungswege begründen. Rechenhilfen und Veranschaulichungen nutzen. **4** Favorisierte Rechenhilfe bei der Lösung der Subtraktionsaufgaben nutzen (analog zur Addition S. 75).

1 Ordne die Aufgaben den Ergebniszahlen zu.
Wer jongliert nur mit zwei Keulen?

99 – 30 = ▭

57 – ▭ = 37

84 – ▭ = 34

89 – 51 = ▭

76 – 56 = ▭

50 38 69

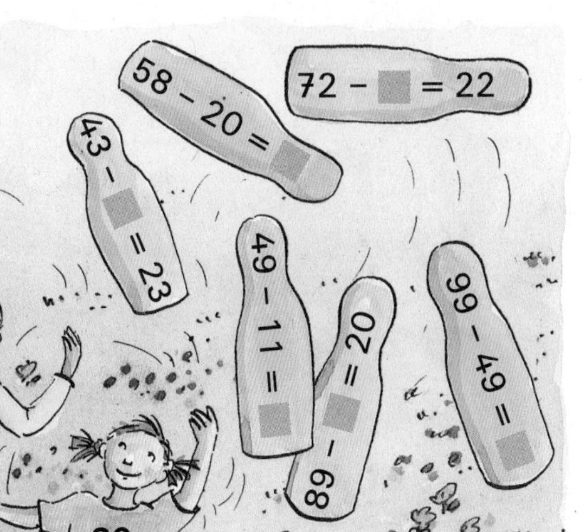
58 – 20 = ▭
72 – ▭ = 22
43 – ▭ = 23
49 – 11 = ▭
89 – ▭ = 20
99 – 49 = ▭
20

2 Verdecke deine Ergebnisse mit Plättchen auf einer Hundertertafel. Was siehst du?

a)	b)	c)	d)
77 – 36 = ▭	68 – 16 = ▭	77 – 12 = ▭	85 – 43 = ▭
99 – 14 = ▭	78 – 25 = ▭	87 – 23 = ▭	85 – 41 = ▭
88 – 43 = ▭	88 – 34 = ▭	97 – 34 = ▭	97 – 22 = ▭
88 – 45 = ▭	98 – 43 = ▭	97 – 23 = ▭	97 – 12 = ▭

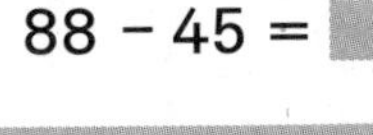

3

a)
98
43
21
11 12
b)
97
53
23
11
c)
100
56
33
11

4 Rechne als Probe auch die Umkehraufgabe.

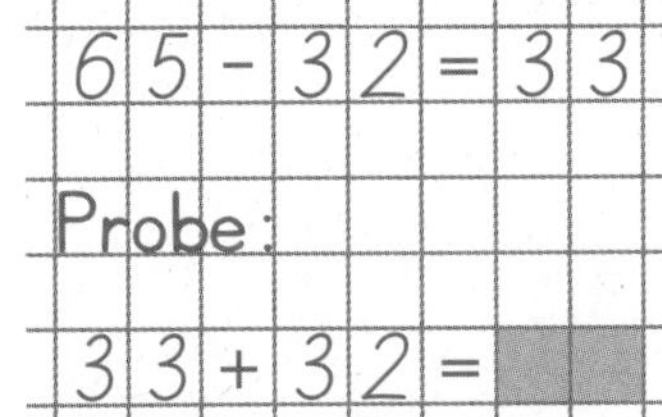
65 – 32 = 33
Probe:
33 + 32 =

a)	b)	d)
65 – 32 = ▭	83 – 62 = ▭	75 – 43 = ▭
72 – 51 = ▭	98 – 45 = ▭	19 – 12 = ▭
37 – 16 = ▭	57 – 25 = ▭	28 – 16 = ▭
54 – 33 = ▭	39 – 16 = ▭	46 – 24 = ▭

5 Finde die Rechenfehler. Löse alle falschen Aufgaben richtig in deinem Heft.

Auch hier hilft die Probe!

67 – 34 = 43
33

a)	b)
67 – 34 = 43	34 – 4 – 8 = 32
46 – 23 = 23	76 – 6 – 9 = 61
57 – 16 = 31	83 – 3 – 5 = 85
89 – 57 = 32	46 – 6 – 7 = 33
96 – 52 = 34	64 – 4 – 6 = 56
53 – 21 = 32	87 – 7 – 8 = 62

1 Ergebnisse im Heft in der Farbe des T-Shirts des Jongleurs umkreisen. **2** Die Ergebniszahlen auf der Hundertertafel mit Plättchen belegen. Zur Ergebniskontrolle entsteht ein Muster.

4 Einführung der Umkehraufgabe als Probe zur Ergebniskontrolle. **5** Typische Rechenfehler finden, verbessern und beschreiben.

Minusaufgaben mit Zehnerübergang

1

Zuerst muss ich umtauschen:
in
43 – 27
Oder umgekehrt ...
43
Erst die Zehner weg, dann die Einer.
LEON
CHIARA
NICOLE
43 – 27 =
43 – 20 = 23
23 – 7 =

2 Wie rechnest du?

a) 43 – 16 = ▢
83 – 26 = ▢
73 – 46 = ▢
63 – 16 = ▢

b) 95 – 48 = ▢
75 – 17 = ▢
55 – 39 = ▢
85 – 27 = ▢

27 16 57 47 58 28 67 19 18

c) 37 – 18 = ▢
45 – 27 = ▢
77 – 59 = ▢
62 – 44 = ▢

d) 81 – 23 = ▢
96 – 29 = ▢
53 – 25 = ▢
36 – 17 = ▢

3

Hüpf!
Ergebnis: 6
97 – 19 =
38 – 7 =
54 – 16 =
31 – 25 =
78 – 24 =
96 – 17 =
28 – 19 =
75 – 8 =
79 – 4 =
67 – 39 =
Ergebnis: 9
Ergebnis: 8
93 – 8 =
68 – 29 =
85 – 17 =
34 – 26 =
39 – 5 =

4 Immer 3 Fische haben dasselbe Ergebnis.

94 – 28
91 – 47
68 – 35
69 – 14
65 – 32
98 – 32
81 – 26
62 – 18
91 – 69
96 – 74
61 – 39
92 – 37
96 – 30
53 – 9
62 – 29

5 In der Gartenstraße ist Straßenfest. Es ist 16 Uhr.

a) Von den 85 Würstchen sind schon 57 gegessen worden.

b) Von den 48 Flaschen Limonade wurden 29 getrunken.

c) Für die Kinder gibt es 62 Luftballons.
19 davon sind schon beim Aufblasen geplatzt und
14 sind davongeflogen.

1 Tragfähigkeit der bisher kennen gelernten Lösungswege prüfen (Zehner minus Zehner, Einer minus Einer kann zu negativen Zahlen führen). Entbündelung eines Zehners thematisieren.

4 Lösen der Subtraktionsaufgaben im Heft. Ergebniskontrolle durch Einkreisen gleicher Ergebniszahlen mit gleicher Farbe.

1

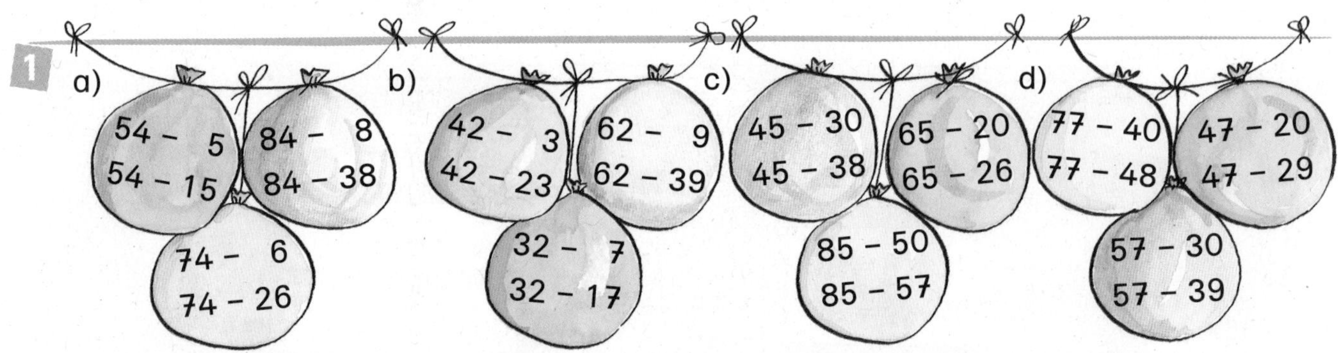
a)
54 – 5
54 – 15
84 – 8
84 – 38
74 – 6
74 – 26
b)
42 – 3
42 – 23
62 – 9
62 – 39
32 – 7
32 – 17
c)
45 – 30
45 – 38
65 – 20
65 – 26
85 – 50
85 – 57
d)
77 – 40
77 – 48
47 – 20
47 – 29
57 – 30
57 – 39

2

a) – 13

70	
50	
30	
60	
90	

b) – 28

65	
45	
85	
75	
95	

4 77 57 17 26 36 47 38 37 15 67

c) – 47

51	
62	
73	
94	
85	

d) – 19

45	
	38
86	
	17
57	

3

Bilde Minusaufgaben mit zwei Zahlen. Das Ergebnis soll zwischen 20 und 40 liegen.

49 75 63 27 36 29 56 39

4

a) 64 – 18 = ☐
64 – 28 = ☐
64 – 48 = ☐
64 – 38 = ☐
64 – 58 = ☐

b) 43 – 27 = ☐
63 – 37 = ☐
73 – 57 = ☐
53 – 17 = ☐
83 – 47 = ☐

87 36 83 81 85 16 86 6 18 26 46 12

c) 24 – ☐ = 6
36 – ☐ = 18
42 – ☐ = 24
54 – ☐ = 42
66 – ☐ = 48

d) ☐ – 19 = 67
☐ – 26 = 55
☐ – 54 = 29
☐ – 38 = 47
☐ – 49 = 38

5

Wie geht es weiter?

a) 90, 79, 68, ..., 13
b) 94, 79, 64, ..., 4
c) 98, 89, 78, 69, 58, ..., 9
d) 89, 79, 81, 71, 73, ..., 39

6

Auf einem Spielfest sind 63 Kinder.

a) 27 davon sind Mädchen.
b) 48 haben eine Hose an.
c) 19 spielen gerade Verstecken.
d) 35 müssen um 16 Uhr zu Hause sein. Die anderen dürfen bis 18 Uhr bleiben.

7

99 – 8 = ☐
94 – 18 = ☐
89 – 28 = ☐
84 – 38 = ☐
79 – ☐ = ☐

92 – 11 = ☐
87 – 13 = ☐
82 – 15 = ☐
77 – 17 = ☐
72 – ☐ = ☐

8

a)
84
47
18
9
b)
43
49
16
25

3 Subtraktionsaufgaben bilden, deren Ergebnisse zwischen 20 und 40 liegen.

5 Zahlenfolgen durch Subtrahieren und Addieren weiterführen.

Gleichungen und Ungleichungen

1

Bis zur 90 ergänzen.
72 + □ = 90
72 + 8 = 80
80 + □ = 90
ALEX
Oder die Umkehraufgabe.
90 − 72
NADJA
89 − □ = 63
□ + 26 = 70
□ − 14 = 82
Und bei diesen Aufgaben?
LINA

2

a) 25 + □ = 53
37 + □ = 73
48 + □ = 84
13 + □ = 31

b) □ + 39 = 54
□ + 75 = 77
□ + 20 = 81
□ + 12 = 12

c) 2 + □ = 97
□ + 33 = 43
□ + 69 = 100
68 + □ = 85

d) 13 + □ = 87 + 9
44 + 18 = 95 − □
61 − 37 = □ + 14
□ − 24 = 50 − 11

3

a) 49 − □ = 36
100 − □ = 79
74 − □ = 28
87 − □ = 85

b) □ − 58 = 24
□ − 16 = 55
□ − 35 = 19
□ − 44 = 32

c) 94 − □ = 60
□ − 23 = 29
86 − □ = 47
□ − 92 = 8

d) 99 − □ = 66 − 41
52 + 28 = □ − 17
□ − 31 = 45 + 24
57 + 18 = 26 + □

Schaffst du das auch?

4

a) Wenn du zu meiner Zahl 38 dazuzählst, erhältst du 96.
□ + 38 = 96
96 − 38 = □

b) Wenn du von meiner Zahl 92 wegnimmst, erhältst du 6.

c) Wenn du zu meiner Zahl erst 18 und dann 49 dazuzählst, erhältst du 100.

d) Wenn du von meiner Zahl erst 28 abziehst und dann 14 dazuzählst, erhältst du 83.

5 Welche Zahlenkarten passen?

a) 76 + □ < 80
93 + □ < 96
21 + □ < 22

b) 98 − □ < 95
62 − □ < 57
83 − □ < 79

c) 44 + □ < 52
71 − □ < 66
57 − □ < 49

d) 46 + □ < 65 − 17
□ + 11 < 63 − 50
27 − □ > 37 − 12

6

45 91 52 67 30 34 12 27 33 79 18 64 57
□ + □ = □
□ − □ = □
□ + □ < □
□ − □ > □

1 bis 3 Gleichungen lösen, verschiedene Strategien nutzen.
4 Zahlenrätsel lösen, dabei auch die Umkehraufgabe nutzen.
5 Ungleichungen lösen.
6 Gleichungen und Ungleichungen selbst bilden.

Vorteilhaft rechnen

1

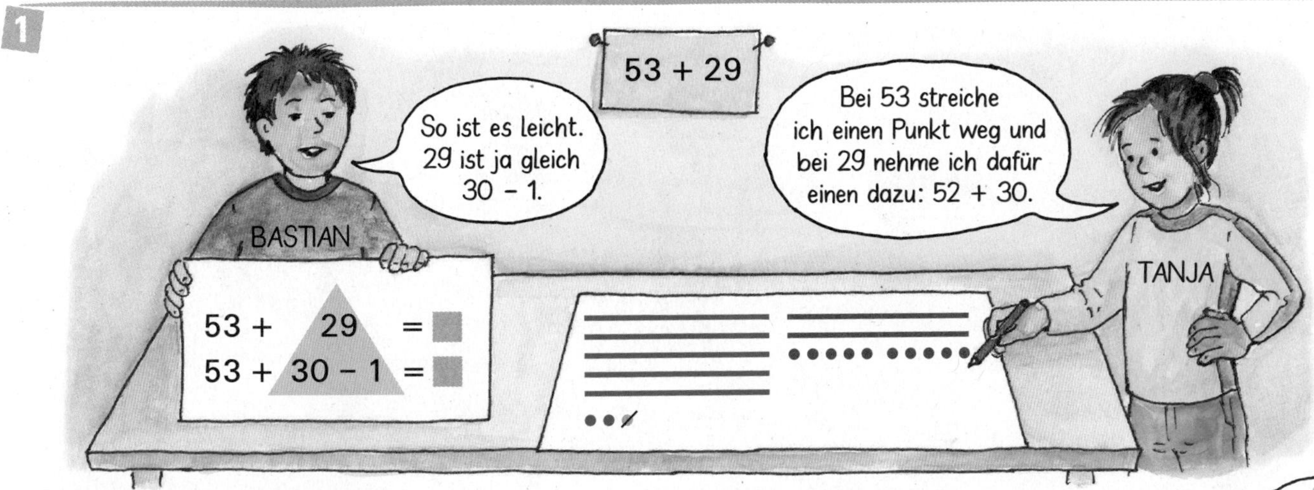
53 + 29
So ist es leicht. 29 ist ja gleich 30 – 1.
Bei 53 streiche ich einen Punkt weg und bei 29 nehme ich dafür einen dazu: 52 + 30.
BASTIAN
TANJA
53 + 29 =
53 + 30 – 1 =

2 Wie rechnest du?

a) 53 + 29 = ▢
36 + 29 = ▢
43 + 29 = ▢
25 + 29 = ▢

b) 49 + 26 = ▢
39 + 53 = ▢
29 + 63 = ▢
59 + 35 = ▢

3 Und wie rechnest du hier?

28
30 – 2

a) 34 + 28 = ▢
46 + 28 = ▢
52 + 28 = ▢
23 + 28 = ▢

b) 18 + 54 = ▢
48 + 35 = ▢
58 + 22 = ▢
38 + 17 = ▢

4 Immer 3 Fische haben dasselbe Ergebnis.

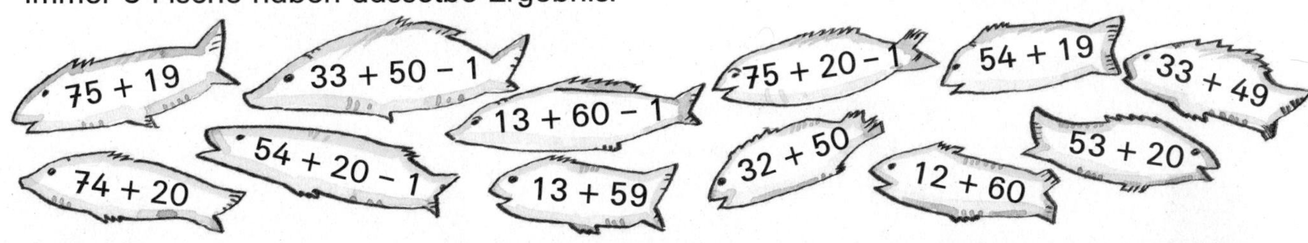
75 + 19
33 + 50 – 1
13 + 60 – 1
54 + 20 – 1
74 + 20
13 + 59
75 + 20 – 1
54 + 19
33 + 49
32 + 50
12 + 60
53 + 20

5

Erst minus 20. Dann wieder 1 dazu.

34 – 19

a) 34 – 19 = ▢
27 – 19 = ▢
54 – 19 = ▢
73 – 19 = ▢

b) 36 – 29 = ▢
62 – 39 = ▢
85 – 59 = ▢
74 – 49 = ▢

Ich rechne 35 – 20.

6

92 – 49 =
73 – 49 =
57 – =

a)

– 49
92
73
57
83
75
63
85

b)

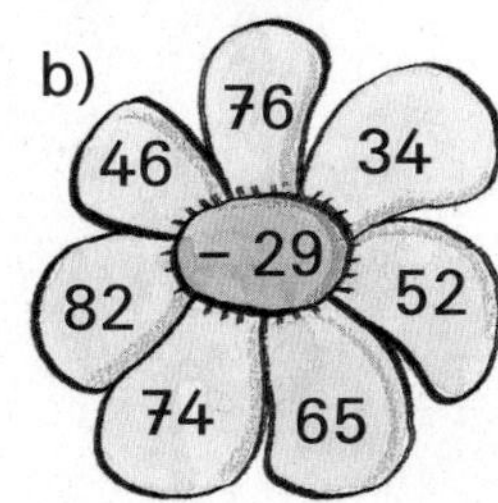
– 29
76
34
52
65
74
82
46

c)

– 18
63
72
37
46
35
93
85

7 Immer 3 Fische haben dasselbe Ergebnis.

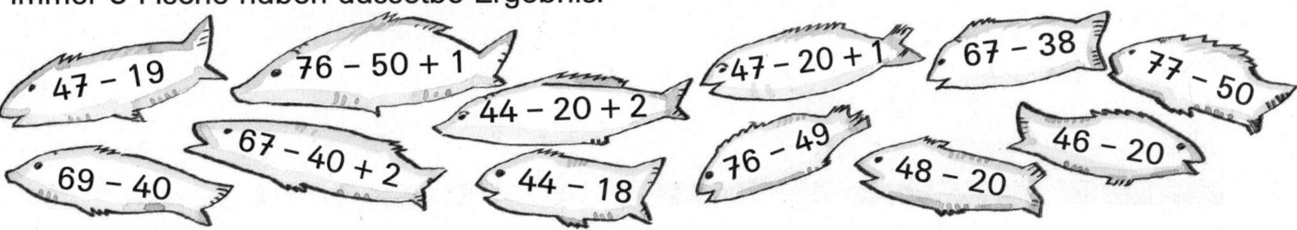
47 – 19
76 – 50 + 1
44 – 20 + 2
67 – 40 + 2
69 – 40
44 – 18
47 – 20 + 1
67 – 38
77 – 50
76 – 49
48 – 20
46 – 20

Rechenvorteile für Aufgaben mit Zahlen nahe einer Zehnerzahl erkennen.

4 und 7 Ergebniskontrolle durch Einkreisen gleicher Ergebnisse mit gleicher Farbe.

Mit Zahlendreher-Paaren experimentieren

1
Ich halte ein Zahlendreher-Paar.
82
28
25
52
34
43
61
16
91
19
29
92
46
64
73
37
a) Rechne mit jedem Zahlenpaar eine Minusaufgabe.
b) Ordne die Ergebnisse der Größe nach. Beginne mit dem kleinsten. Was fällt dir auf?
64 6 − 4 = 2
also 2 · ▇ = ▇
c) Ich habe einen Trick entdeckt! Ich kann das Ergebnis sofort ablesen.
d) Erfinde eigene Zahlendreher-Paare und probiere ob der Trick funktioniert.
Super, ich hab schon über 20!
e) Wie viele Paare mit dem Ergebnis 27 findest du?
f) Wie viele Paare mit den Ergebnissen 9 und 18 gibt es?
g) Wie viele Zahlendreher-Paare gibt es eigentlich?
2
21 + 12 = ▇
31 + 13 = ▇
41 + 14 = ▇
81 + 18 = ▇
a) Rechne die Plus-Paare. Was fällt dir auf?
b) Hier ist der Trick ganz einfach!
61 6 + 1 = ▇
also ist das Ergebnis ▇.
c) Wie viele Plus-Paare mit dem Ergebnis 99 findest du?
d) Wie viele Plus-Paare mit den Ergebnissen 77 und 88 gibt es?
e) Gibt es auch Plus-Paare mit den Ergebnissen 11 und 22?

Rechnen mit Geld

1

Raphael hat ■ Euro ■ Cent. | Sabrina hat ■ Euro ■ Cent. | Stefanie hat ■ Euro ■ Cent. | Ali hat ■ Euro ■ Cent.

a) Wer hat am meisten, wer am wenigsten Geld?
b) Ordne die Beträge nach der Größe.

1 € = 100 ct

2

Lege mit Rechengeld.

a) Wie viel fehlt bis 2 Euro?

1 € 35 ct + ■ ct = 2 €

1€ 35 ct	1€ 19 ct	1€ 9 ct
1€ 58 ct	1€ 6 ct	1€ 59 ct

b) Wie viel fehlt bis zum nächsten Euro?

3 € 85 ct	7 € 14 ct
5 € 42 ct	8 € 44 ct
6 € 1 ct	9 € 94 ct
2 € 33 ct	4 € 4 ct

3

Geldbeträge schreibt man meistens mit Komma:

2 € 56 ct = 2,56 €

Das Komma trennt Euro und Cent.

a) Schreibe mit Komma:

1 Euro 24 Cent	9 € 78 ct
5 Euro 69 Cent	35 € 41 ct
8 Euro 30 Cent	86 € 9 ct

b) Lege mit Spielgeld:

1,55 Euro	6,43 €	5,04 €
1,60 Euro	0,79 €	0,69 €
1,95 Euro	0,08 €	8,51 €

c) Vergleiche:

7,10 € ■ 7,00 €
2,25 € ■ 2,31 €
4,75 € ■ 3,94 €

4

Eis 1 Kugel 45 ct
Portion Sahne 40 ct
Spagettibecher 2,85 €
Schokobecher 1,60 €
Süßwaren, gemischt
Tüte 1,70 €
Lebkuchenherz 2,50 €
Eis & Süßwaren
Ich habe 1 Euro.
Ich habe 7 Euro und 50 Cent Rückgeld bekommen.
Ich habe 10 Euro.
Ich habe 1 Euro 45 Cent.
IVO
BEN
MARIA
JULE
Schatz

a) Ivo kauft sich 2 Kugeln Erdbeereis.
b) Jule isst das gleiche Eis wie Ivo.
c) Maria kauft sich eine Tüte Süßwaren und isst einen Schokobecher mit Sahne.

1 Geldbeträge vergleichen durch Bündelung von Euro und Cent. **2** Beim Vergleichen von Geldbeträgen können zur Kontrolle die Beträge mit Spielgeld gelegt werden.

4 Fragen finden, Informationen aus dem Bild entnehmen, lösen und antworten. Bei Bedarf Einkaufssituationen nachspielen.

In der Freizeit

Fragen stellen und beantworten

1 Erik (8 Jahre) geht am Wochenende mit seinen Eltern und seiner Schwester Mia (3 Jahre) in den Erlebnispark.

a) Wie viel kostet der Eintritt für Mia?

b) Wie viel kostet der Eintritt für einen Erwachsenen und ein 5 Jahre altes Kind?

c) Wie lange hat der Erlebnispark im Juni geöffnet?

d) Stelle noch mehr Fragen und beantworte sie.

Erlebnispark Schloss Thurn

Öffnungszeiten

Juni / Juli :	10.00 – 17.00 Uhr
Mai / August / September :	10.00 – 18.00 Uhr

Eintrittspreise

Erwachsene :	13,50 €
Kinder (bis 12 Jahre)	11,50 €
Kinder (bis 4 Jahre)	frei
Schulklassen (pro Kind)	10,00 €

Wann ...

Wie viele Stunden ...

Wie teuer ...

2 Welche Fragen kannst du beantworten?

Hobbys der Klasse 2 a

Hobby	Kinder
Fußball spielen	5
fernsehen	7
Computer spielen	5
mit Freunden spielen	6
schwimmen	1
ein Instrument spielen	2
Bücher lesen	3
Comics lesen	2

a) Wie viele Kinder sitzen gern vor dem Bildschirm?

b) Wie viele Mädchen spielen gern Fußball?

c) Wie viele Kinder treiben in ihrer Freizeit nicht so gern Sport?

d) Wie viele Kinder lesen in ihrer Freizeit gern?

e) Finde noch weitere Fragen.

3 Stelle Fragen und beantworte sie.

Minigolf

von 10.00 – 19.00 Uhr geöffnet

Eintrittspreise

Kinder bis 14 Jahre	2,50 €
Jugendliche	3,00 €
Erwachsene	4,00 €
Kindertageskarte	7,00 €

Name: Rico

Bahn	Punkte
1	4
2	3
3	2
4	6
5	1
6	4
Summe	

Name: Nele

Bahn	Punkte
1	2
2	5
3	1
4	4
5	1
6	2
Summe	

Name: Luca

Bahn	Punkte
1	4
2	1
3	3
4	6
5	3
6	2
Summe	

1 Fragen beantworten, weitere Fragen zum Schaubild stellen.

2 Fragen stellen, auf ihre Lösbarkeit überprüfen und weitere Fragen finden.

1 a) Passen alle Rechengeschichten zur vorgegebenen Gleichung?

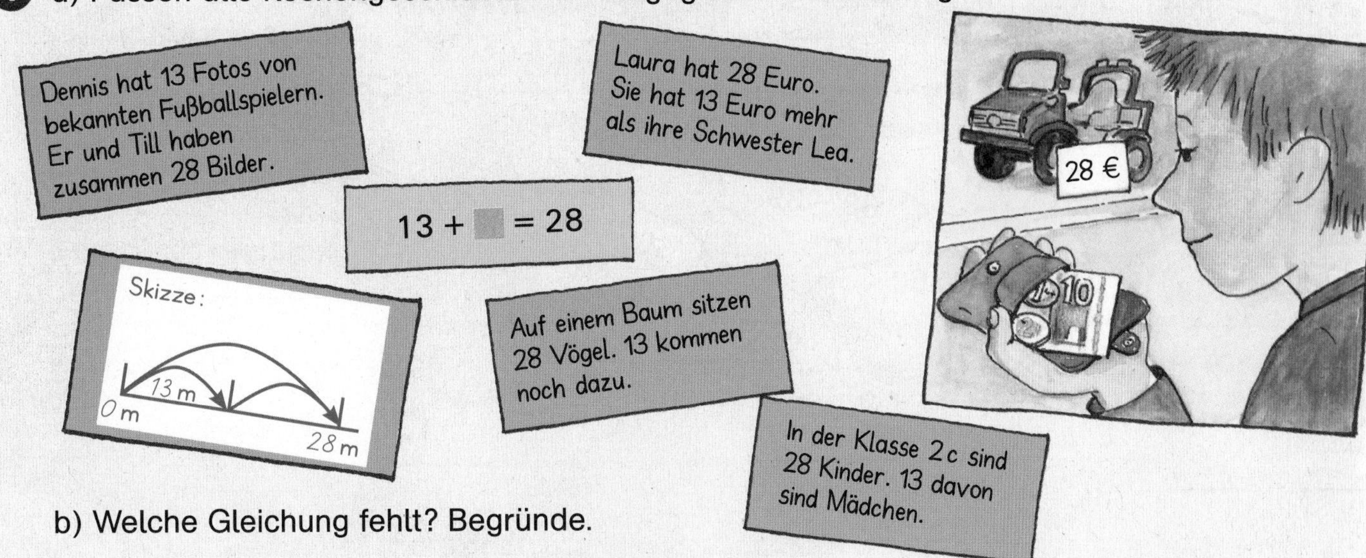
Dennis hat 13 Fotos von bekannten Fußballspielern. Er und Till haben zusammen 28 Bilder.
Laura hat 28 Euro. Sie hat 13 Euro mehr als ihre Schwester Lea.
28 €
10
13 + ▢ = 28
Skizze:
0 m
13 m
28 m
Auf einem Baum sitzen 28 Vögel. 13 kommen noch dazu.
In der Klasse 2c sind 28 Kinder. 13 davon sind Mädchen.

b) Welche Gleichung fehlt? Begründe.

2 a) Welche Gleichungen helfen bei der Lösung der Rechengeschichte? Begründe.

Max kauft sich jeden Monat eine Kinderzeitschrift für 2 Euro und ein Comic-Heft für 1 Euro. Er rechnet aus, wie viel Geld er in einem Jahr dafür ausgibt.
1€ · 2 = ▢
1€ · 12 = ▢
3€ · 12 = ▢
12 · 2€ = ▢
2€ · 12 = ▢
12 · 3€ = ▢
12 · 1€ = ▢
24 € + 12 € = ▢

b) Erzähle weitere Rechengeschichten zu den Gleichungen.

3 a) Was gehört zusammen? Begründe.

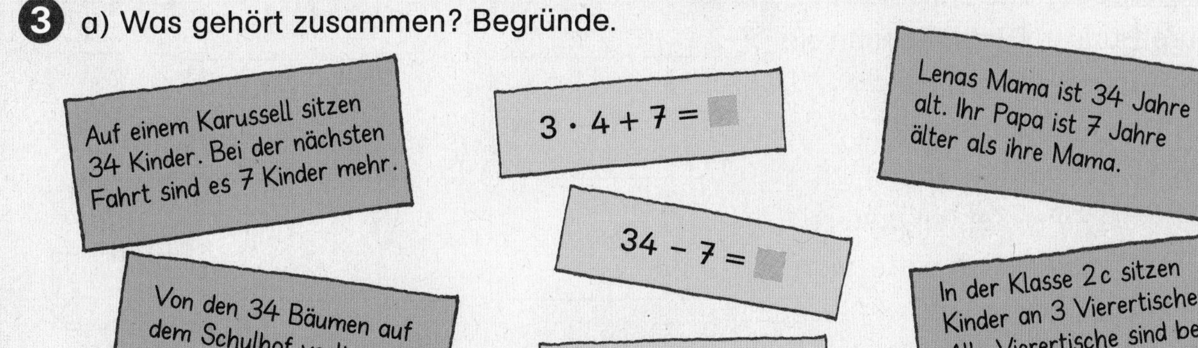
Auf einem Karussell sitzen 34 Kinder. Bei der nächsten Fahrt sind es 7 Kinder mehr.
3 · 4 + 7 = ▢
Lenas Mama ist 34 Jahre alt. Ihr Papa ist 7 Jahre älter als ihre Mama.
34 − 7 = ▢
Von den 34 Bäumen auf dem Schulhof verlieren 7 im Winter ihre Blätter.
34 + 7 = ▢
In der Klasse 2c sitzen Kinder an 3 Vierertischen. Alle Vierertische sind besetzt. Weitere 7 Kinder sitzen an Zweiertischen oder einzeln.

b) Schreibe noch andere Rechengeschichten zu den Gleichungen.

2 Passende Gleichungen auswählen und die Auswahl begründen.

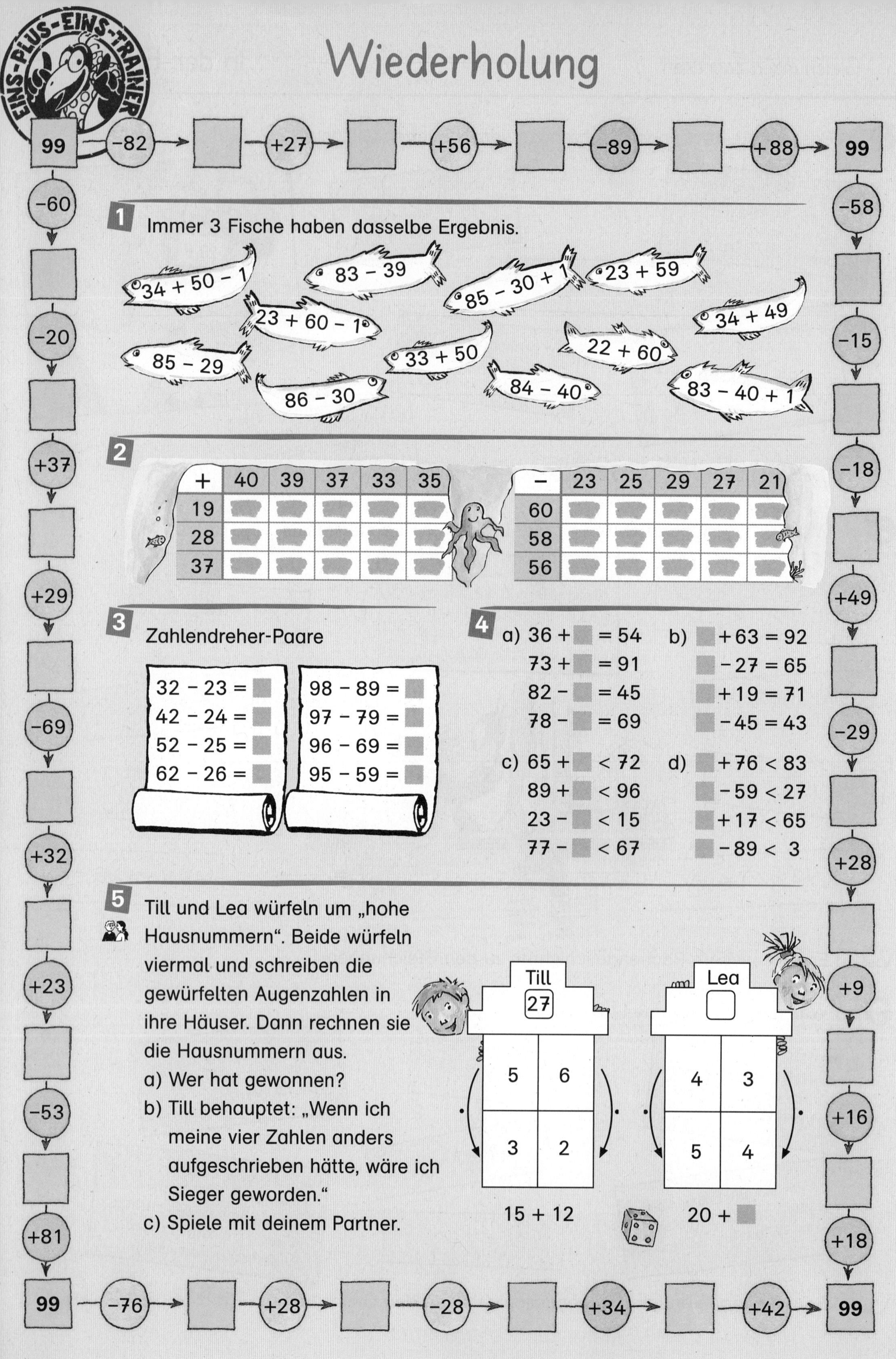
EINS-PLUS-EINS-TRAINER
99
−82
+27
+56
−89
+88
99
−60
−20
+37
+29
−69
+32
+23
−53
+81
99
−58
−15
−18
+49
−29
+28
+9
+16
+18
99
−76
+28
−28
+34
+42
99

Wiederholung

1 Immer 3 Fische haben dasselbe Ergebnis.

34 + 50 − 1
83 − 39
85 − 30 + 1
23 + 59
23 + 60 − 1
34 + 49
85 − 29
33 + 50
22 + 60
86 − 30
84 − 40
83 − 40 + 1

2

+	40	39	37	33	35
19					
28					
37					

−	23	25	29	27	21
60					
58					
56					

3 Zahlendreher-Paare

32 − 23 = ▒
42 − 24 = ▒
52 − 25 = ▒
62 − 26 = ▒

98 − 89 = ▒
97 − 79 = ▒
96 − 69 = ▒
95 − 59 = ▒

4

a) 36 + ▒ = 54
73 + ▒ = 91
82 − ▒ = 45
78 − ▒ = 69

b) ▒ + 63 = 92
▒ − 27 = 65
▒ + 19 = 71
▒ − 45 = 43

c) 65 + ▒ < 72
89 + ▒ < 96
23 − ▒ < 15
77 − ▒ < 67

d) ▒ + 76 < 83
▒ − 59 < 27
▒ + 17 < 65
▒ − 89 < 3

5 Till und Lea würfeln um „hohe Hausnummern". Beide würfeln viermal und schreiben die gewürfelten Augenzahlen in ihre Häuser. Dann rechnen sie die Hausnummern aus.

a) Wer hat gewonnen?
b) Till behauptet: „Wenn ich meine vier Zahlen anders aufgeschrieben hätte, wäre ich Sieger geworden."
c) Spiele mit deinem Partner.

Till
27
5 6
3 2
15 + 12
Lea
4 3
5 4
20 + ▒

1

Mir hilft
6 · 6
5 · 7 =
Mir hilft
5 · 7
Können diese Aufgaben auch helfen?
6 · 6 =
6 · 7 =
6 · 8 =
7 · 7 =

2 Welche Aufgabe hilft dir?

a)

5·2	5·3	5·4	5·5
6·2	6·3	6·4	6·5
7·2	(7·3)	7·4	7·5
8·2	8·3	8·4	8·5
9·2	9·3	9·4	9·5
10·2	10·3	10·4	10·5

7 · 2 =

7 · 3 =

b)

8·6	8·7	8·8	8·9	8·10
(9·6)	9·7	9·8	9·9	9·10
10·6	10·7	10·8	10·9	10·10

10 · 6 =
− 1 · 6 =

9 · 6 =

c)

2·6	2·7	2·8	2·9	2·10
3·6	3·7	3·8	3·9	3·10
4·6	4·7	4·8	4·9	4·10
5·6	5·7	5·8	5·9	5·10
6·6	6·7	6·8	6·9	6·10
7·6	7·7	7·8	7·9	7·10

3

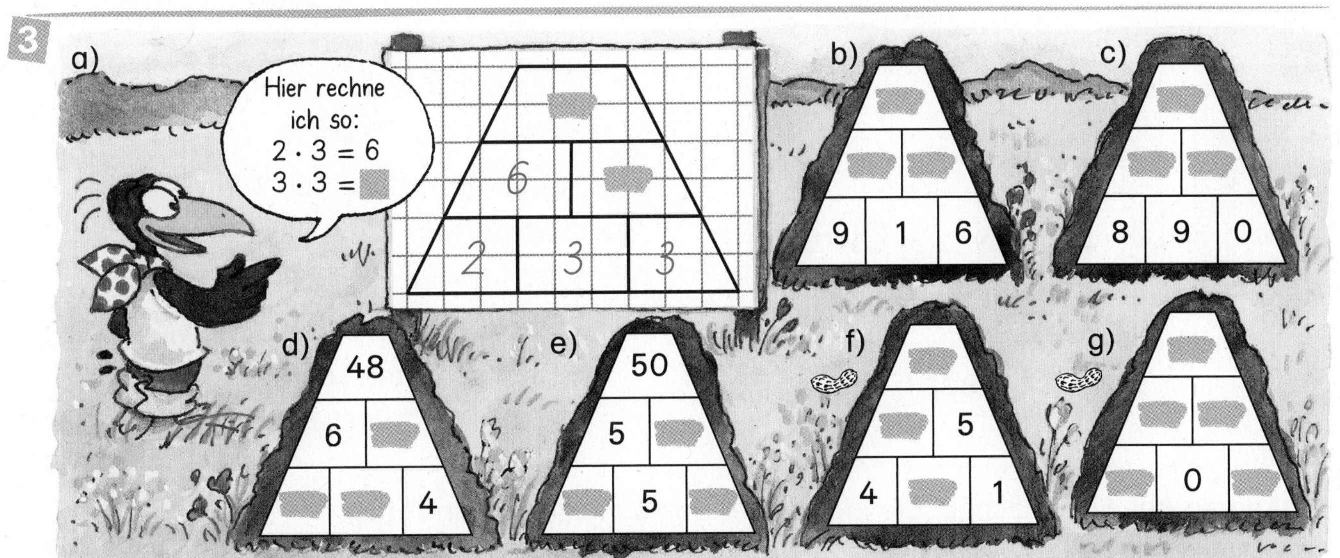
a)
Hier rechne ich so:
2 · 3 = 6
3 · 3 =
6
2 3 3
b)
9 1 6
c)
8 9 0
d)
48
6
4
e)
50
5
5
f)
5
4 1
g)
0

4

a) Wenn ich meine Zahl durch 8 teile, erhalte ich 9.
b) Ich kann meine Zahl durch 2, 3, 4 und 6 teilen.
c) Wenn ich das Ergebnis von 36 : 6 vom Ergebnis von 56 : 7 abziehe, erhalte ich eine Zahl. In welcher Einmaleinsreihe kommt sie vor?
d) Wenn ich meine Zahl zuerst durch 6 und dann durch 3 teile, erhalte ich 3.

Teilen mit Rest

1

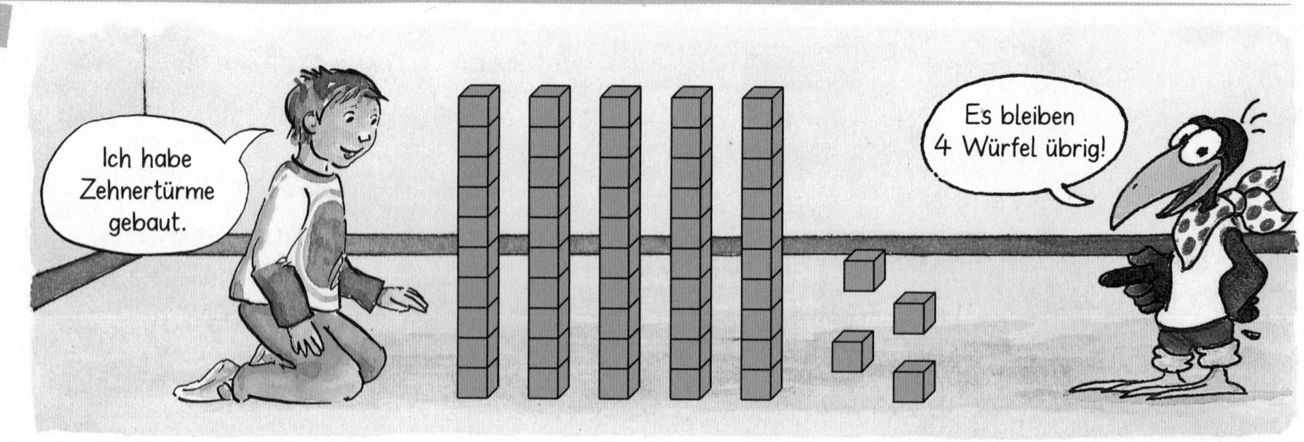

Ich habe Zehnertürme gebaut.
Es bleiben 4 Würfel übrig!

2 Wo bleiben Würfel übrig?
Wie viele?

Würfel	Vierertürme	restliche Würfel	Fünfertürme	restliche Würfel
14	3	2		
25				
19				
16				

3

a) Tine hat 33 Würfel.
Sie baut Siebenertürme.

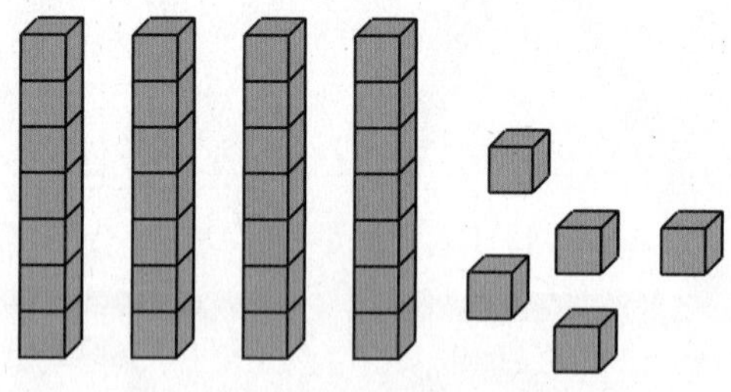

33 : 7 = 4 Rest 5

b) Eugen hat 64 Würfel. Wie viele Zehnertürme kann er bauen? Bleiben Würfel übrig?
64 : 10 = ▒ Rest ▒

c) Anja hat 58 Würfel. Wie viele Achtertürme kann sie bauen?
58 : 8 = ▒ Rest ▒

d) Paula hat 45 Würfel. Wie viele Sechsertürme kann sie bauen?
▒ : ▒ = ▒ Rest ▒

4 Andrea hat 17 Hölzchen. Sie legt immer aus 5 Hölzchen ein Haus.

a) Wie viele Häuser kann sie legen?
b) Wie viele Dreiecke kann Andrea legen?
c) Wie viele Vierecke kann Andrea legen?
d) Wie viele Sechsecke?

5

a) Lege Dreiecke.

13 : 3
29 : 3
8 : 3
21 : 3
11 : 3

b) Lege Vierecke.

22 : 4
15 : 4
37 : 4
33 : 4
26 : 4

c) Lege Fünfecke.

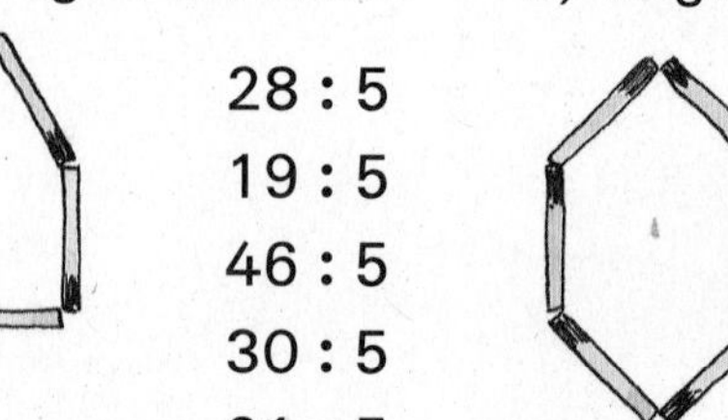

28 : 5
19 : 5
46 : 5
30 : 5
21 : 5

d) Lege Sechsecke.

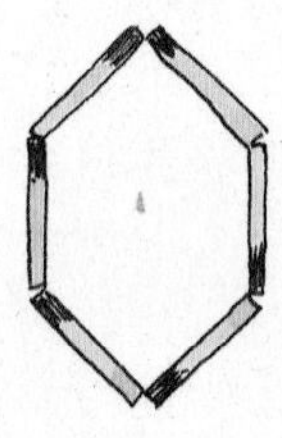

15 : 6
39 : 6
50 : 6
9 : 6
47 : 6

1 und 3 Division mit Rest mithilfe von Bündelungen (Bauen von Würfeltürmen) einführen: Wie viele Würfel bleiben übrig?

1 a) Verteile 18 Spielplättchen an 4 Kinder.

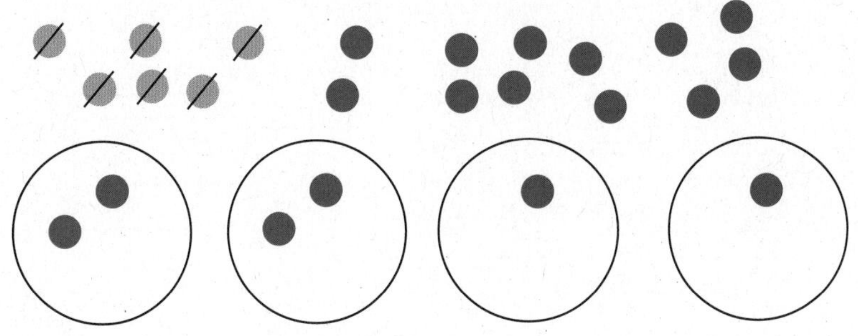

18 : 4 = ▢ Rest ▢ Schreibe kurz: 18 : 4 = ▢ R ▢

b) Male Punkte und verteile ebenso.

28 : 6 = ▢ R ▢
27 : 4 = ▢ R ▢
29 : 3 = ▢ R ▢
25 : 7 = ▢ R ▢
23 : 8 = ▢ R ▢
24 : 9 = ▢ R ▢
21 : 2 = ▢ R ▢

2 a) Darja hat 25 Plättchen. Sie legt immer 6 Plättchen in eine Reihe (immer 7 Plättchen, immer 8 Plättchen).

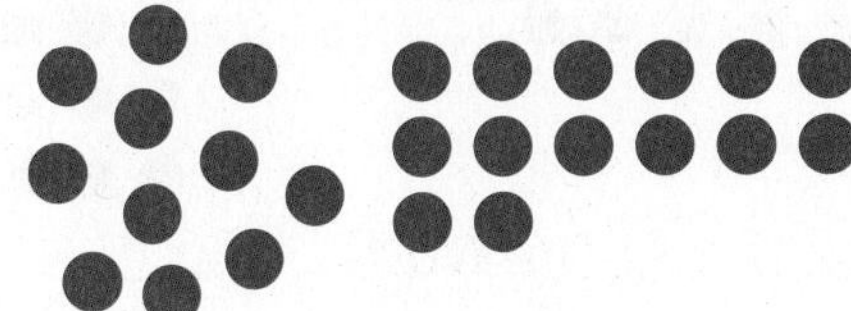

25 : 6
25 : 7
25 : 8

b) Tom hat 23 Plättchen. Er legt immer 2 Plättchen in eine Reihe (immer 3, immer 4 Plättchen).

c) Pia hat 27 Plättchen. Sie legt immer 8 Plättchen in eine Reihe (immer 9, immer 10 Plättchen).

d) Max hat 30 Plättchen. Er legt immer 5 Plättchen in eine Reihe (immer 6, immer 7 Plättchen).

3

a)
28 : 7 = ▢ R ▢
29 : 7 = ▢ R ▢
30 : 7 = ▢ R ▢
31 : ▢ = ▢ R ▢

b)
42 : 9 = ▢ R ▢
42 : 8 = ▢ R ▢
42 : 7 = ▢ R ▢
42 : ▢ = ▢ R ▢

c)
13 : 2 = ▢ R ▢
24 : 3 = ▢ R ▢
35 : 4 = ▢ R ▢
46 : ▢ = ▢ R ▢

d)
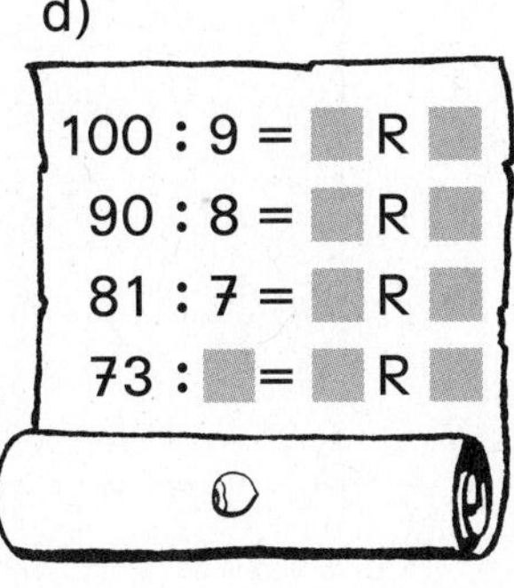
100 : 9 = ▢ R ▢
90 : 8 = ▢ R ▢
81 : 7 = ▢ R ▢
73 : ▢ = ▢ R ▢

4 a) In der Klasse 2c sollen Vierertische gebildet werden. Es sind 26 Kinder in der Klasse.

b) In der Klasse 2a sollen Sechsertische gebildet werden. Es sind 28 Kinder in der Klasse.

5 Der Kinderhort bekommt 10 neue Radiergummis, 30 Bleistifte und 4 Pakete mit je 10 Buntstiften. Sie sollen auf die 4 Gruppen im Hort verteilt werden.

Welche der Aufgaben kannst du lösen?

a) Wie viele Radiergummis bekommt jede Gruppe?

b) Wie viele Bleistifte bekommt jede Gruppe?

c) Wie lang ist ein Bleistift?

d) Wie viele neue Stifte bekommt jede Gruppe?

e) Wie viele Buntstifte bekommt jede Gruppe?

f) Wie viel kostet ein Radiergummi?

Aufgabenfamilien: mal und geteilt

1

Immer 3 Kinder stehen in einer Reihe ...
Immer 4 Kinder laufen zusammen ...

$4 \cdot 3 = 12$
$12 : 3 = 4$

$4 \cdot 3 = 12$
$3 \cdot 4 = 12$
$12 : 3 = 4$
$12 : 4 = 3$

$3 \cdot 4 = 12$
$12 : 4 = 3$

2 Schreibe zu jedem Bild vier Aufgaben.

a) 

b) 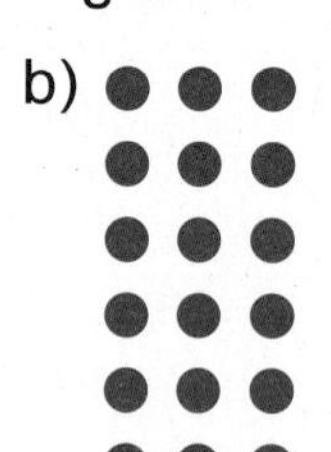

c) 

d) 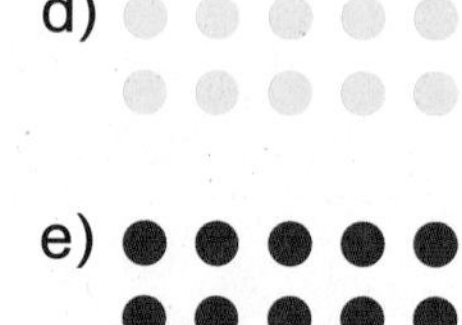

e)

3

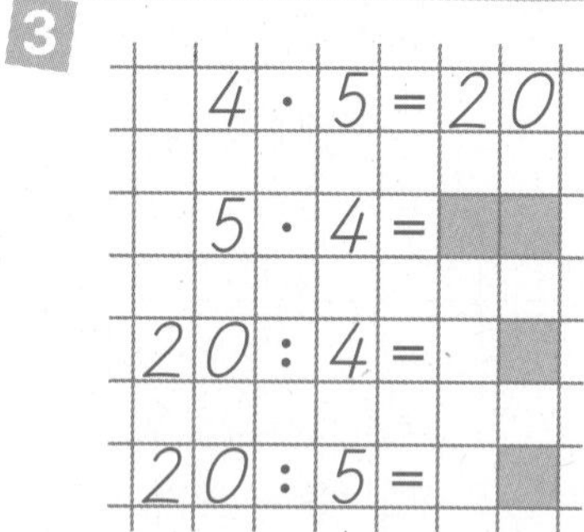
4 · 5 = 20
5 · 4 =
20 : 4 =
20 : 5 =

a) 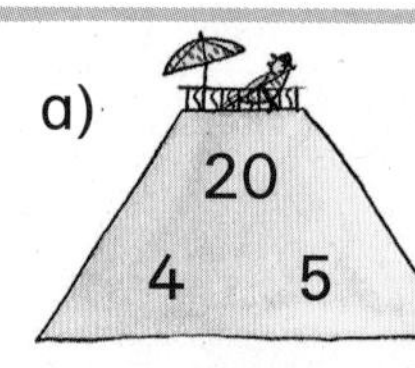
20
4 5

b) 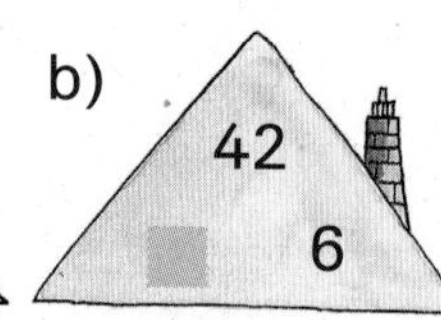
42
6

c) 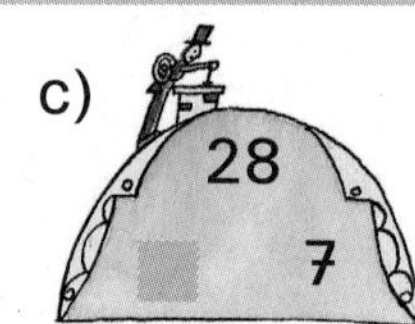
28
7

d) 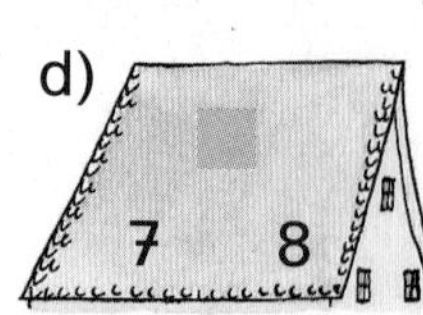
7 8

e) 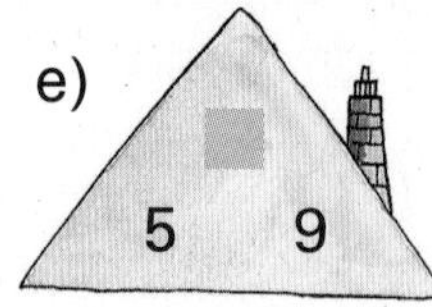
5 9

f) 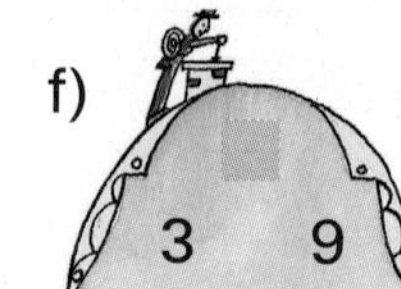
3 9

g) 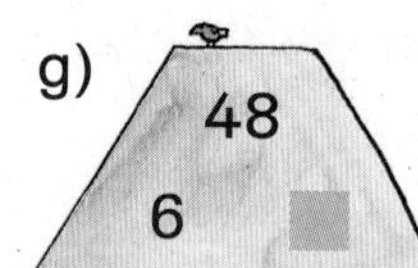
48
6

h) 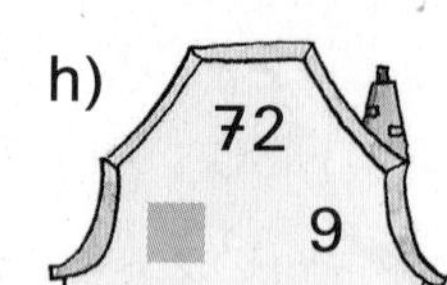
72
9

4 Bilde auch hier immer vier Aufgaben.

a) $3 \cdot 5 =$
$7 \cdot 5 =$
$0 \cdot 5 =$
$6 \cdot 5 =$

b) $3 \cdot 4 =$
$6 \cdot 4 =$
$8 \cdot 4 =$
$9 \cdot 4 =$

c) $54 : 6 =$
$21 : 7 =$
$24 : 3 =$
$64 : 8 =$

d) $63 : 9 =$
$36 : 6 =$
$18 : 6 =$
$0 : 7 =$

5 Im Sportverein werden Mannschaften gebildet. Schreibe je eine Sachaufgabe und finde eine Frage dazu. Ordne Rechnung und Antwort zu.

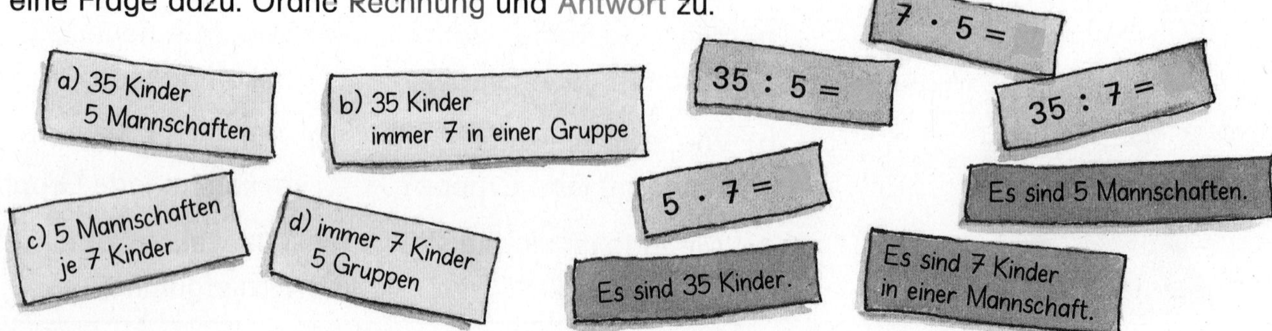
a) 35 Kinder
5 Mannschaften
b) 35 Kinder
immer 7 in einer Gruppe
c) 5 Mannschaften
je 7 Kinder
d) immer 7 Kinder
5 Gruppen
7 · 5 =
35 : 5 =
35 : 7 =
5 · 7 =
Es sind 5 Mannschaften.
Es sind 35 Kinder.
Es sind 7 Kinder
in einer Mannschaft.

1 und 2 Aus einer Sachsituation oder einer Felddarstellung vier zusammengehörige Aufgaben ablesen.

3 und 4 Zu einer Aufgabe die anderen Aufgaben einer Familie finden.
5 Eine Sachsituation auf vier verschiedene Arten betrachten.

1

a) 4 · 3
b) 8 · 6
c) 6 · 7
d) 9 · 9

48 28 18 54 63 81 72 42 36 24 27 56 12

e) 3 · 2
f) 4 · 4
g) 7 · 8
h) 8 · 10

16 8 12 30 56 14 32 40 70 6 64 28 24 80

i) 36 : 6
k) 24 : 4
l) 48 : 2
m) 12 : 3

3 6 18 24 4 16 2 9 12 8

2 Immer 3 Fische haben dasselbe Ergebnis.

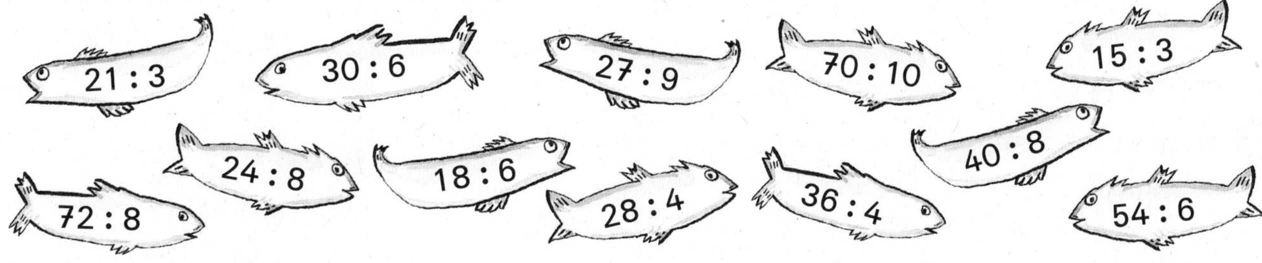

21 : 3
30 : 6
27 : 9
70 : 10
15 : 3
24 : 8
18 : 6
40 : 8
72 : 8
28 : 4
36 : 4
54 : 6

3

a) 10 : 4 = ▢ R ▢
18 : 4 = ▢ R ▢
34 : 4 = ▢ R ▢
42 : 4 = ▢ R ▢

b) 18 : 5 = ▢ R ▢
28 : 5 = ▢ R ▢
33 : 5 = ▢ R ▢
38 : 5 = ▢ R ▢

c) 66 : 8 = ▢ R ▢
67 : 8 = ▢ R ▢
68 : 8 = ▢ R ▢
69 : 8 = ▢ R ▢

d) 46 : 7 = ▢ R ▢
47 : 7 = ▢ R ▢
48 : 7 = ▢ R ▢
49 : 7 = ▢ R ▢

4

a) Teile die Zahlen durch 8. Bei welchen Zahlen bleibt kein Rest?
b) Teile die Zahlen durch 6. Welches ist der größte Rest?

55

18

8

42

16

29

27

49

30 38 48 40 11

Bei mir bleibt nie ein Rest ...

5 Die Klasse 2a macht einen Ausflug. Sina kauft 4 Pakete Müsli-Riegel. In jedem Paket sind 6 Riegel. Ein Paket kostet 2 Euro. Sina verteilt die Riegel an 10 Kinder.
Welche Rechnung gehört zu welcher Frage?

A Wie viele Riegel hat sie gekauft?
B Wie viel muss sie bezahlen?
C Wie viele Riegel bleiben übrig?
D Wie viele Riegel bekommt jedes Kind?
1 4 · 6 =
2 24 : 10 = R
3 4 + 6 =
4 24 · 2 € = €
5 4 · 10 =
6 4 · 2 € = €

3 und 4 Bei der Division mit Rest Gesetzmäßigkeiten erkennen.

5 Zu einer Sachsituation verschiedene Fragen und Rechnungen zuordnen und lösen.

Skizzen und Tabellen erstellen

1 Ein 10 m langer Baumstamm soll in 5 gleich lange Stücke zersägt werden.

a) Wie oft muss man sägen?
b) Wie lang wird ein Stück?

Zeichne eine Skizze.
1 m ⟶ 2 Kästchen

2 Hannes ist größer als Franz. Wenn Hannes 2 Schritte macht, kommt er genauso weit wie Franz mit 3 Schritten.

a) Wie viele Schritte muss Franz machen, um so weit zu kommen wie Hannes mit 8 Schritten?
b) Wie viele Schritte muss Hannes machen, wenn Franz 27 Schritte macht?

Hannes	X		X	X		X	X
Franz	X	X	X	X	X	X	

3 Mia hat 5 Muggelsteine mehr als Selma. Zusammen haben sie 21 Steine.

Wie viele hat jede von ihnen?

Selma	Mia	zusammen
1	6	7
5		

4 5 Kinder stellen sich nebeneinander auf. Rechts außen steht Petra. Zwischen Petra und Kai steht Dora. Neben Kai steht auch noch Julian und neben Julian steht noch Anne.

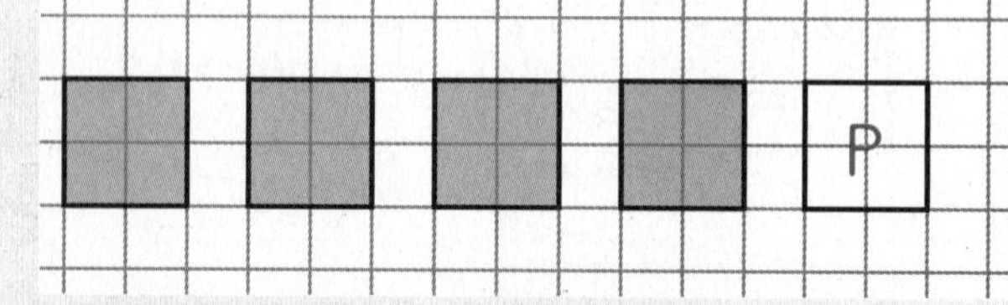
P

a) Wer kann in der Mitte stehen?
b) Wer ist Zweiter von links?

1 bis **4** Aufgaben mithilfe grafischer Darstellungsformen lösen. Die Kinder beschreiben und begründen ihre Lösungswege.

1 Die Klasse 2a hat eine eigene Klassenbücherei.
In der Klassenbücherei gibt es 13 Indianerbücher.

Erfinde weitere Aufgaben zur Klassenbücherei.
Vielleicht gibt es auch noch Abenteuerbücher,
Comics, Kochbücher für Kinder ...

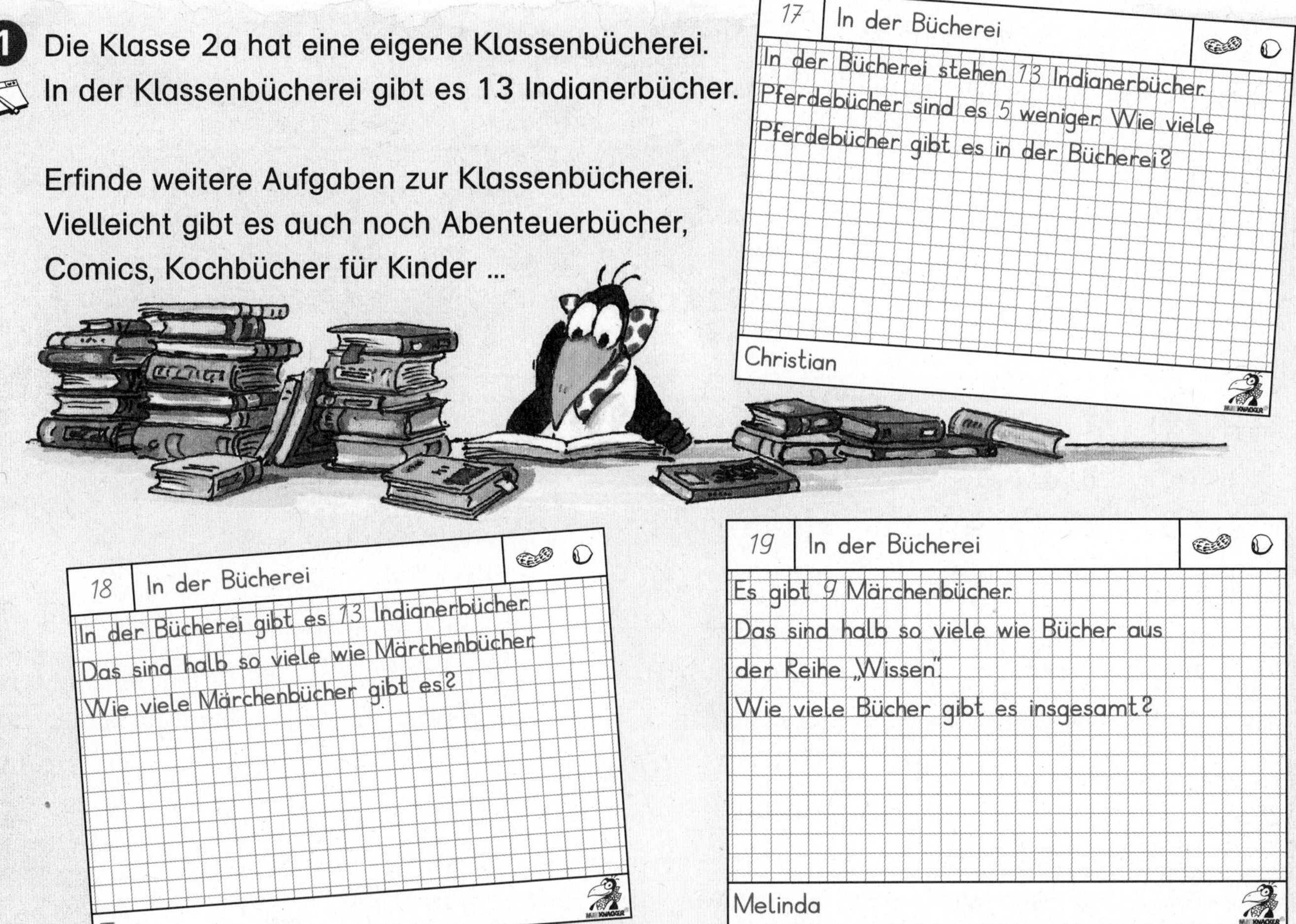
17
In der Bücherei
In der Bücherei stehen 13 Indianerbücher.
Pferdebücher sind es 5 weniger. Wie viele
Pferdebücher gibt es in der Bücherei?
Christian
18
In der Bücherei
In der Bücherei gibt es 13 Indianerbücher.
Das sind halb so viele wie Märchenbücher.
Wie viele Märchenbücher gibt es?
Toni
19
In der Bücherei
Es gibt 9 Märchenbücher.
Das sind halb so viele wie Bücher aus
der Reihe „Wissen".
Wie viele Bücher gibt es insgesamt?
Melinda

2 Oma Müller ist 61 Jahre alt. Sie wohnt in Fischdorf und versteht sich gut mit ihren Nachbarn. Im Gemüsemarkt kauft sie gerne ein. Heute kauft sie eine Schale Tomaten, 1 Beutel Kartoffeln und 1 Sellerieknolle.
Alles zusammen kostet 5 € 75 Cent.
Sie bezahlt mit einem 10-€-Schein.

a) Was kannst du zu diesem Text ausrechnen?
Löse und antworte.

b) Schreibe einen möglichst kurzen Text, mit dem man zur gleichen Lösung kommt.

3 Rudi Ratlos ist 5 Jahre älter als seine Schwester Nele und kann sich nichts merken. Obwohl Nele erst 3 Jahre alt ist, kann sie schon bis 79 zählen. Rudi schafft es gerade mal 7 Zahlen weiter. Rudi hat schon 8 Zähne verloren, hat aber nur 2 weniger als Nele. Sie hat schon 20 Zähne. Und wenn sie lacht, dann blitzen sie so richtig, weil sie ihre Zähne immer gut putzt. Dagegen Rudi ...

Wie alt ist Rudi?

Wie weit kann Rudi schon zählen?

Wie viele Zähne hat Rudi zurzeit?

Schreibe einen langen Text mit einer Frage. Lass deinen Partner herausfinden, was man alles weglassen kann.

Schreibe zu jeder Frage einen möglichst kurzen Text, mit dem du sie lösen kannst.

1 Aufgaben lösen und Aufgabenstellungen erweitern.
2 Mathematisch lösbare Frage finden und Text verkürzen.
3 Aufgaben lösen und Fragen beantworten. Text jeweils passend zur Frage verkürzen.

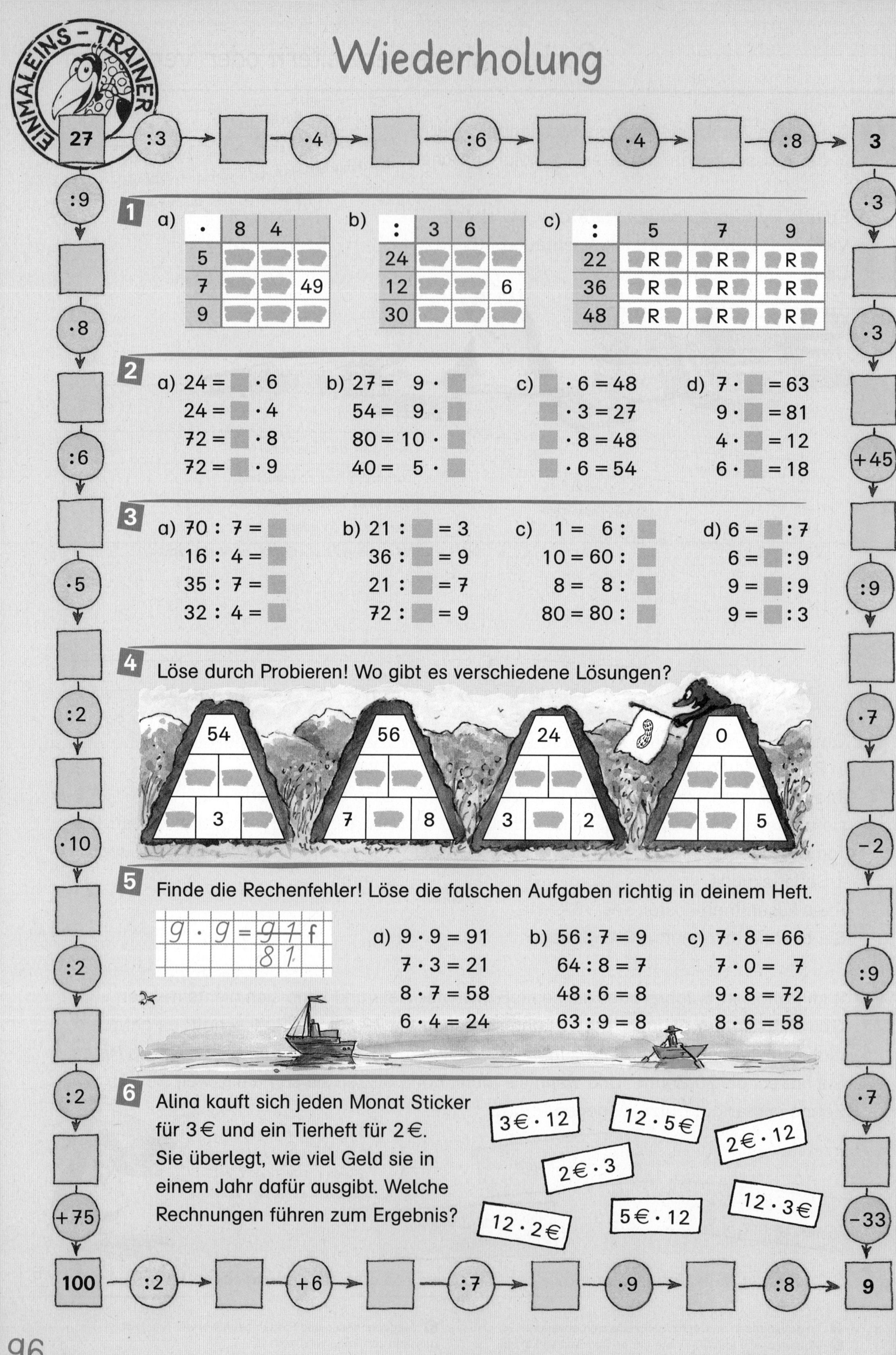

Wiederholung

EINMALEINS-TRAINER

27 → :3 → □ → ·4 → □ → :6 → □ → ·4 → □ → :8 → 3

27 → :9 → □ → ·8 → □ → :6 → □ → ·5 → □ → :2 → □ → ·10 → □ → :2 → □ → :2 → □ → +75 → 100

3 → ·3 → □ → ·3 → □ → +45 → □ → :9 → □ → ·7 → □ → −2 → □ → :9 → □ → ·7 → □ → −33 → 9

100 → :2 → □ → +6 → □ → :7 → □ → ·9 → □ → :8 → 9

1

a)

·	8	4	
5			
7			49
9			

b)

:	3	6	
24			
12			6
30			

c)

:	5	7	9
22	R	R	R
36	R	R	R
48	R	R	R

2

a) 24 = □ · 6
24 = □ · 4
72 = □ · 8
72 = □ · 9

b) 27 = 9 · □
54 = 9 · □
80 = 10 · □
40 = 5 · □

c) □ · 6 = 48
□ · 3 = 27
□ · 8 = 48
□ · 6 = 54

d) 7 · □ = 63
9 · □ = 81
4 · □ = 12
6 · □ = 18

3

a) 70 : 7 = □
16 : 4 = □
35 : 7 = □
32 : 4 = □

b) 21 : □ = 3
36 : □ = 9
21 : □ = 7
72 : □ = 9

c) 1 = 6 : □
10 = 60 : □
8 = 8 : □
80 = 80 : □

d) 6 = □ : 7
6 = □ : 9
9 = □ : 9
9 = □ : 3

4 Löse durch Probieren! Wo gibt es verschiedene Lösungen?

54
3
56
7
8
24
3
2
0
5

5 Finde die Rechenfehler! Löse die falschen Aufgaben richtig in deinem Heft.

9 · 9 = 91 f
81

a) 9 · 9 = 91
7 · 3 = 21
8 · 7 = 58
6 · 4 = 24

b) 56 : 7 = 9
64 : 8 = 7
48 : 6 = 8
63 : 9 = 8

c) 7 · 8 = 66
7 · 0 = 7
9 · 8 = 72
8 · 6 = 58

6 Alina kauft sich jeden Monat Sticker für 3 € und ein Tierheft für 2 €. Sie überlegt, wie viel Geld sie in einem Jahr dafür ausgibt. Welche Rechnungen führen zum Ergebnis?

3 € · 12 | 12 · 5 € | 2 € · 12 | 2 € · 3 | 12 · 3 € | 5 € · 12 | 12 · 2 €

Wiederholung

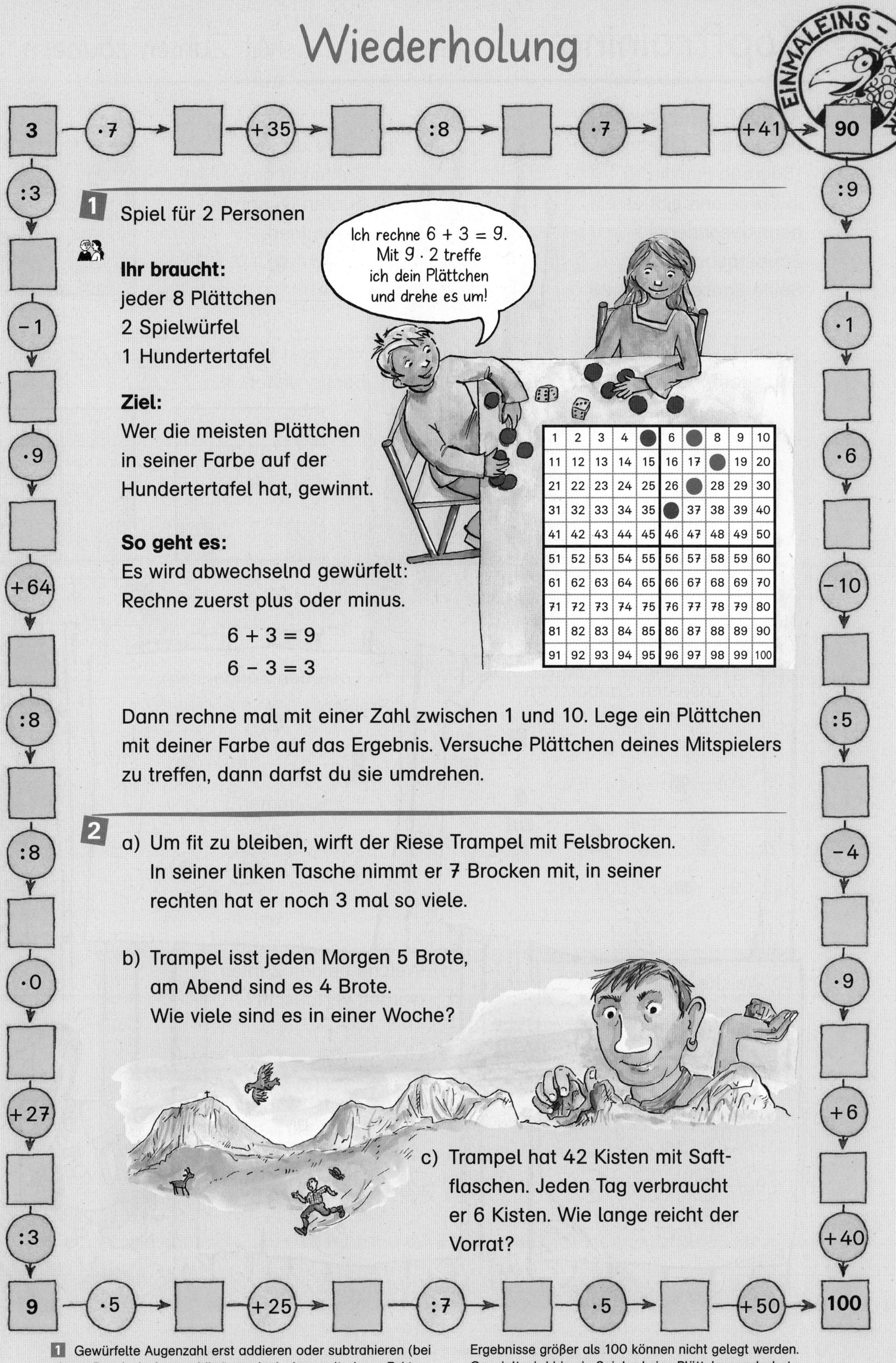

EINMALEINS-TRAINER
3 → ·7 → □ → +35 → □ → :8 → □ → ·7 → □ → +41 → 90
90 → :9 → □ → ·1 → □ → ·6 → □ → −10 → □ → :5 → □ → −4 → □ → ·9 → □ → +6 → □ → +40 → 100
3 → :3 → □ → −1 → □ → ·9 → □ → +64 → □ → :8 → □ → :8 → □ → ·0 → □ → +27 → □ → :3 → 9
9 → ·5 → □ → +25 → □ → :7 → □ → ·5 → □ → +50 → 100
Ich rechne 6 + 3 = 9.
Mit 9 · 2 treffe
ich dein Plättchen
und drehe es um!

1 Spiel für 2 Personen

Ihr braucht:
jeder 8 Plättchen
2 Spielwürfel
1 Hundertertafel

Ziel:
Wer die meisten Plättchen in seiner Farbe auf der Hundertertafel hat, gewinnt.

So geht es:
Es wird abwechselnd gewürfelt:
Rechne zuerst plus oder minus.

6 + 3 = 9
6 − 3 = 3

1	2	3	4		6		8	9	10
11	12	13	14	15	16	17		19	20
21	22	23	24	25	26		28	29	30
31	32	33	34	35		37	38	39	40
41	42	43	44	45	46	47	48	49	50
51	52	53	54	55	56	57	58	59	60
61	62	63	64	65	66	67	68	69	70
71	72	73	74	75	76	77	78	79	80
81	82	83	84	85	86	87	88	89	90
91	92	93	94	95	96	97	98	99	100

Dann rechne mal mit einer Zahl zwischen 1 und 10. Lege ein Plättchen mit deiner Farbe auf das Ergebnis. Versuche Plättchen deines Mitspielers zu treffen, dann darfst du sie umdrehen.

2 a) Um fit zu bleiben, wirft der Riese Trampel mit Felsbrocken. In seiner linken Tasche nimmt er 7 Brocken mit, in seiner rechten hat er noch 3 mal so viele.

b) Trampel isst jeden Morgen 5 Brote, am Abend sind es 4 Brote. Wie viele sind es in einer Woche?

c) Trampel hat 42 Kisten mit Saftflaschen. Jeden Tag verbraucht er 6 Kisten. Wie lange reicht der Vorrat?

1 Gewürfelte Augenzahl erst addieren oder subtrahieren (bei einem Pasch darf nur addiert werden), dann mit einem Faktor zwischen 1 und 10 multiplizieren. Ergebnisse größer als 100 können nicht gelegt werden. Gespielt wird bis ein Spieler keine Plättchen mehr hat. Dauer: 10 bis 20 min

Kopftraining

Mit Zahlen zaubern

1 An der Fassade der berühmten Kathedrale „Sagrada Familia“ in Barcelona gibt es ein ganz besonderes Zauberquadrat. Seine Zauberzahl ist 33.

a) Zeichne das Zauberquadrat ab und löse es.

1		14	
	7		9
			5
13	2	3	

b) Zähle die Zahlen in den bunten Quadraten zusammen:
1 + ▢ + ▢ + 7 = 33

1		14	
	7		9
			5
13	2	3	

c) Versteckt sich hier auch die Zauberzahl? Suche weiter ...!

1		14	
	7		9
			5
13	2	3	

1		14	
	7		9
			5
13	2	3	

2

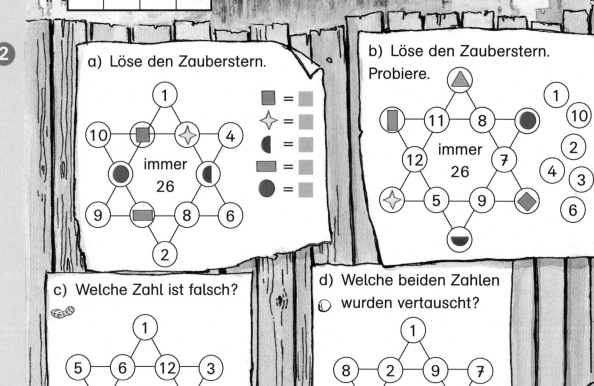

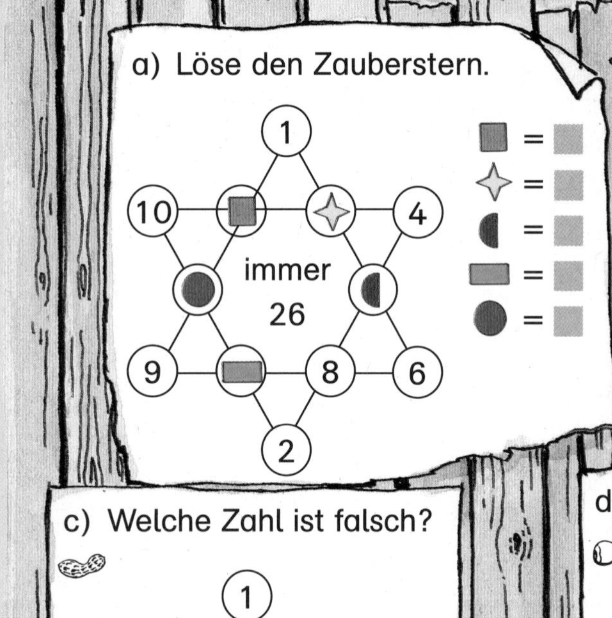

a) Löse den Zauberstern.

Zahlen: 1, 10, 4, 9, 8, 6, 2 — immer 26

■ = ▢
✧ = ▢
◐ = ▢
▬ = ▢
● = ▢

b) Löse den Zauberstern. Probiere.

Zahlen: 11, 8, 12, 7, 5, 9 — immer 26

1, 10, 2, 4, 3, 6

c) Welche Zahl ist falsch?

Zahlen: 1, 5, 6, 12, 3, 10, 9, 9, 7, 8, 2, 4 — immer 26

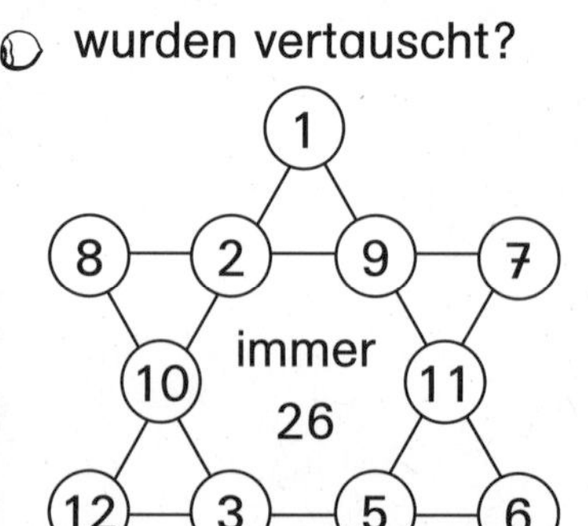

d) Welche beiden Zahlen wurden vertauscht?

Zahlen: 1, 8, 2, 9, 7, 10, 11, 12, 3, 5, 6, 4 — immer 26

❶ Die Summe der Zahlen in jeder Zeile, Spalte und Diagonalen ist in einem Zauberquadrat immer gleich.

❷ Die Summe der Zahlen entlang jeder Linie ist bei den Zaubersternen immer gleich (Kopiervorlage).

1 Setze Zahlen von 1 bis 10 passend ein.
Finde verschiedene Möglichkeiten.

a) ■ · ■ + ■ = 11
■ · ■ − ■ = 11
b) ■ · ■ + ■ = 22
■ · ■ − ■ = 22
c) ■ · ■ + ■ = 33
■ · ■ − ■ = 33
a) 2 · 4 + 3 = 11
4 · 4 − 5 = 11
e) ■ · ■ + ■ = 55
■ · ■ − ■ = 55
d) ■ · ■ + ■ = 44
■ · ■ − ■ = 44
f) ■ · ■ + ■ = 66
■ · ■ − ■ = 66
1 2 3 4 5 6 7 8 9 10
Schaffst du es auch, wenn du die Zahlen 1, 5 und 10 nicht verwenden darfst?
2
● · ● = 36
● − ● = 0
● + ● = 36
● − ● = 0
● · ▲ = 36
● − ▲ = 5
Rund um die 36
● − ▲ = 36
● + ▲ = 44
● + ▲ = 36
● : ▲ = 5
■ + ▲ = 36
■ − ▲ = 18
■ − ▲ = 36
■ : ▲ = 5
■ + ◆ = 36
■ − ◆ = 36
3
a) ☺ · ☺ = ☹
☹ · ☹ = 81
b) ☼ + ☼ = ☾
☾ + ☾ = 100
c) 🔔 + 🔔 = 🕓
🔔 · 🔔 = 🕓
d) 🍎 − 🍎 = 0
🍎 · 🍎 = 64
e) ● · 🌰 = 72
● − 🌰 = 1
f) ● · ● = 8
● : ● = ●
g) 🍒 : ● = ●
🍒 · ● = 27

1 Die passenden Zahlen für die leeren Felder finden. Eventuell mit Zahlenkarten arbeiten.

2 und 3 Für jede Gondel bzw. für jedes Haus gilt: Gleiches Symbol bedeutet gleiche Zahl.

Zeit messen

1

Zeit vergeht manchmal langsam, manchmal schnell ... ?!

2 Wie lange dauert es?

a) So ein Pendel kannst du leicht basteln:

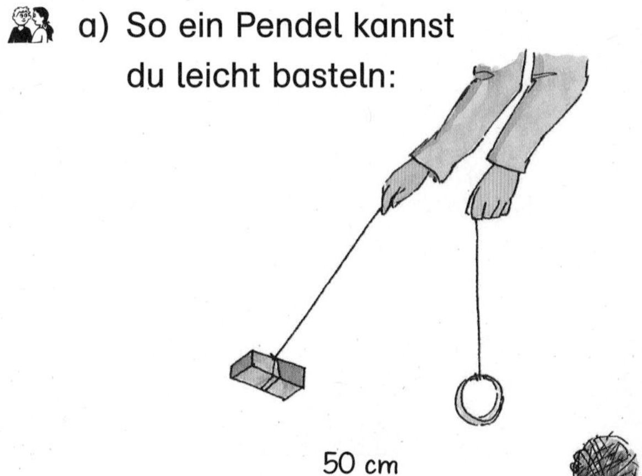
50 cm

b) Erst schätzen – dann pendeln!

	geschätzt	gemessen
Schultasche packen		
Schuhe binden		
ABC aufsagen		
7er-Reihe vorwärts aufsagen		
5er-Reihe rückwärts aufsagen		

c) Was passiert, wenn du die Schnur deines Pendels kürzt? Probiere es aus.

3 Ordne zu.

a)
b)
c)
d)
e)
f)
10.30
Sonnenuhr
Sanduhr
Kerzenuhr
Standuhr
Eieruhr
Radiowecker

4 Welche Uhren zeigen dieselbe Zeit an?

1 15.00
2 20.00
3 10.00
4 23.00
5 06.00
6 17.00
E
G
E
I
Z
R
12:00

1 Über unterschiedliches Zeitempfinden sprechen.
2 Die Zeit mit Hilfe eines Pendels messen.
3 Verschiedene Zeitmesser zuordnen.
4 Analoge und digitale Anzeige zuordnen. Die richtige Zuordnung ergibt ein Lösungswort.

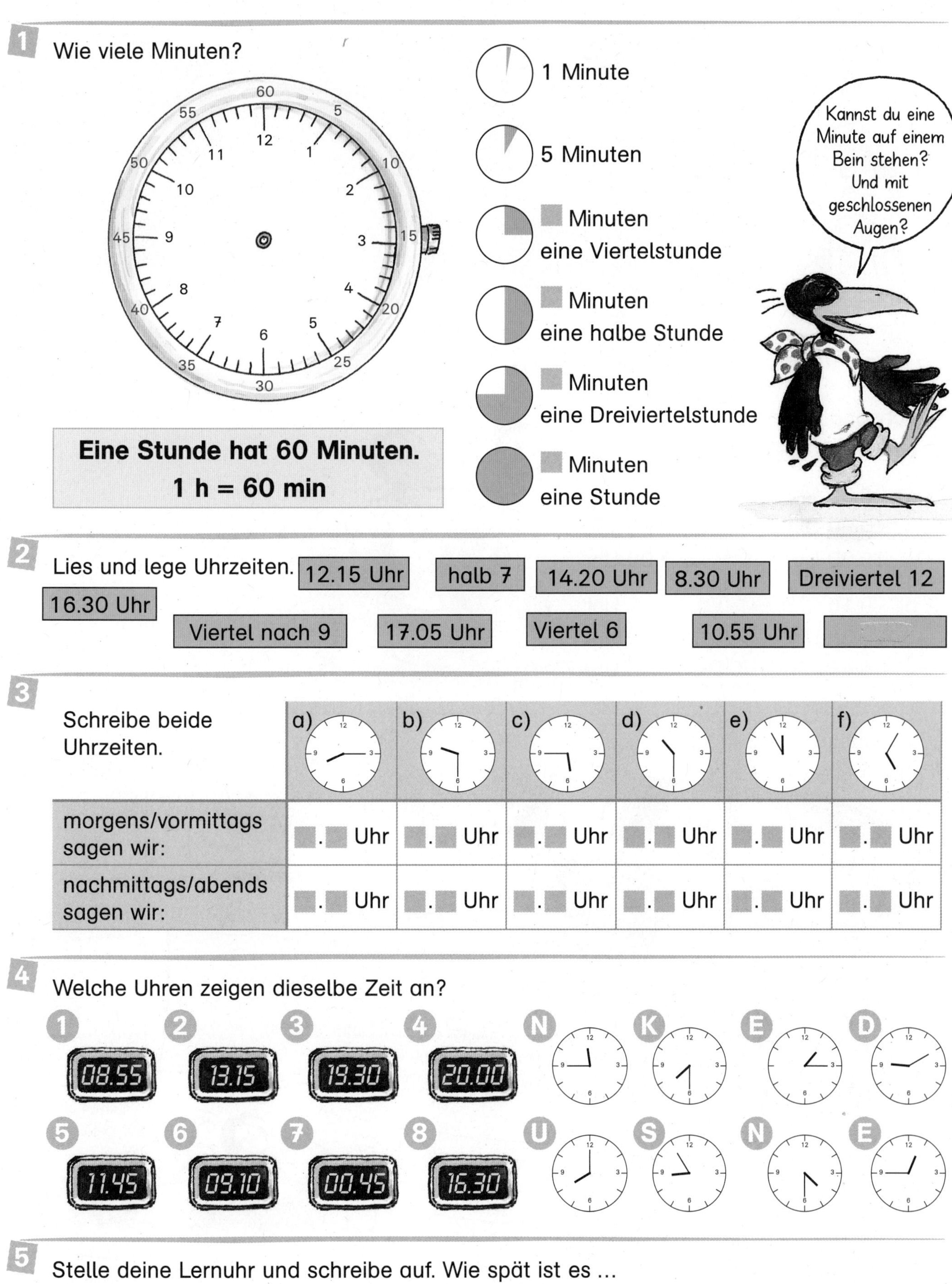

1 Wie viele Minuten?

60
5
10
15
20
25
30
35
40
45
50
55
12
1
2
3
4
5
6
7
8
9
10
11
Kannst du eine Minute auf einem Bein stehen? Und mit geschlossenen Augen?

1 Minute

5 Minuten

▢ Minuten
eine Viertelstunde

▢ Minuten
eine halbe Stunde

▢ Minuten
eine Dreiviertelstunde

▢ Minuten
eine Stunde

Eine Stunde hat 60 Minuten.
1 h = 60 min

2 Lies und lege Uhrzeiten.

12.15 Uhr | halb 7 | 14.20 Uhr | 8.30 Uhr | Dreiviertel 12 | 16.30 Uhr | Viertel nach 9 | 17.05 Uhr | Viertel 6 | 10.55 Uhr | ▢

3

Schreibe beide Uhrzeiten.	a)	b)	c)	d)	e)	f)
morgens/vormittags sagen wir:	▢.▢ Uhr	▢.▢ Uhr	▢.▢ Uhr	▢.▢ Uhr	▢.▢ Uhr	▢.▢ Uhr
nachmittags/abends sagen wir:	▢.▢ Uhr	▢.▢ Uhr	▢.▢ Uhr	▢.▢ Uhr	▢.▢ Uhr	▢.▢ Uhr

4 Welche Uhren zeigen dieselbe Zeit an?

1 08.55
2 13.15
3 19.30
4 20.00
N
K
E
D
5 11.45
6 09.10
7 00.45
8 16.30
U
S
N
E

5 Stelle deine Lernuhr und schreibe auf. Wie spät ist es …

a) jetzt auf dieser Uhr?
b) in einer halben Stunde?
c) in einer Stunde?
d) in 12 Stunden?
e) in 24 Stunden?
f) in 30 Minuten?
g) in 15 Minuten?
h) in 5 Minuten?
i) in einer Minute?

1 Die Zeitspannen am Ziffernblatt mit Hölzchen darstellen. Dabei verschiedene (auch regionale) Sprechweisen anwenden.

2 und **3** Uhrzeiten (auf 5 Minuten genau) ablesen und schreiben. **4** Analoge und digitale Anzeigen zuordnen (Lösungswort finden). **4** Uhrzeiten einstellen.

Zeitpunkt und Zeitdauer

1

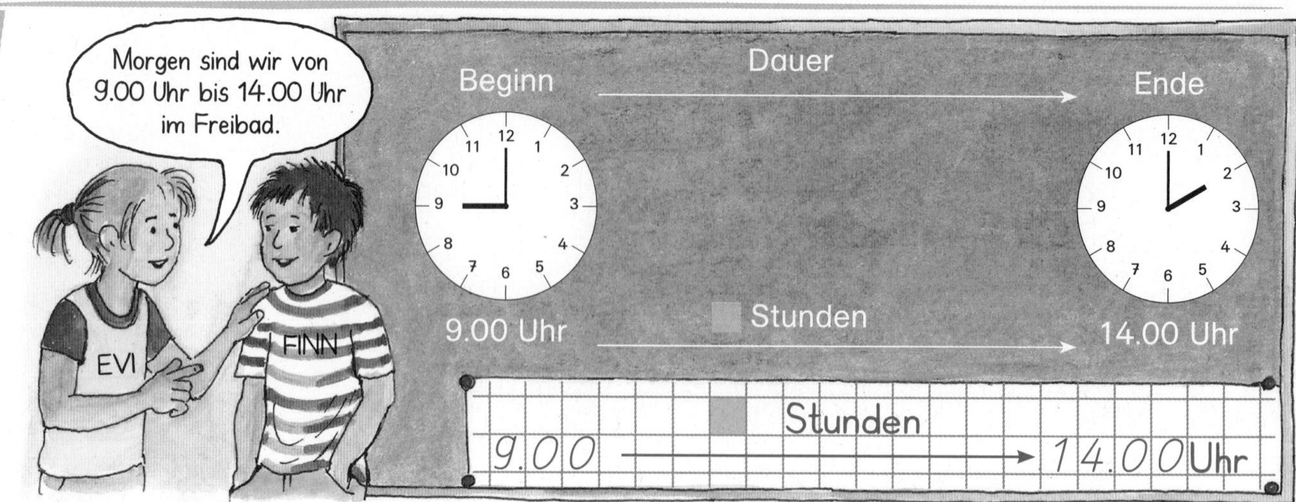
Morgen sind wir von 9.00 Uhr bis 14.00 Uhr im Freibad.
EVI
FINN
Beginn
Dauer
Ende
9.00 Uhr
Stunden
14.00 Uhr
Stunden
9.00
14.00 Uhr

2 Schreibe Beginn und Ende ins Heft, berechne die Dauer:

a) 8.00 Uhr → ■ h → 12.00 Uhr
14.00 Uhr → ■ h → 18.00 Uhr
19.00 Uhr → ■ h → 7.00 Uhr

b) 9.15 Uhr → ■ h → 10.15 Uhr
16.30 Uhr → ■ h → 18.30 Uhr
19.45 Uhr → ■ h → 22.45 Uhr

c)

h
h
h

3 Wir bauen eine Sanduhr.

BASTELANLEITUNG
Ihr braucht: 2 gleiche Gläser mit Schraubverschluss, Kontaktkleber, 1 dünnen Nagel, 1 Hammer, feinen Sand (am besten Vogelsand), feste Unterlage
So geht es: Klebt die Deckel der 2 Gläser zusammen. Schlagt mit dem Nagel und dem Hammer ein Loch durch beide Deckel. Benutzt dafür die feste Unterlage und lasst euch von eurem Lehrer helfen. Füllt nun ein Glas mit Sand und schraubt die Sanduhr zusammen.

a) Experimentiert gemeinsam.

Wie viel Zeit braucht der Sand, um in der Sanduhr durchzulaufen?

Verändere die Sandmenge so, dass die Sanduhr 1 Minute (oder 5 Minuten) lang läuft.

Nimm eine Uhr mit Sekundenzeiger.

b) Miss mit der 1-Minuten-Sanduhr, solange der Sand läuft.

Wie viele Herzschläge kannst du bei deinem Partner fühlen?

Wie viele Steckwürfel kannst du allein zusammenstecken?

Wie viele Steckwürfel kannst du gemeinsam mit deinem Partner zusammenstecken?

1 Zeitpunkt (Uhrzeit) und Zeitdauer (Zeitspanne) unterscheiden.

1 Das ist Lisas Stundenplan am Montag:

8.00 Uhr | 8.45 Uhr | 8.50 Uhr | Uhr | 9.50 Uhr | Uhr | 10.40 Uhr | Uhr | Uhr | Uhr

a)

Von 8.00 Uhr bis 8.45 Uhr haben wir .

Eine Schulstunde dauert Minuten.

b) Vervollständige die Zeitleiste von Lisa.

c) Wie lange dauert Lisas
- Frühstückspause?
- Unterricht bis nach der Mathematikstunde?
- Schultag am Montag?

d) Wie sieht dein Stundenplan am Montag aus?

e) Wie viele Minuten Pause hast du am Montag?

Stelle auch eigene Fragen an deinen Partner!

2

	Schule	Haus-aufgaben	Spielen	Wanderung	Geburts-tagsparty
Beginn	8.00 Uhr	14.45 Uhr	15.45 Uhr		14.15 Uhr
Dauer	5 Stunden	45 Minuten		4 Stunden	
Ende			17.30 Uhr	18.00 Uhr	

3 Wie lange dauert es?

fernsehen
Hausaufgaben machen
zu Mittag essen
Kinderzimmer aufräumen
nachmittags spielen
in der Schule sein

4 Mirsade darf am Wochenende 2 Stunden fernsehen.

a) Welche Sendungen kann er auswählen?
Berechne die Zeitdauer.

b) Welche Sendungen würdest du gerne sehen?
Berechne die Zeitdauer.

7.45 Urmel **8.00** Zirkus **9.00** Welt der Wunder
10.00 Löwenzahn-Extra **11.30** Aktuelles
11.45 B. Blümchen **12.30** Mit dem Rad durch
Deutschland **13.30** Logo **14.00** Kikania-Studio
14.15 Das kleine Gespenst **14.45** Vulkane
15.15 Sesamstraße Extra **16.15** Nils Holgersson
18.45 Tiere in Afrika **18.55** Sandmännchen
19.00 Fußball **20.15** Wetten dass?
ca. **22.15** Tagesthemen

1 Über Lisas Stundenplan sprechen, Zeitpunkte ergänzen und Zeitspannen besprechen. Auf eigenen Stundenplan anwenden.

2 Tabelle vervollständigen.
3 Ungefähre Zeitspannen. Individuelle Antworten möglich.

Wie spät ist es in ...

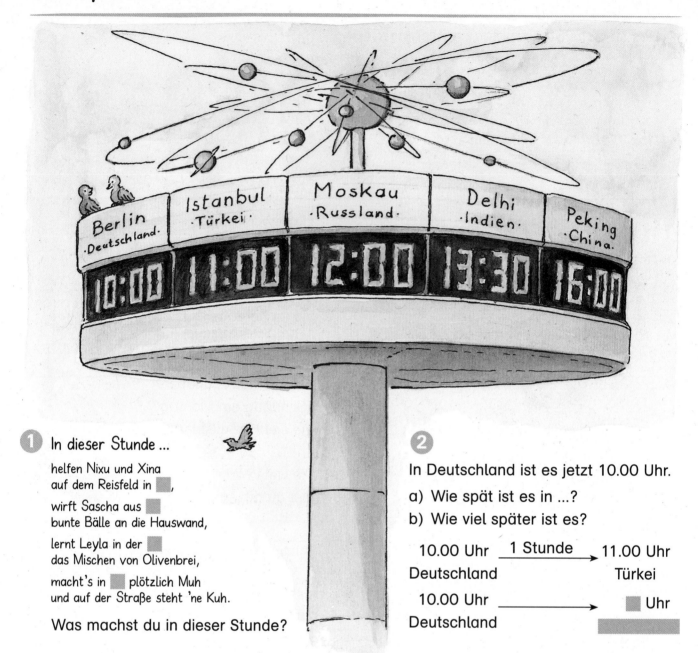

Berlin · Deutschland · 10:00
Istanbul · Türkei · 11:00
Moskau · Russland · 12:00
Delhi · Indien · 13:30
Peking · China · 16:00

1 In dieser Stunde ...

helfen Nixu und Xina
auf dem Reisfeld in ▬,
wirft Sascha aus ▬
bunte Bälle an die Hauswand,
lernt Leyla in der ▬
das Mischen von Olivenbrei,
macht's in ▬ plötzlich Muh
und auf der Straße steht 'ne Kuh.

Was machst du in dieser Stunde?

2

In Deutschland ist es jetzt 10.00 Uhr.

a) Wie spät ist es in ...?
b) Wie viel später ist es?

10.00 Uhr Deutschland —1 Stunde→ 11.00 Uhr Türkei

10.00 Uhr Deutschland ——→ ▬ Uhr ▬

3 Und wenn es in Deutschland 20.00 Uhr ist? Welche Uhrzeit passt dann zu welchem Land?

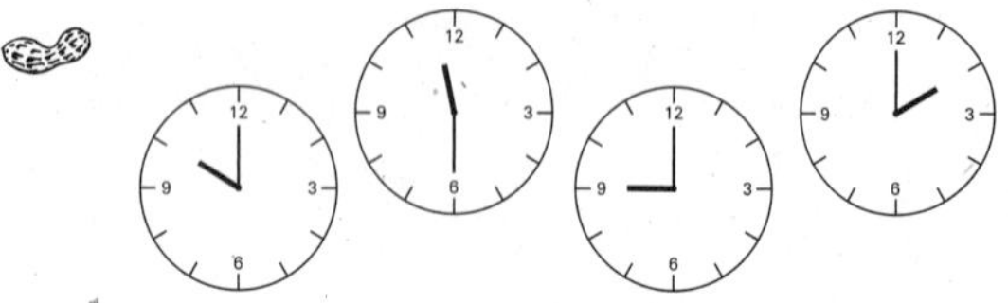

Türkei
China
Indien
Russland

Deutschland	20.00	Uhr
Türkei	▬	▬

4 Urlaub! Wie müssen die Kinder ihre Uhren umstellen?

a) Eda fliegt in die Türkei.
b) Sascha möchte nach Russland.
c) Lars fährt an die Ostsee.

5

Reisebüro Sonnenschein
Öffnungszeiten

Mo, Di, Mi:	9.00 – 18.00 Uhr
Do:	9.00 – 20.00 Uhr
Fr:	9.30 – 18.30 Uhr
Sa:	10.00 – 14.00 Uhr

Die Weltzeituhr betrachten: Über Zeitverschiebung sprechen. Die angegebenen Zeitdifferenzen beziehen sich auf mitteleuropäische Sommerzeit.

2 und **3** Zeitdauer berechnen.
5 Fragen zum Thema Zeit finden und beantworten.

Zeitangaben zuordnen

1 Welche Uhren zeigen dieselbe Zeit an?

1  2  3 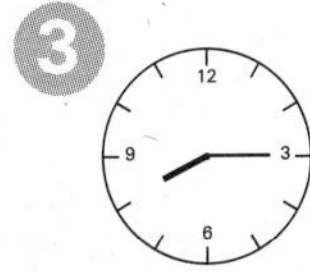

U 
11.30

E 
21.00

T 
17.00

4 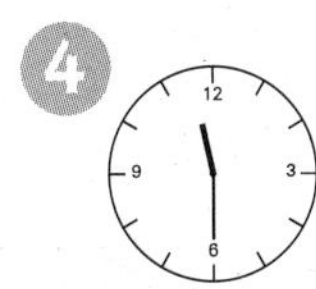 5  6 

N 
08.15

I 
15.45

M 
13.30

2 Stelle deine Lernuhr und schreibe auf. Wie spät ist es ...

a) jetzt auf dieser Uhr? b) in einer Minute? c) in 5 Minuten?
d) in einer halben Stunde? e) in einer Stunde? f) in 6 Stunden?
g) in 12 Stunden? h) in 24 Stunden? i) in 2 Stunden?

3 Wie lange dauert es?

a) von 8.00 Uhr bis 13.00 Uhr
8.00 Uhr —■ h→ 13.00 Uhr

b) von 16.00 Uhr bis 18.00 Uhr
c) von 12.00 Uhr bis 24.00 Uhr
d) von 0.00 Uhr bis 24.00 Uhr
e) von 1.30 Uhr bis 11.30 Uhr

4 Viktor wartet auf Papa.

 ■ Minuten
 ■ Minuten
 ■ Minuten
 ■ Minuten

Nach ◔ ■ Minuten klingelt das Telefon. Papa sagt ...

5 Was passt zusammen?

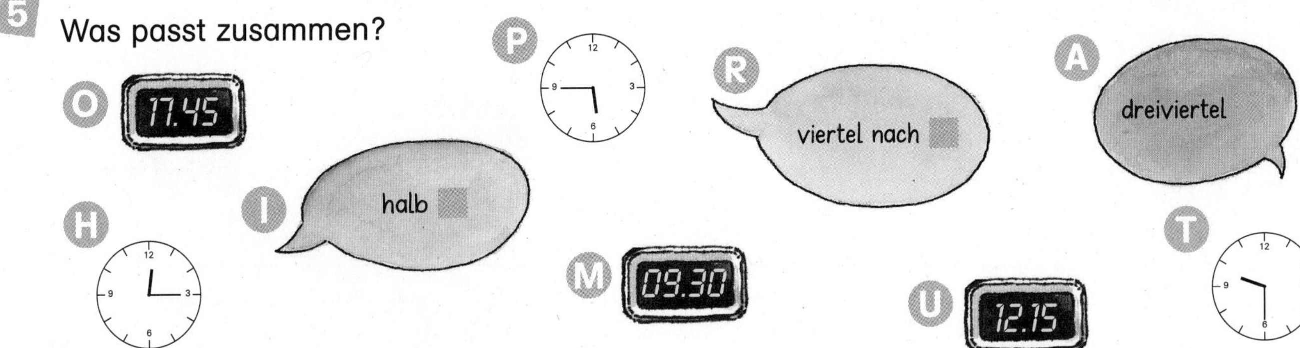
O
17.45
P
R
viertel nach
A
dreiviertel
H
I
halb
M
09.30
U
12.15
T

6 Und was passt hier zusammen?

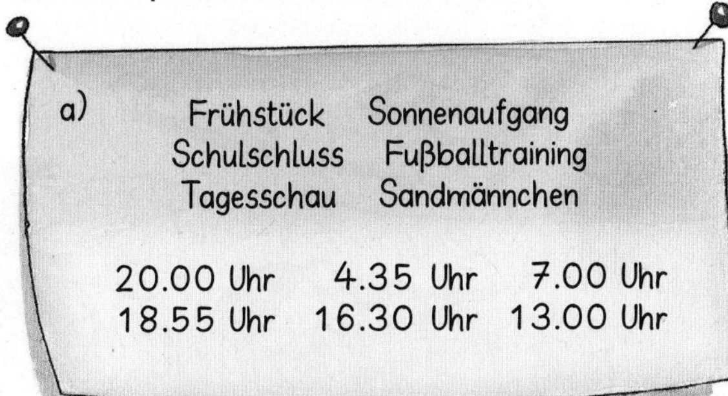
a)
Frühstück Sonnenaufgang
Schulschluss Fußballtraining
Tagesschau Sandmännchen
20.00 Uhr 4.35 Uhr 7.00 Uhr
18.55 Uhr 16.30 Uhr 13.00 Uhr

b)
1 Jahr 1 Woche 1 Stunde 1 Tag
1 Schulstunde 1 Viertelstunde

7 Tage 12 Monate 60 Minuten
15 Minuten 45 Minuten
24 Stunden

1 Analoge und digitale Anzeigen zuordnen (Lösungswort finden).
2 Uhrzeiten einstellen. **3** und **4** Zeitdauer berechnen.
5 Immer 3 gleiche Zeitangaben finden (richtig sortiert ergeben die Buchstaben Lösungswörter).
6 Zeitpunkte und Zeitspannen passend zuordnen.

Körperformen entdecken

1

Ich liebe Quader!
Ich würfle gerne!
Und ich mag Kugeln!
LENA
JAN

2 a) Lena hat diese Körper aus Knetmasse geformt. Welche kannst du im Bild oben entdecken?

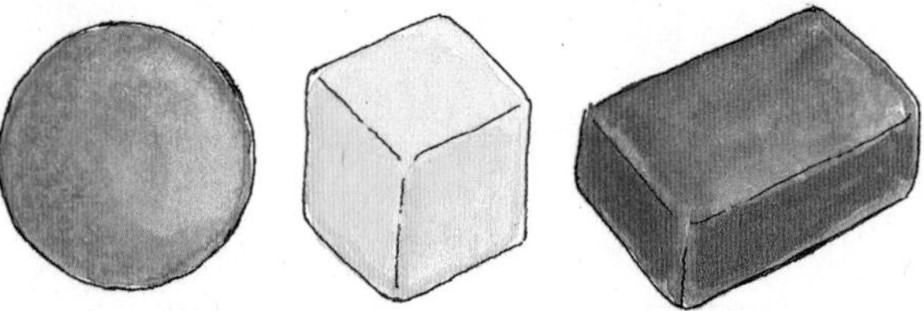

b) Stelle die Körper selbst aus Knetmasse her.

3 Baue diese Körper mit Zahnstochern und Knetkugeln. Vergleiche sie.

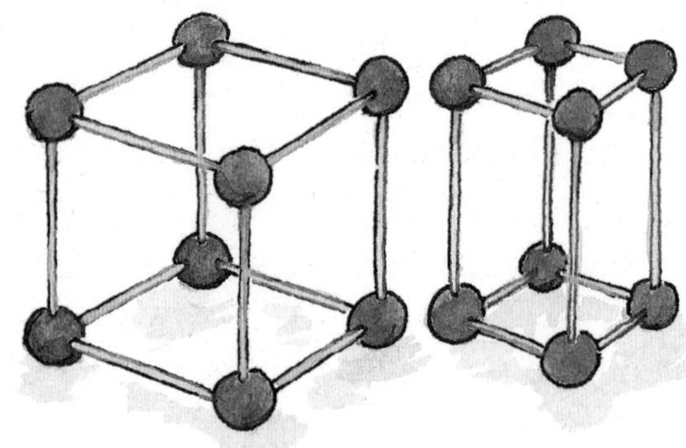

4 Nenne Gegenstände, die wie ein Würfel, ein Quader oder eine Kugel aussehen:
a) in der Sporthalle
b) im Supermarkt
c) zu Hause
Schreibe die Gegenstände auch auf.

5

6 a) Legt die Körper auf einen Tisch. Hebt den Tisch nacheinander an verschiedenen Seiten leicht an.
b) Welche Körper rollen gut? Welche lassen sich gut stapeln?

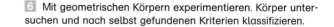

3 Kantenmodelle herstellen. Für Quader Zahnstocher entsprechend kürzen.
5 Gegenstände aus der Lebenswelt ertasten.

6 Mit geometrischen Körpern experimentieren. Körper untersuchen und nach selbst gefundenen Kriterien klassifizieren.

Körperformen untersuchen

1

Mein Quader hat viele Ecken, Kanten und Flächen.
Und meine Kugel?
Ecke
Kante
Fläche

Untersuche.

	Ecken	Kanten	Flächen
Quader			
Würfel			
Kugel			

Was fällt dir auf?

2

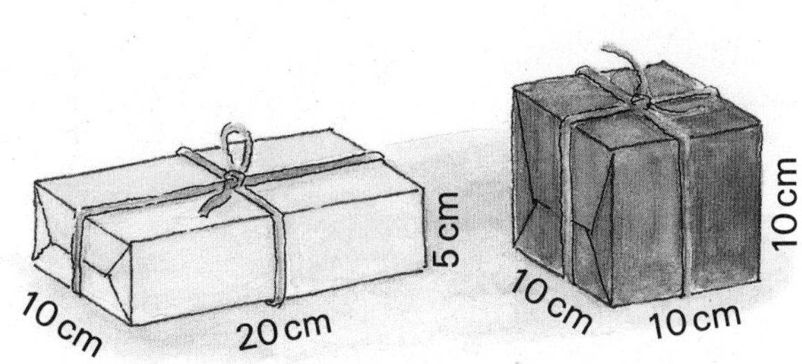
10 cm
20 cm
5 cm
10 cm
10 cm
10 cm

Die Päckchen wurden verschnürt.
Wie lange ist jeweils die Paketschnur, wenn für den Knoten zusäzlich 20 cm Schnur nötig waren?

3

a) Baue die 3 Quader aus 8 Würfeln nach.

b) Welche verschiedenen Quader kannst du aus 12 (24, 27) Würfeln bauen?

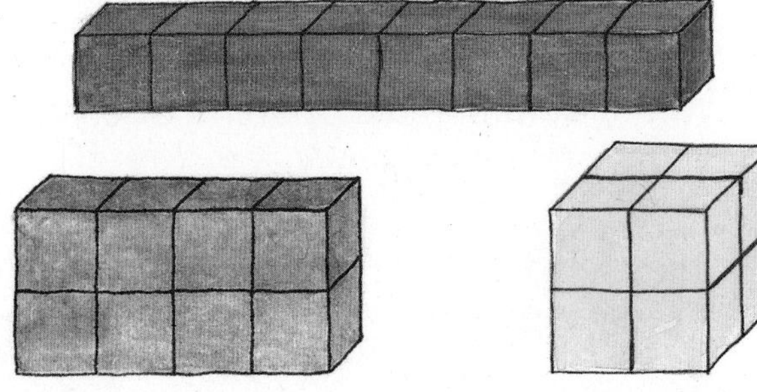

4

a) Wie viele Möglichkeiten hast du, um an die 2 blauen Würfel den roten Würfel anzusetzen?

b) Wie viele unterschiedliche Körper aus 3 Würfeln erhältst du?

5

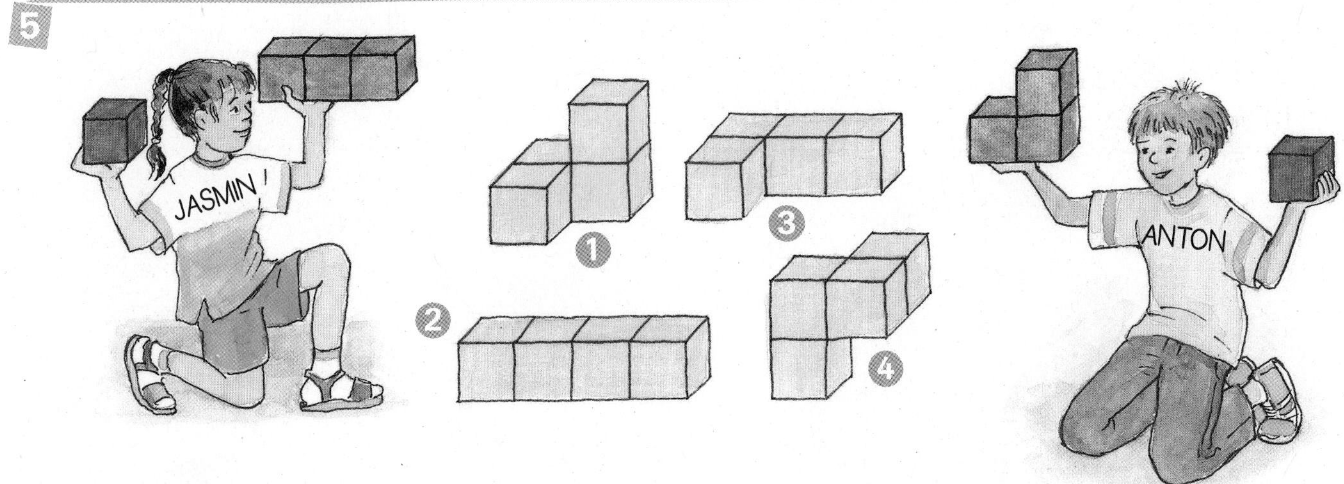
JASMIN
ANTON
1
2
3
4

a) Welche Körper aus 4 Würfeln kann Jasmin erhalten?

b) Welche Körper aus 4 Würfeln kann Anton erhalten?

c) Es gibt noch 4 andere Körper aus 4 Würfeln. Kannst du alle bauen?

Körper und ihre Spuren 

1

Ich kippe den Würfel dreimal.
Ich zeichne seine Spur.

Welche verschiedenen Würfelspuren könnt ihr zeichnen, wenn ihr ...

a) einen Würfel zweimal kippt? b) einen Würfel dreimal kippt?

2 Woher kommen die Spuren? Überprüfe: Welche Spuren haben einen Fehler?

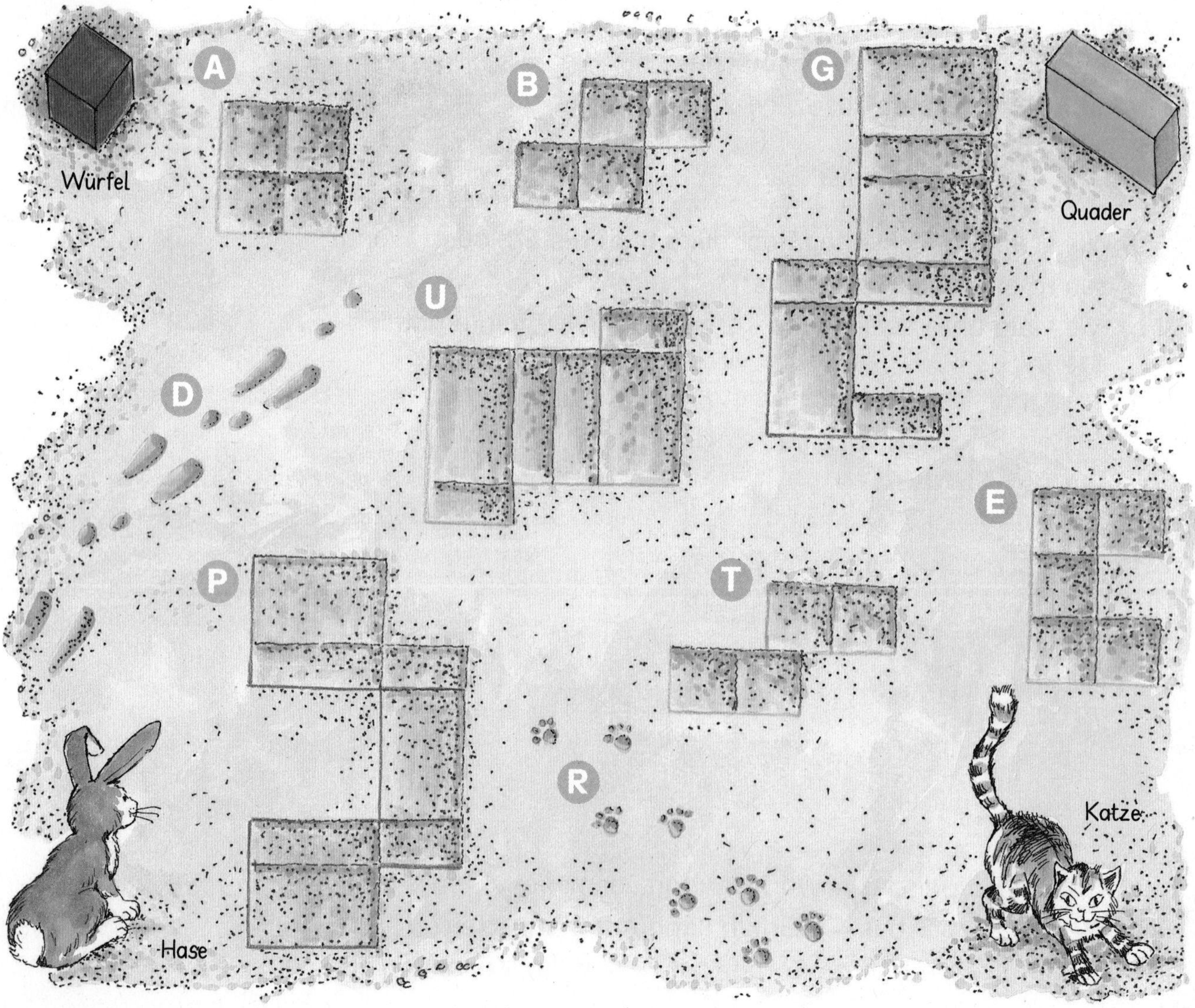

Würfel A B G Quader
U D
E P T
R
Katze Hase

1 Die Schüler stellen Würfelspuren her, indem sie einen Würfel zweimal kippen (Spuren mit 3 Quadraten) oder dreimal kippen (Spuren mit 4 Quadraten)

2 Die Spuren mit Hilfe der Buchstaben zuordnen. Richtig sortiert ergeben die Buchstaben falscher Spuren ein Lösungswort.

1 Im Spukhaus.

Geht man im Spukhaus durch eine Tür, klappt sie zu und lässt sich nie wieder öffnen.

a) Gehe los bei Eingang (E). Gehe durch alle Türen. Kannst du das Spukhaus durch Ausgang (A) wieder verlassen? Finde verschiedene Wege.

b) Wie viele verschiedene Wege gibt es?

Mein Weg im linken Geisterflügel beginnt so ...
E → 3 → 5 →
E
1
A
2
3
4
5
linker Geisterflügel
E
1
2
3
4
5
6
7
A
8
9
10
Spuk-Etage
5
9
2
A
8
4
E
7
1
3
6
rechter Geisterflügel

2

Gehe zur Schatzkiste. Suche einen Weg,

a) der die Summe 50 (oder 100) hat.

b) dessen Summe möglichst klein ist.

12
17
21
8
23
5
15
14
21
10
17
15
8
13
11
35
26
13

1 Wege lassen sich systematisch finden, indem man zuerst durch Türen mit möglichst kleinen Nummern geht, also z. B.: E → 1 → 2 → ..., statt E → 2 → 1 → ... oder E → 3 → 5 → ...

2 Verschiedene Wege probieren. Die Notation der Aufgaben zeigt den Weg.

Würfelhausen

6 Würfel.

6 Würfel

① ② ③ ④ ⑤

■ Würfel

■ Würfel

■ Würfel

■ Würfel

1

Ich habe von Gebäude 4 einen Bauplan gezeichnet.
Aha, hier liegen 3 Würfel übereinander!
Bauplan von Özal
1 | 2 | 3
Gebäude Nr. 4

2 Welche Gebäude gehören zu diesen Bauplänen?

Bauplan von FRANKA

2	1	1	2

Gebäude Nr. ■

Bauplan von DOMINIK

1	1	1	1
1			1

Gebäude Nr. ■

Bauplan von NICO

2	2	2

Gebäude Nr. ■

Bauplan von MELISSA

1	3	1

Gebäude Nr. ■

Eintragen, aus wie vielen Steckwürfeln die Gebäude bestehen.
1 Verstehen, wie ein Bauplan zu lesen ist.

2 Angeben, zu welchen Gebäuden diese Baupläne gehören.
Bei Bedarf die Gebäude mit Holz- oder Steckwürfeln nachbauen.

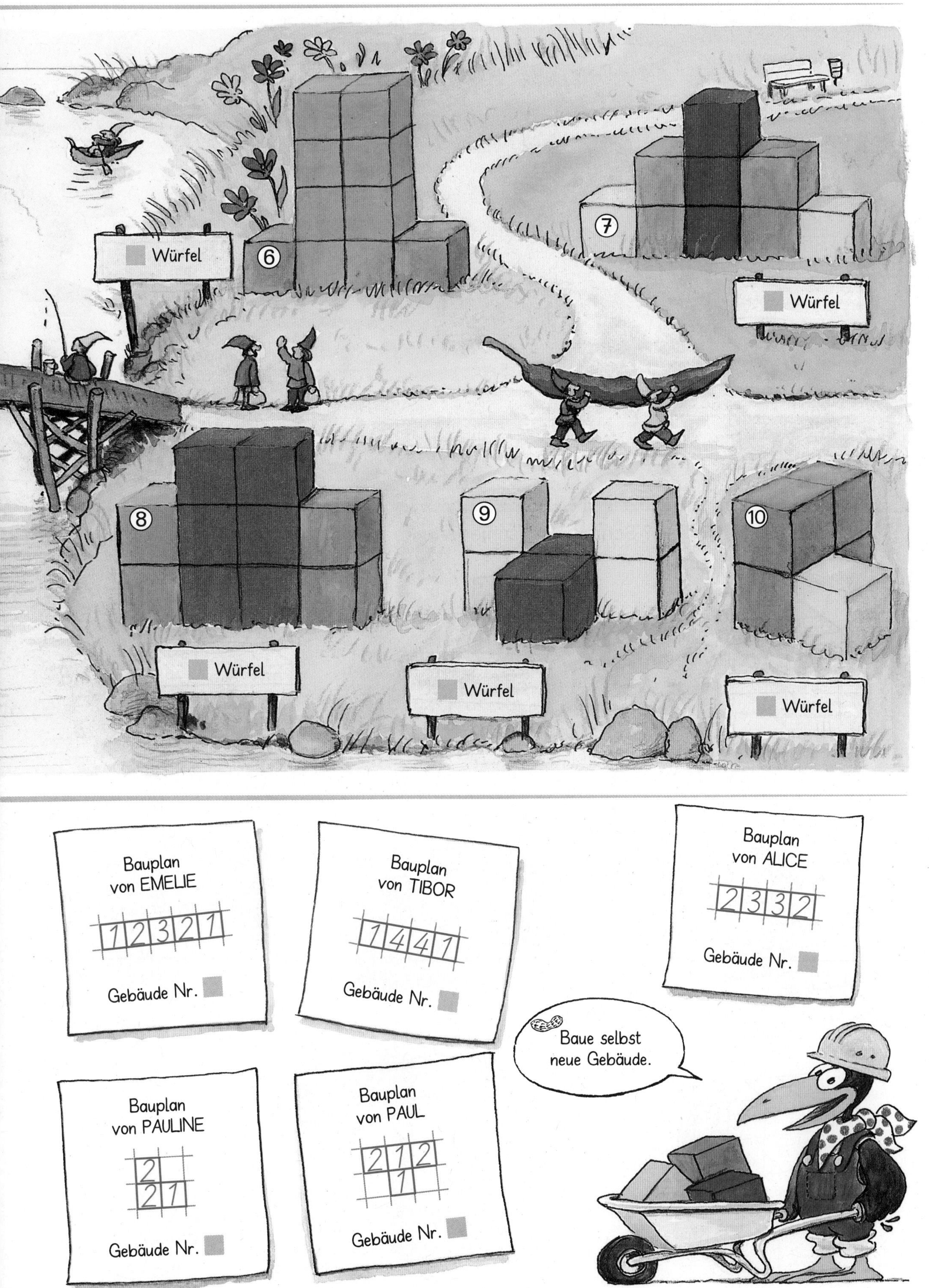

Würfel
6
7
Würfel
8
9
10
Würfel
Würfel
Würfel
Bauplan von EMELIE
1 2 3 2 1
Gebäude Nr.
Bauplan von TIBOR
1 4 4 1
Gebäude Nr.
Bauplan von ALICE
2 3 3 2
Gebäude Nr.
Bauplan von PAULINE
2
2 1
Gebäude Nr.
Bauplan von PAUL
2 1 2
1
Gebäude Nr.
Baue selbst neue Gebäude.

Die Leitfigur regt an, neue Gebäude zu bauen (evtl. aus genau 6, 8 oder 10 Steckwürfeln).

Bauen und rechnen

1

Aha! 2 Dreiertürme und 3 Vierertürme.
4 Stockwerke! 3 mit 5 Würfeln und das oberste mit 3 Würfeln.
Ganz einfach! 2 Quader. Einer mit 6 und einer mit 12 Würfeln.
ISA
GREGORY
NADINE
2 · 3 = 6 3 · 4 = 12
6 + 12 = ▢
3 · 5 = 15
15 + 3 = ▢
6 + 12 = ▢

2 Wie viele Würfel sind es? Schreibe verschiedene Rechnungen in dein Heft.

A

B

C

D

E

F

G

H

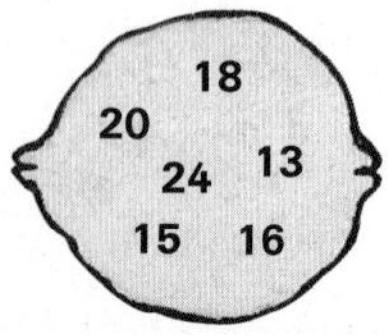

18 20 24 13 15 16

1 Unterschiedliche Betrachtungsweisen führen zu unterschiedlichen Rechnungen.

2 Die Gebäude nachbauen. Jede Aufgabe mit mehreren Rechnungen lösen und damit selbst kontrollieren.

Bauen und schauen

1 Wer hat welches Foto gemacht?

CLIC!
A
B
C
TRAX
NATALIE
TOM

Welche Farben fehlen auf den Bildern?

2 a) Baue nach.

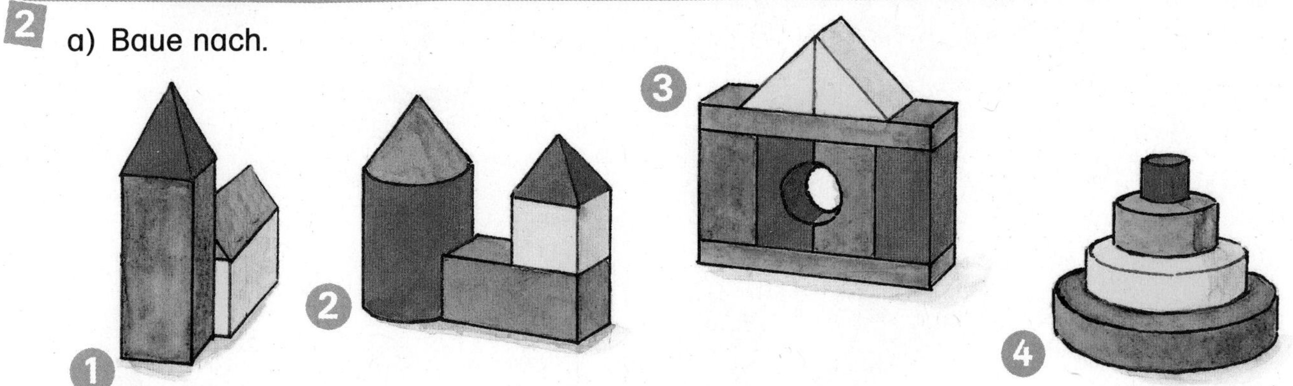
1
2
3
4

b) Ordne die Bilder den Gebäuden zu. Welche Farben fehlen?

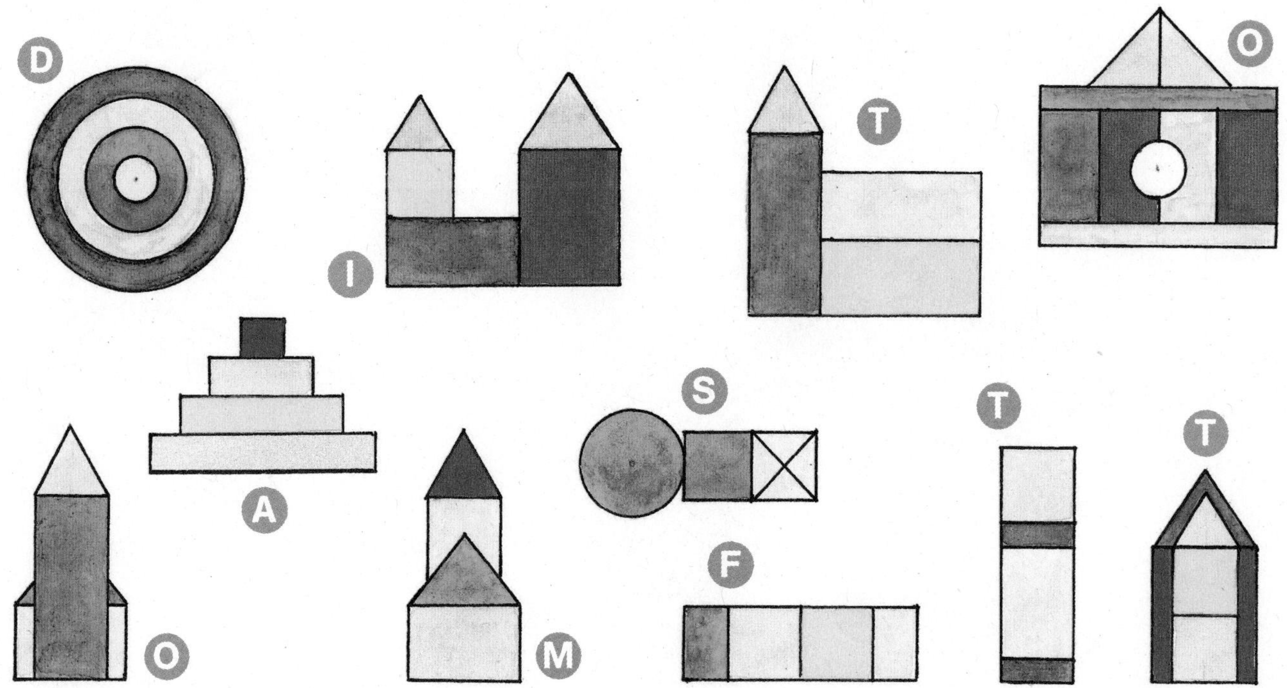
D
I
T
O
A
S
T
T
O
M
F

1 Die Bilder den Aufnahmestandorten zuordnen. Mit Bauklötzen bauen: Die Klötze mittels ihrer Form, Farbe und Lagebeziehungen beschreiben.

2 Richtig sortiert ergeben die Buchstaben passender Ansichten einen Lösungssatz.

RON
BIANCA
GINA
GEORG

Die Fotografien den Kindern zuordnen.

Zur Erläuterung Gebäude mit Holz- oder Steckwürfeln bauen (z.B. Haus mit Turm) und von verschiedenen Seiten betrachten.

Kopftraining

Die Fotoausstellung unserer Klasse: Wer hat welches Foto gemacht?
Der Totempfahl
A
B
C
Das Indianerzelt
A
B
C
D
Die Schwäne
A
B
C
Die Bäume
A
B
C
D

Entdecken an der Hundertertafel

1

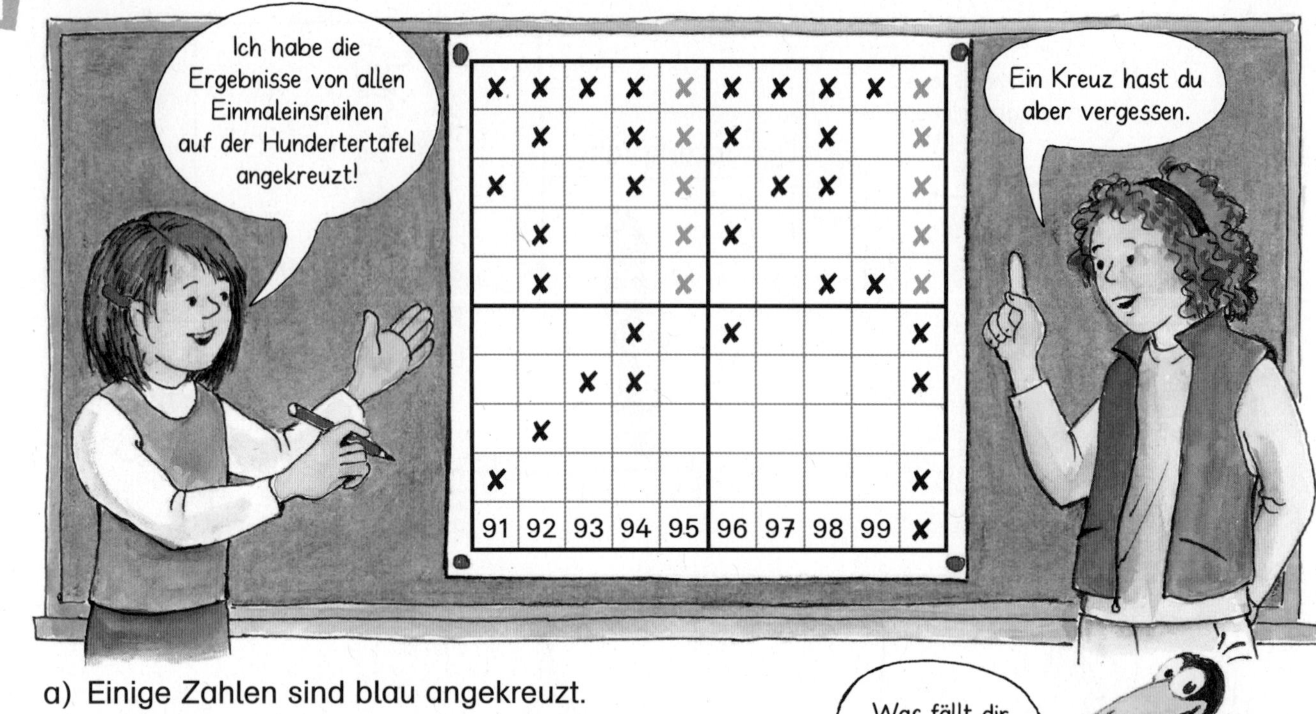
Ich habe die Ergebnisse von allen Einmaleinsreihen auf der Hundertertafel angekreuzt!
Ein Kreuz hast du aber vergessen.
91 92 93 94 95 96 97 98 99

a) Einige Zahlen sind blau angekreuzt.
Zu welchen Malaufgaben gehören sie?
b) In welcher Zeile findest du nur ein Kreuz?
c) In welchen Zeilen findest du 2 (oder 3) Kreuze?
d) Wo findest du am meisten Kreuze? Warum?

Was fällt dir sonst noch auf?

2

a) Kreise die Ergebnisse der Malaufgaben mit 2 rot ein.
b) Kreuze die Ergebnisse der Malaufgaben mit 4 grün an.
c) Male die Ergebnisse der Malaufgaben mit 8 blau aus. Was stellst du fest?

1	2	3	4	5	6	7	8	9	10
11	12	13	14	15	16	17	18	19	20
21	22	23	24	25	26	27	28	29	30
31	32	33	34	35	36	37	38	39	40

3

1	2	3	4	5	6	7	8	9	10
11	12	13	14	15	16	17	18	19	20
21	22	23	24	25	26	27	28	29	30
31	32	33	34	35	36	37	38	39	40

a) Kreise die Ergebnisse der Malaufgaben mit 3 rot ein.
b) Kreuze die Ergebnisse der Malaufgaben mit 6 grün an.
c) Male die Ergebnisse der Malaufgaben mit 9 blau aus. Was stellst du fest?

4 Finde viele Malaufgaben. Zu welchem Ergebnis findest du am meisten?

100 8 40 9 14 24
36 16 61 56
19 96 4 5 32 81 20

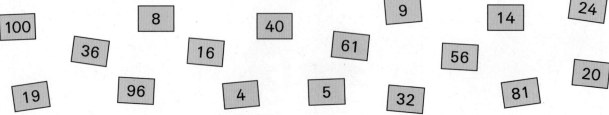

1 Die Ergebnisse aller Einmaleinsreihen in der Hundertertafel markieren. Beobachtungen über Häufungen in den vier Vierteln, Zeilen oder Spalten anstellen.

2 und **3** Beziehungen entdecken.

1 Suche Zahlenpaare auf der Hundertertafel und schreibe die Plusaufgaben.

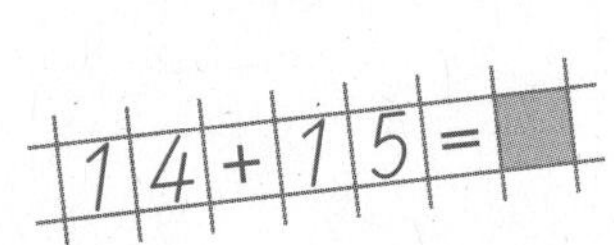
14 + 15 =

1	2	3	4	5	6	7	8	9	10
11	12	13	14	15	16	17	18	19	20
21	22	23	24	25	26	27	28	29	30
31	32	33	34	35	36	37	38	39	40
41	42	43	44	45	46	47	48	49	50

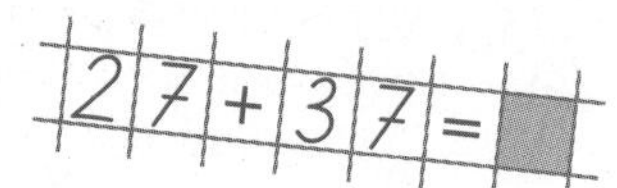
27 + 37 =

a)

21 22
49
8
37 38
26
35

b)

24 34
2 12
13
35
39
47

2 a) 5 Zahlenpaare

b) 5 Zahlenpaare

Suche dir selbst Zahlenpaare aus und rechne.

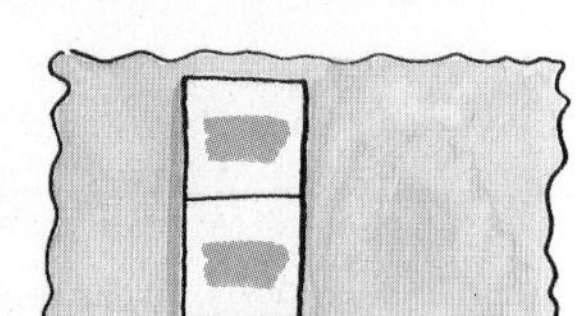

3 Suche zu jedem Ergebnis das passende Zahlenpaar.

a) Immer
59 45 24
85 97
59 = 29 +
Eine Zahl geht nicht!

b) Immer
56 72 28
27 80
56 = 23 +
Welche Zahl geht hier nicht?

4 a) Suche Quadrate auf der Hundertertafel. Rechne plus über Kreuz.

1	2	3	4	5	6	7	8	9	10
11	12	13	14	15	16	17	18	19	20
21	22	23	24	25	26	27			
31	32	33	34	35	36	37			
41	42	43	44	45	46	47			

15 + 26 =

25 + 16 =

26	27
36	37

18	

41	

	15

Auch hier geht eine Zahl nicht.

b) Suche zu jedem Ergebnis das passende Quadrat.

45 81 27
58 77 89

45 = 17 +
45 = +

81 = 35 +
81 = +

1, 2 und 4 Die Summe von Zahlenpaaren bzw. Diagonalzahlen in 2×2-Quadraten berechnen.

3 und 4 Zu vorgegebenen Summanden passende Zahlenpaare bzw. 2×2-Quadrate finden und Zahlbeziehungen erkennen.

Zahlenrätsel für Meisterdetektive

1
a) Meine Zahl gehört zur 2er-Reihe und auch zur 5er-Reihe. Es ist nicht die 10.
Ich schaue auf die Hundertertafel.
b) Meine Zahl ist größer als 50. Sie hat 4 Einer und ist eine Quadratzahl.
c) Meine Zahl ist kleiner als 50. Man kann sie durch 9 teilen und sie hat 2 Zehner.
d) Meine Zahl gehört nicht zur 10er-Reihe, aber zur 5er-Reihe. Man kann sie durch 7 teilen.
e) Meine beiden Zahlen liegen zwischen 31 und 54. Sie sind ungerade und gehören zur 5er-Reihe.
f) Meine Zahlen sind ungerade und haben 2 Zehner. Man kann sie nur mit Rest durch 3 teilen.
g) Schreibe auch eigene Zahlenrätsel auf.
23 25 35 27 45 29 20 64
2 Triff die Zielzahlen.
a) 24 12 4
b) 9 15 26
Verwende:
2 3 4 5
6 7 8 9
10 15 20
30 36 42
44 48 60 64
■ + ■
■ − ■
■ · ■
■ : ■
■ · ■ + ■
■ · ■ − ■
■ : ■ + ■
■ : ■ − ■
Zielzahl 24:
30 − 6 = 24
6 · 4 = 24
44 − 20 = 24
Juchhe, ich habe schon 3 Aufgaben. Wer findet die meisten?

1 Gesuchte Zahl(en) gemäß den Angaben im Steckbrief finden und eigene Zahlenrätsel aufschreiben.

2 Zu vorgegebenen Zielzahlen Aufgaben mit Zahlen aus der Grundmenge finden.

Mit Rechenmauern experimentieren

1 Baue kleine Rechenmauern.

Ich habe 7 Mauersteine.
Ich habe zuerst diese Mauer gebaut.
Welche Mauern baust du daraus?
10
30
4
6
16
20
14
10
4
6

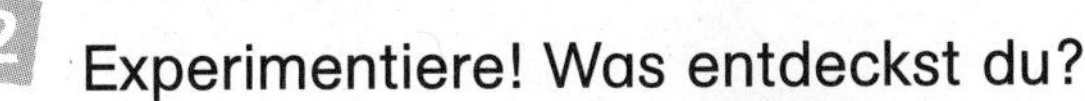

2 Experimentiere! Was entdeckst du?

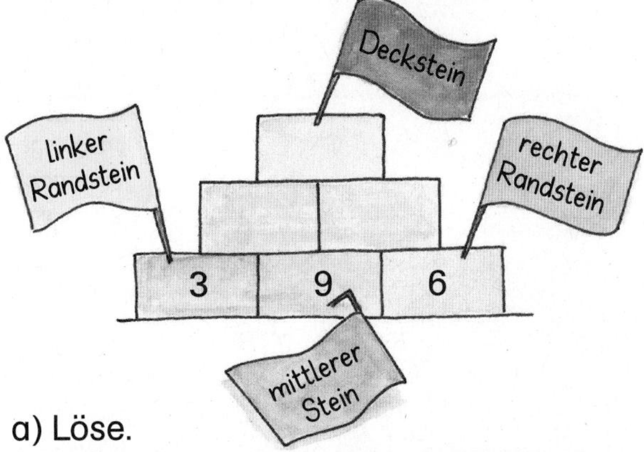
Deckstein
linker Randstein
rechter Randstein
3
9
6
mittlerer Stein

a) Löse.

b) Vergrößere die Zahl im linken Randstein um 1 (um 2, um 3).

c) Vergrößere die Zahl im mittleren Stein um 1 (um 2, um 3).

d) Vergrößere die Zahl im rechten Randstein um 1 (um 2, um 3).

Was passiert mit der Zahl im Deckstein?

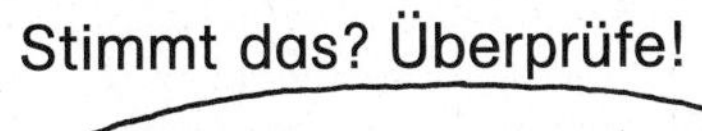

3 Stimmt das? Überprüfe!

Wird die Zahl in einem Randstein um 5 erhöht, so nimmt auch die Zahl im Deckstein um 5 zu.

Wird die Zahl im mittleren Stein um 5 erhöht, so erhöht sich auch die Zahl im Deckstein um 5.

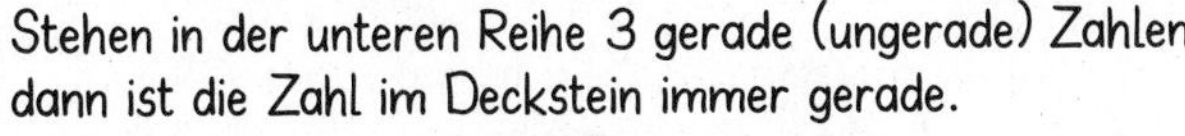

Stehen in der unteren Reihe 3 gerade (ungerade) Zahlen, dann ist die Zahl im Deckstein immer gerade.

Stehen in der unteren Reihe 3 aufeinander folgende Zahlen, dann ist die Zahl im Deckstein immer 5-mal so groß wie die Zahl im mittleren Stein.

Stehen unten eine gerade und 2 ungerade Zahlen, dann kann die Zahl im Deckstein gerade oder ungerade sein.

4 Löse durch Probieren.

5 Wie viele verschiedene Mauern kannst du jeweils bauen?

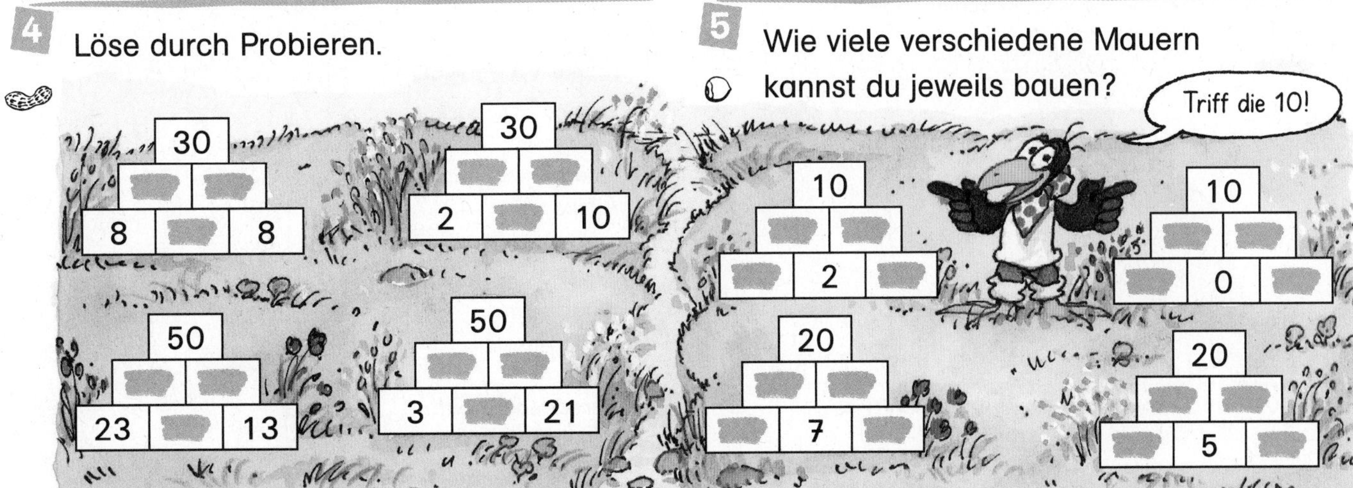
Triff die 10!
30
8
8
30
2
10
50
23
13
50
3
21
10
2
10
0
20
7
20
5

1 Aus den 7 Steinen verschiedene 2-stöckige Mauern bauen. (Mögliche Systematik: In der unteren Reihe zuerst die kleinste Zahl (4) mit allen anderen Zahlen kombinieren, dann die nächst größere Zahl (6), usw. (Kopiervorlage)

Klassenfest

Wir machen ein Klassenfest.
Gruppe 1: Raum vorbereiten
Gruppe 2: Musik und Spiele
Gruppe 3: Obstsalat
Gruppe 4:
Obstsalat (4 Portionen)
2 Äpfel
4 Bananen
2 Orangen
4 Kiwis
schälen und in Stücke schneiden
2 El Zitronensaft mit 1–2 El Honig mischen und über das zerkleinerte Obst geben.
1 Packung gehackte Haselnüsse darüber geben.
Wie viele Kinder sind wir denn in der Klasse?
6 Äpfel kosten 3 Euro und 1 Banane 50 Cent!
Ein Glas Honig bekommt man schon für 2 Euro.
Eine Packung Haselnüsse kostet ungefähr 1 Euro.
Ich bringe ein paar Zitronen mit!
Sonderangebot!
1 Orange 50 Cent
2 Kiwis 50 Cent
Wir brauchen auch Getränke und etwas zum Knabbern!
Davon müssen wir auch den Obstsalat bezahlen!
Im Angebot!
Unsere Großpackungen:
Kekse 2 €
Knabbermischung 3 €
Chips 3 €
Unsere Getränke:
Mineralwasser 4 €
12 Flaschen
Orangensaft 6 €
6 Flaschen
verschiedene Säfte 8 €
6 Flaschen
Klassen-kasse

Überlegen, wie viel Obst für den Obstsalat benötigt wird (immer Einheiten zu vier Portionen) und was er kostet.

Berechnen, was möglicherweise an zusätzlichen Kosten für Getränke und Knabbereien hinzukommt.

1

Ergebnisse beim Werfen
Klasse 2a
Sarah 17 m
Jasmin 21 m
Manuel 32 m
Florian 27 m
Klasse 2b
Sophie 24 m
Jessica 15 m
Bobby 31 m
Orcun 28 m
Und wie weit wirfst du?
5

a) Aus welcher Klasse kommt der Sieger? Wer belegt die nächsten Plätze?

b) Max aus der Klasse 2b behauptet, dass die Kinder seiner Klasse besser geworfen haben als die Kinder aus der Klasse 2a. Stimmt das?

2 Orcun hat für seine drei Würfe ein Streifenbild gezeichnet.

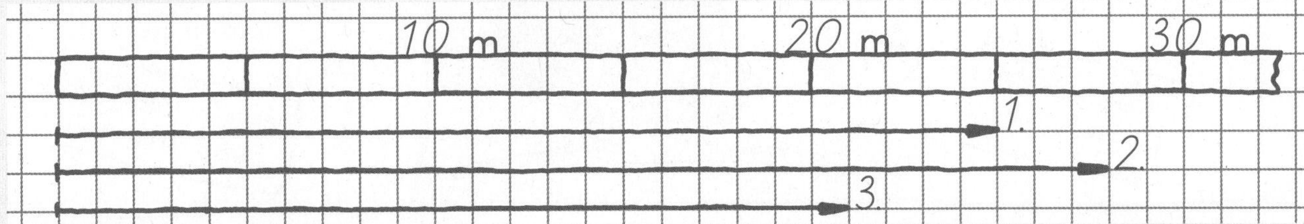
10 m
20 m
30 m
1.
2.
3.

a) Welcher Wurf war sein bester?

b) Wie weit hat Orcun jeweils geworfen?

c) Zeichne für die Kinder der Klasse 2a auch ein Streifenbild.

3

Das waren 3 Meter und 25 Zentimeter.
Nächstes Jahr wollen alle 20 cm weiter springen.

Ergebnisse beim Weitsprung

Lukas	2b	3 m 25 cm
Tina	2b	3 m 7 cm
Hannah	2a	2 m 56 cm
Selim	2b	3 m 5 cm
Andre	2a	2 m 25 cm
Tobias	2a	1 m 90 cm

Vergleiche und ordne die Weitsprungergebnisse.

4

Ich bin 2 m und 57 cm weit gesprungen.
Ich bin 34 cm weiter gesprungen als du.
Ich habe 25 cm weniger geschafft als Sven.
Ich bin 19 cm weiter gesprungen als Josef.
EVA
SVEN
JOSEF
OLGA

❶ und ❷ Längen vergleichen und ordnen. Skizzen zeichnen.

❸ und ❹ Mit Längenangaben in gemischter Schreibweise arbeiten.

Rechnen und entdecken mit Zauberei

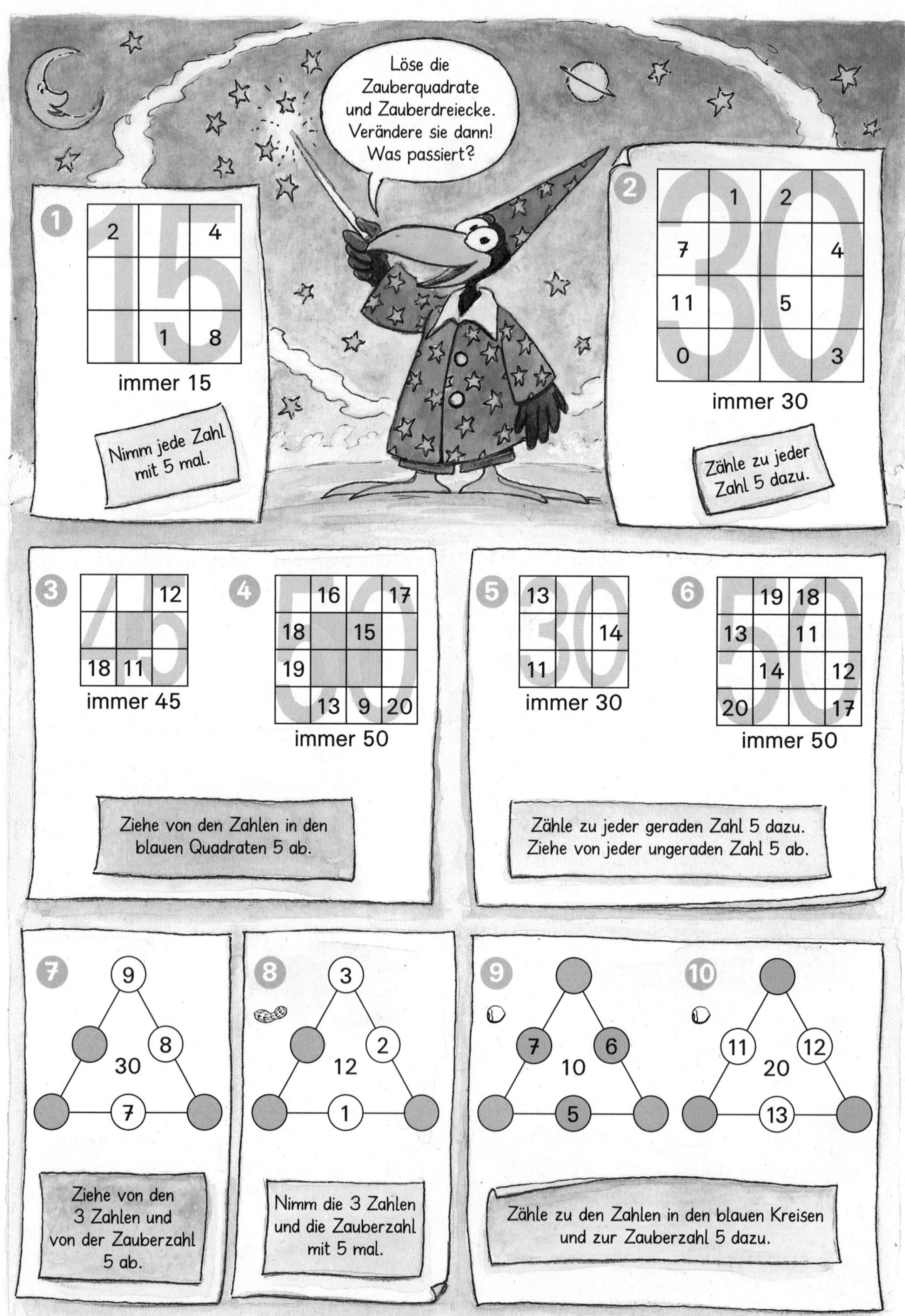

Löse die Zauberquadrate und Zauberdreiecke. Verändere sie dann! Was passiert?
1
2 4
1 8
immer 15
Nimm jede Zahl mit 5 mal.
2
1 2
7 4
11 5
0 3
immer 30
Zähle zu jeder Zahl 5 dazu.
3
12
18 11
immer 45
4
16 17
18 15
19
13 9 20
immer 50
Ziehe von den Zahlen in den blauen Quadraten 5 ab.
5
13
14
11
immer 30
6
19 18
13 11
14 12
20 17
immer 50
Zähle zu jeder geraden Zahl 5 dazu. Ziehe von jeder ungeraden Zahl 5 ab.
7
9
8
30
7
Ziehe von den 3 Zahlen und von der Zauberzahl 5 ab.
8
3
2
12
1
Nimm die 3 Zahlen und die Zauberzahl mit 5 mal.
9
7
6
10
5
10
11
12
20
13
Zähle zu den Zahlen in den blauen Kreisen und zur Zauberzahl 5 dazu.

1 bis 10 Zuerst das Zahlenquadrat (bzw. -dreieck) lösen. Dann die angegebenen Operationen durchführen und die Zahlen wieder in einem Quadrat (Dreieck) anordnen.

Überprüfen, welche Gesetzmäßigkeiten vorhanden sind: Handelt es sich auch um Zahlenquadrate? Kann man Zauberdreiecke bilden? (Kopiervorlage)

Raumvorstellung – Zehnerzahlen – Geld

1 Wo sind die Fotos entstanden? Begründe.

2

BAHN
AUTO WÄSCHE
SCHULE
POST

Moritz wohnt mit seiner Familie in dem gelben Haus.

a) Wie kommt Moritz in die Schule? Beschreibe verschiedene Wege. Welcher ist der kürzeste?

b) Nach der Schule geht Moritz mit seinen Freunden auf den Spielplatz.

c) Vor der Post trifft Moritz eine Frau. Sie möchte auf dem schnellsten Weg zum Bahnhof.

3 Setze <, > oder = ein.

a)			b)		
30	■	60	20	■	50
70	■	90	80	■	80
10	■	100	70	■	30
40	■	40	100	■	90

4 Löse die Aufgaben.

a)	b)	c)
60 + 10 = ■	50 – 30 = ■	70 + ■ = 90
30 + 20 = ■	70 – 40 = ■	30 + ■ = 60
40 + 50 = ■	90 – 60 = ■	50 – ■ = 10
10 + 90 = ■	100 – 20 = ■	30 – ■ = 30

5 Zehnerzahlen – Aufgabenfamilien

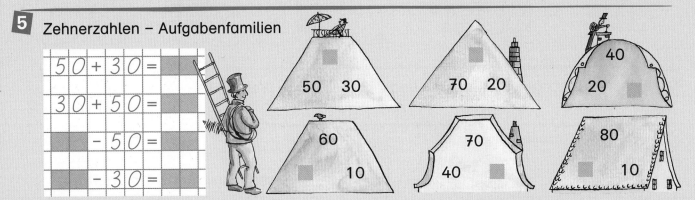

50 + 30 = ■
30 + 50 = ■
■ – 50 = ■
■ – 30 = ■

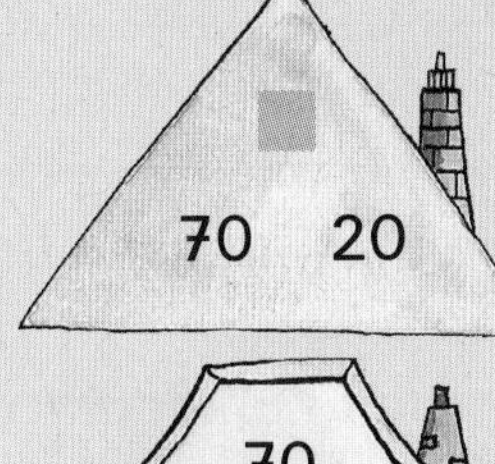
■
50 30

■
70 20

40
20 ■

60
■ 10

70
40 ■

80
■ 10

6 Lege 70 Euro mit verschiedenen Scheinen. Schreibe in eine Tabelle.

Betrag	50	20	10
70 €	1	■	■
70 €	■	■	■
70 €	■	■	■
70 €	■	■	■

7 Wie viel Geld muss die Verkäuferin zurückgeben?

Rechnung
Frau Ludwig
Schrauben 10 €
Küchenregal 30 €
Tapete 40 €
Rechnung
Herr Maier
Fußbodenbelag 55 €
1 Eimer Farbe 20 €

Die Lage von Gegenständen aus verschiedenen Perspektiven im Raum erfassen und beschreiben. Wege im Raum beschreiben. Vorstellungen über Zahlen und Zahlbeziehungen im Zahlenraum bis 100: Zehnerzahlen vergleichen, dabei die Zeichen <, > und = verwenden, Aufgabenfamilien. Geldbeträge strukturieren und wechseln.

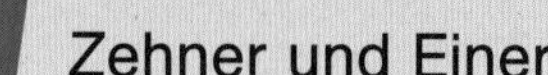

1 Zehner und Einer

a)

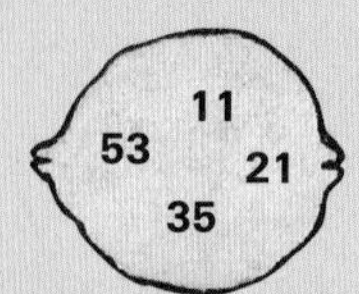
53
11
21
35

b) Zeichne.

Z	E
7	2

Z	E
2	7

Z	E
4	3

Z	E
3	4

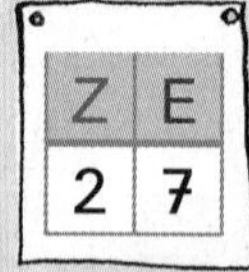

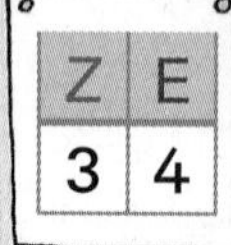

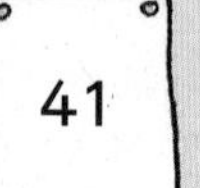

15 51 41 14

2 Vorgänger – Nachfolger

V		N
	11	
	29	
	90	

V		N
		23
	40	
69		

3 Nachbarzehner

NZ		NZ
	14	
	29	
	45	

NZ		NZ
	61	
	52	
	77	

NZ		NZ
	32	
	85	
	97	

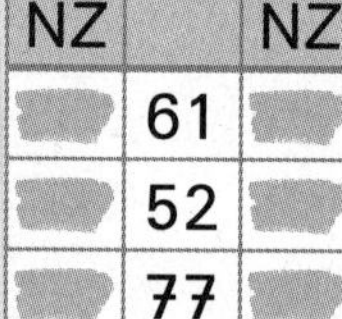

4 Ordne der Größe nach.

Beginne mit der kleinsten Zahl.

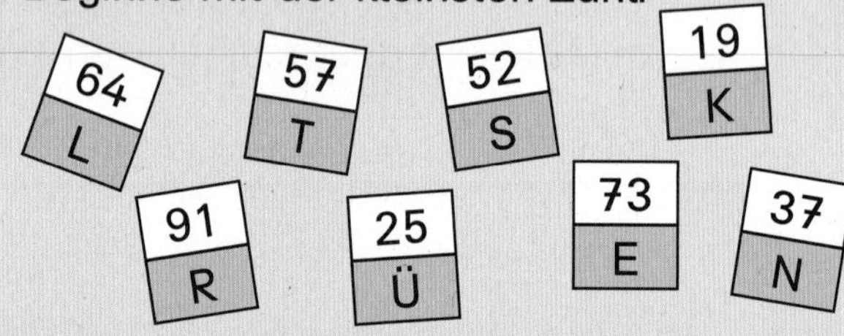
64
L
57
T
52
S
19
K
91
R
25
Ü
73
E
37
N

5 Wie geht es weiter?

a) 10, 20, 30, ..., 100
5, 10, 15, ..., 50

b) 40, 36, 32, ..., 0
60, 55, 50, ..., 10

c) 5, 11, 17, ..., 47
97, 94, 91, ..., 76

6 Schätze und überlege. Wie hoch oder breit sind die Gegenstände ungefähr?

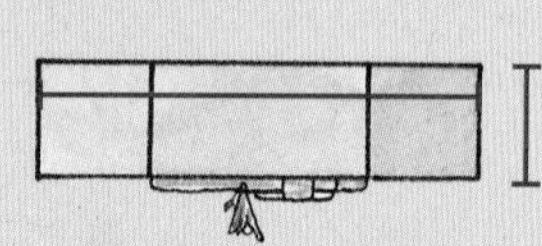

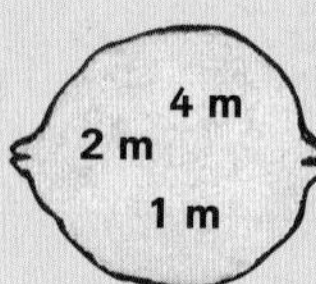
4 m
2 m
1 m

7

a) Miss die Längen der Strecken und Zick-Zack-Linie. Vergleiche.

A
B
C

b) Zeichne Strecken in dein Heft.
1 cm, 7 cm, 3 cm, 9 cm, 12 cm, 18 cm

8

26 cm + 4 cm = ▢ cm
48 cm + 2 cm = ▢ cm
8 cm + 8 cm = ▢ cm
10 cm + 20 cm = ▢ cm
10 cm + 30 cm = ▢ cm
9 cm + 50 cm = ▢ cm

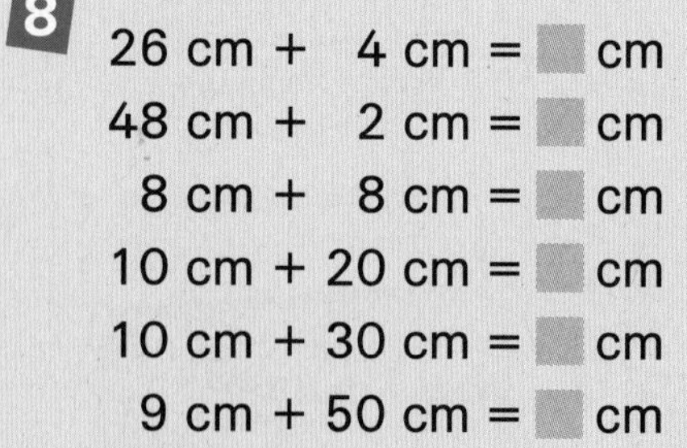

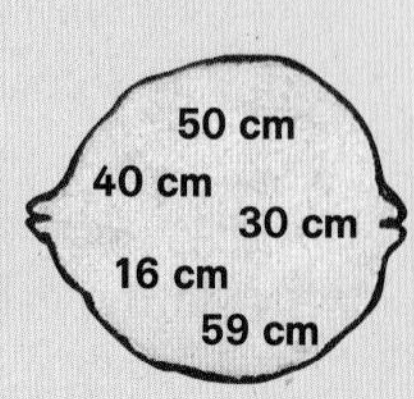
50 cm
40 cm
30 cm
16 cm
59 cm

9

Ergebnisse Werfen

Felix	11 m
Noah	17 m
Julia	8 m
Michelle	21 m

a) Wer hat am weitesten geworfen?

b) Wie groß ist der Unterschied zwischen dem besten und dem schlechtesten Wurf?

Vorstellungen über Zahlen und Zahlbeziehungen im Zahlenraum bis 100: Zahlen erfassen und auf verschiedene Weise darstellen, Zahlen ordnen und vergleichen, dabei die Zeichen <, > und = verwenden. Längen schätzen und mit konventionellen Maßeinheiten messen. Mit dem Lineal zeichnen. Rechnen mit Längenangaben.

1

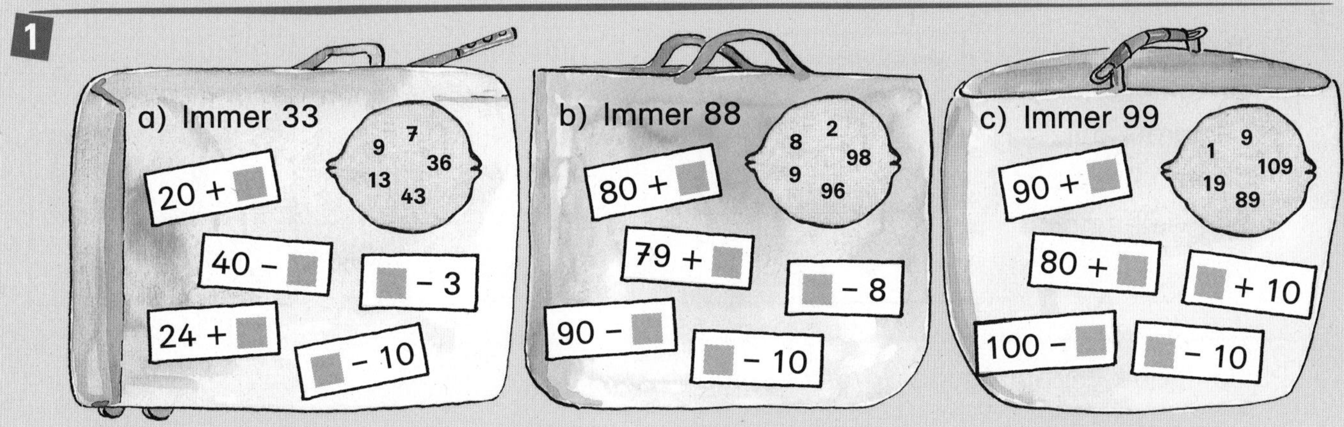
a) Immer 33
20 + ■
40 – ■
■ – 3
24 + ■
■ – 10
9 7 36 13 43
b) Immer 88
80 + ■
79 + ■
■ – 8
90 – ■
■ – 10
8 2 98 9 96
c) Immer 99
90 + ■
80 + ■
■ + 10
100 – ■
■ – 10
1 9 109 19 89

2 Plusaufgaben vorteilhaft rechnen.

a) 42 + 8 + 4 = ■

a)

4
8
42

b)

55
5
7

c)

8
64
6

d)

9
59
1

e)

7
27
3

3 Wie geht es weiter?

a) 99, 90, 81, ..., 27
b) 49, 55, 61, ..., 97
c) 30, 40, 42, 52, 54, ..., 90
d) 60, 55, 54, 49, 48, ..., 19

4

a) 34 + ■ = 48
75 + ■ = 84
53 – ■ = 41
36 – ■ = 29
48 + ■ = 56

b) 62 + 9 ■ 73
94 – 7 ■ 96
38 + 6 ■ 44
27 – 8 ■ 18
16 + 5 ■ 23

5

10 30 30
100
40
20
69 31
10
100
99

6 Isa ist mit ihrer Familie im Bayrischen Wald in den Ferien. Isa kauft 18 Ansichtskarten.

a) Isa verschickt aber nur die Hälfte davon.
b) Ihr Bruder Lukas schreibt 4 Karten weniger als Isa.
c) Isas Mutter hätte doppelt so viel Karten wie Lukas verschickt, wenn sie drei Karten mehr geschrieben hätte.

Wie viele Karten schreibt Isa?
18 = ■ + ■
Isa

7

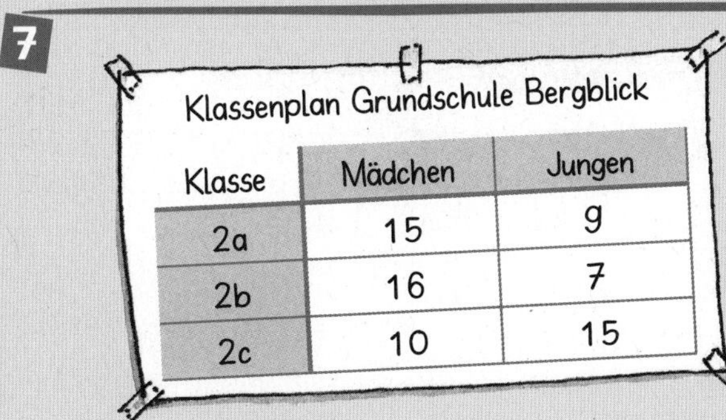

Klassenplan Grundschule Bergblick

Klasse	Mädchen	Jungen
2a	15	9
2b	16	7
2c	10	15

a) Wie viele Kinder sind jeweils in den Klassen?
b) In welcher Klasse sind die wenigsten Kinder?
c) In welche Klasse gehen die meisten Mädchen? In welcher Klasse lernen die wenigsten Jungen?

Grundvorstellungen der Addition und Subtraktion sichern; im Zahlenraum bis 100 mit und ohne Material addieren und subtrahieren. Gleichungen und Ungleichungen lösen.

Sachsituationen und ihre Darstellung erschließen, dabei Lösungshilfen entwickeln und anwenden.

Flächenformen – Mal und geteilt

1 a) Spanne verschiedene Quadrate mit diesem Eckpunkt. Wie viele findest du?

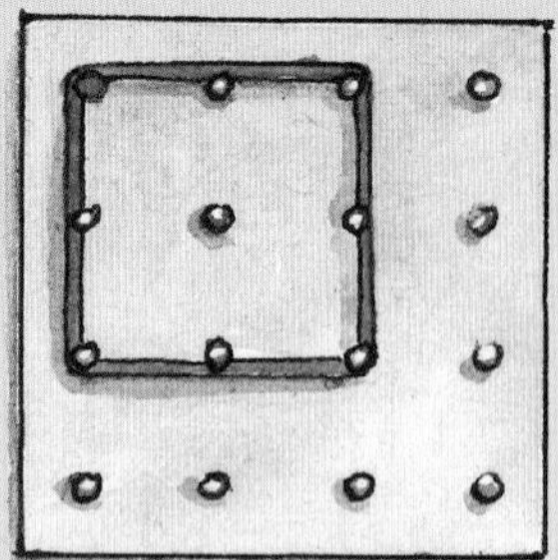

b) Spanne verschiedene Rechtecke mit diesem Eckpunkt. Wie viele findest du hier?

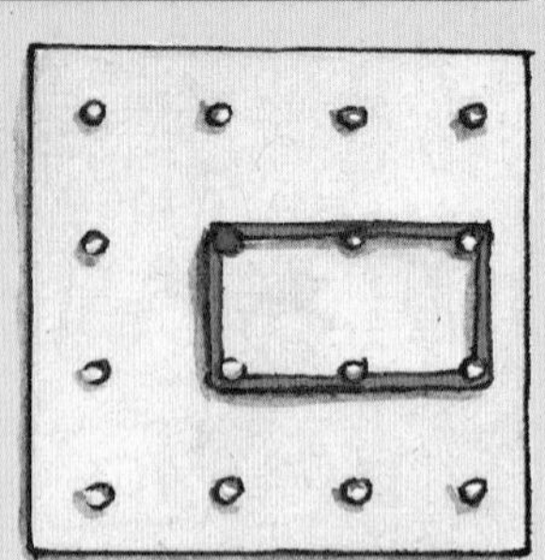

2 Plusaufgabe – Malaufgabe – Tauschaufgabe

a) 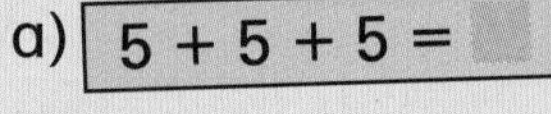
5 + 5 + 5 =

3 · 5 =

5 · 3 =

3 + 3 + 3 + 3 + 3 =

b) 7 + 7 + 7 =

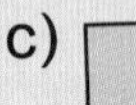

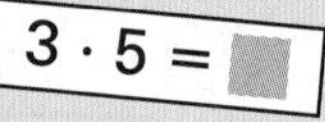

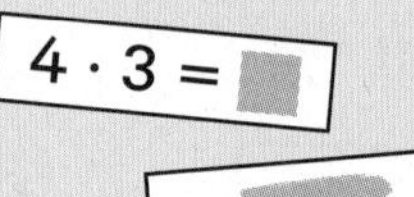

c)

4 · 3 =

d)

6 + 6 + 6 + 6 + 6 =

3 Nachbaraufgaben – Kernaufgaben: Von leichten Aufgaben zu schwierigen.

a)	b)	c)	d)	e)
4 · 7 =	10 · 4 =	5 · 6 =	2 · 5 =	2 · 8 =
5 · 7 =	9 · 4 =	6 · 6 =	4 · 5 =	5 · 8 =
6 · 7 =	8 · 4 =	7 · 6 =	8 · 5 =	7 · 8 =

4 a) Nils feiert Geburtstag. Er wird 8 Jahre alt. Seine große Schwester ist schon doppelt so alt wie er. Seine kleine Schwester ist erst halb so alt wie Nils.

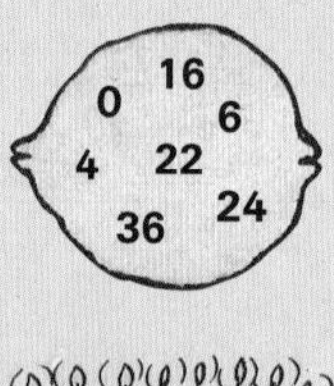
0
16
6
4
22
24
36

b) Wie viele Räder?

9 Autos
8 Roller
4 Schiffe

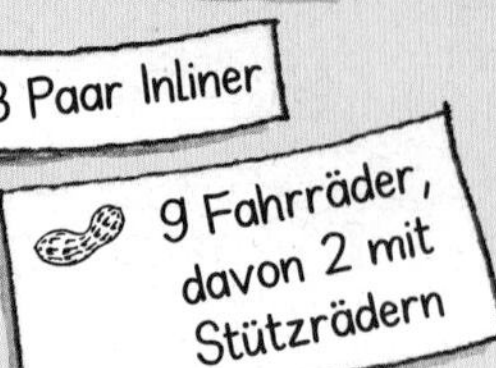
2 Dreiräder
3 Paar Inliner
9 Fahrräder, davon 2 mit Stützrädern

5 Verteilen: Nils verteilt alles gerecht an seine 8 Gäste.

a) 

b) 

c)

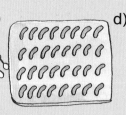

d) 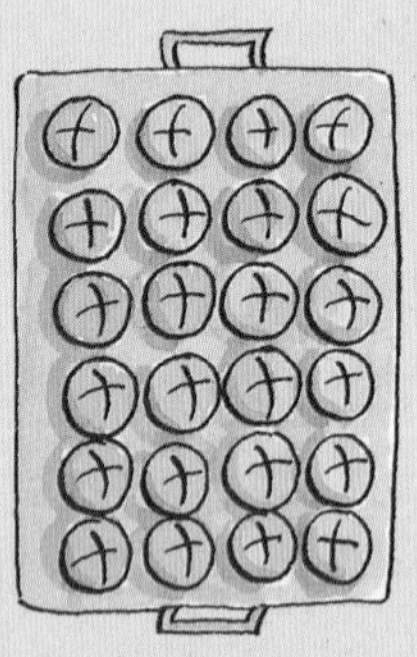

e) 
Für Kinokarten

6 a) Finde viele Malaufgaben.

40 35 64 25 72 20 12

40 = 4 · 10

40 = 5 · 8

b) Finde viele Geteiltaufgaben.

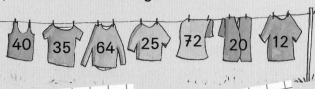

16 45 24 20 18 56 30

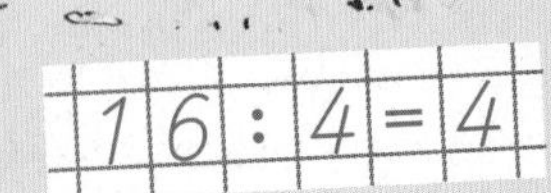
16 : 4 = 4

Kenntnisse über Flächenformen vertiefen: Mit Flächenformen handeln. Die Multiplikation und Division verstehen.

Kernaufgaben beherrschen und Strategien zum Lösen von Multiplikationsaufgaben entwickeln und anwenden.

Plus und minus – Geld – Sachrechnen

1

a) + 14

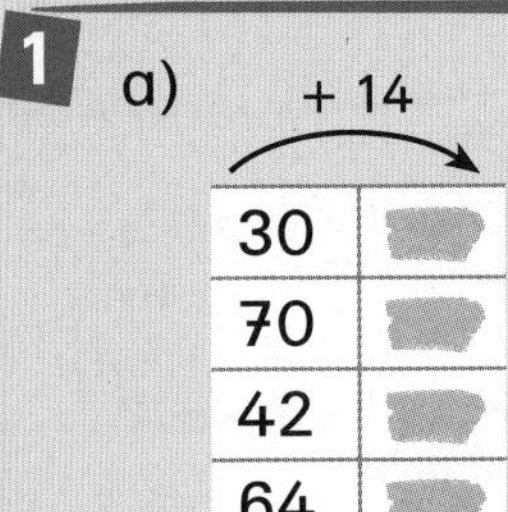

30	
70	
42	
64	

b) + 43

	78
	56
	84
	92

44 35
13 56 48
78 84 49
41

c) + 36

48	
	71
42	
	49

d) + 19

59	
	63
65	
	67

2 Denke auch an die Tauschaufgabe.

a) 1 + 99 = ▢
56 + 4 = ▢
7 + 63 = ▢
3 + 27 = ▢

70 71 100 30 60

b) 2 + 69 = ▢
59 + 12 = ▢
22 + 49 = ▢
39 + 32 = ▢

3 Rechne geschickt!

a) 37 + 19 = ▢
55 + 29 = ▢
64 + 29 = ▢
42 + 39 = ▢

56 14 84 29 81 27 33 93

b) 52 − 19 = ▢
43 − 29 = ▢
86 − 59 = ▢
78 − 49 = ▢

4 Immer vier Fische haben dasselbe Ergebnis.

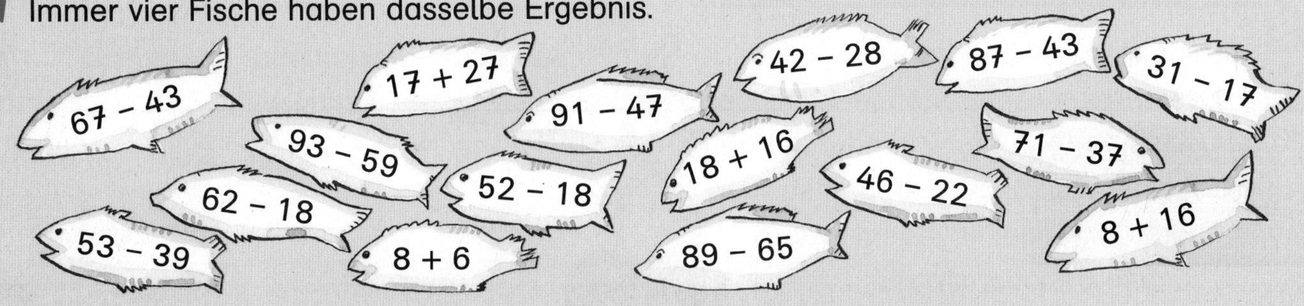
67 − 43
17 + 27
91 − 47
42 − 28
87 − 43
31 − 17
93 − 59
62 − 18
52 − 18
18 + 16
71 − 37
46 − 22
53 − 39
8 + 6
89 − 65
8 + 16

5

a) 36 + ▢ = 53
52 + ▢ = 71
▢ + 28 = 65
▢ + 43 = 92

c) 27 + ▢ = 15 + 46
73 + 14 = 94 − ▢
81 − ▢ = 22 + 39
57 + 18 = ▢ − 21

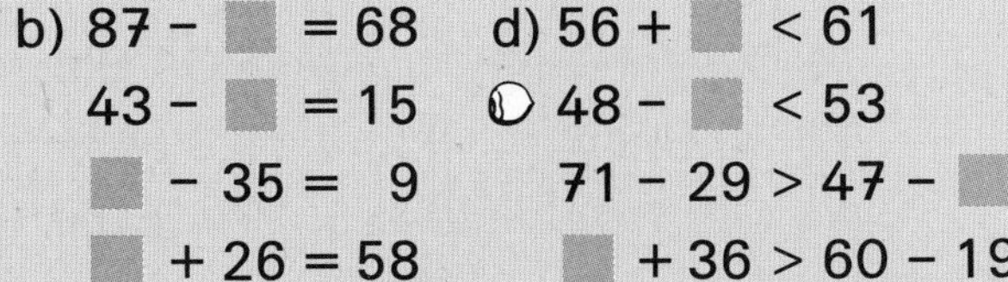

b) 87 − ▢ = 68
43 − ▢ = 15
▢ − 35 = 9
▢ + 26 = 58

d) 56 + ▢ < 61
48 − ▢ < 53
71 − 29 > 47 − ▢
▢ + 36 > 60 − 19

6

a) Schreibe mit Komma.

3 Euro 22 Cent
26 Euro 60 Cent
41 Euro 8 Cent

7 € 65 ct
15 € 1 ct
62 € 40 ct

b) Vergleiche die Geldbeträge.

4 € 32 ct ▢ 3 € 10 ct
31 € 44 ct ▢ 31 € 22 ct
17,20 € ▢ 19,12 €

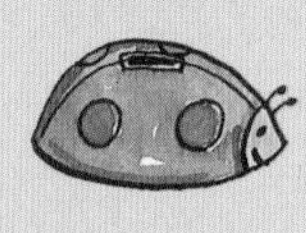

7 Lea bekommt 10 Euro Taschengeld im Monat. Sie kauft sich davon jeden Monat ein Päckchen Sticker für 2 Euro und Futter für ihre Maus. Das kostet 3 Euro.
Das restliche Taschengeld spart sie.
Was passt zusammen? Rechne aus.

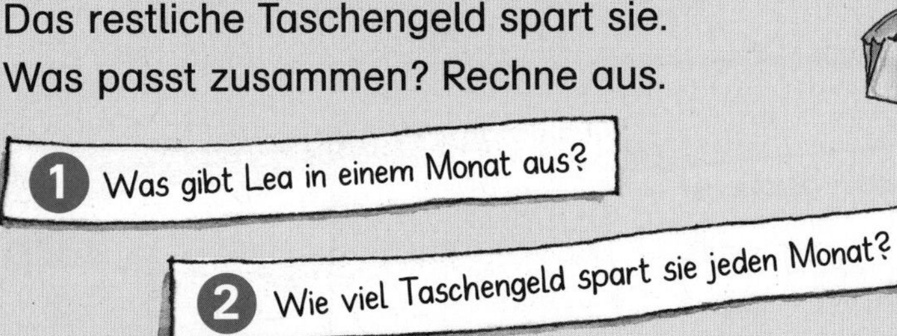
1 Was gibt Lea in einem Monat aus?
2 Wie viel Taschengeld spart sie jeden Monat?
3 Wie viel hat sie nach 3 Monaten gespart?

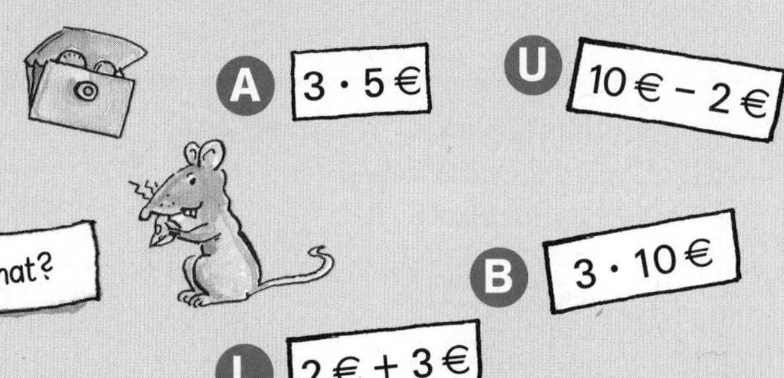
A 3 · 5 €
U 10 € − 2 €
B 3 · 10 €
L 2 € + 3 €
E 10 € − 5 €

Im Zahlraum bis 100 mit oder ohne Material addieren und subtrahieren. Gleichungen und Ungleichungen lösen, Rechenausdrücke vergleichen. Geldbeträge in gemischter Schreibweise und in Kommaschreibweise lesen und vergleichen. Sachsituationen relevante Informationen entnehmen. Zu Sachsituationen Gleichungen finden.

1

FURKAN
Wenn ich meine Zahl durch 4 teile und dann mal 8 nehme, erhalte ich 64.

CHARLOTTE
Wenn ich meine Zahl durch 7 teile, erhalte ich die Zahl 8.

VALENTIN
Wenn ich meine Zahl zuerst durch 2 und dann durch 5 teile, erhalte ich die Zahl 7.

SIMON
Wenn ich das Ergebnis von 49 : 7 von dem Ergebnis von 6 · 4 abziehe, erhalte ich das Doppelte von 9. Stimmt das?

2 Division mit Rest: Lege mit Streichhölzern.

Streichhölzer	△	□	⌂	⬡
10	3 R 1	■ R ■	■ R ■	■ R ■
14	■ R ■	■ R ■	■ R ■	■ R ■
21	■ R ■	■ R ■	■ R ■	■ R ■

3 Auf dem Volksfest.

a) Beim Autoskooter stehen 17 Kinder. In jedem Auto dürfen 2 Kinder mitfahren.

b) Vor der kleinen Achterbahn stehen noch 33 Kinder. In jedem Wagen können 6 Kinder sitzen.

c) Mit dem Riesenrad wollen 39 Kinder mitfahren. In den großen Gondeln haben jeweils 9 Kinder Platz.

4 Aufgabenfamilien: mal und geteilt

a) 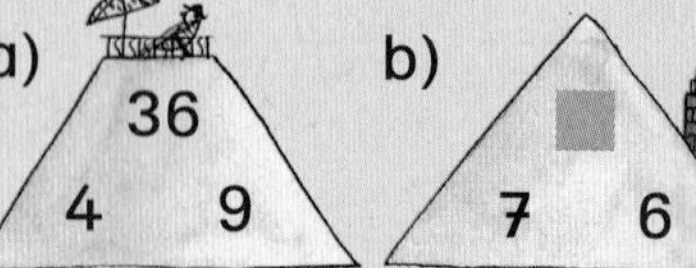
36
4 9

b)
■
7 6

c) 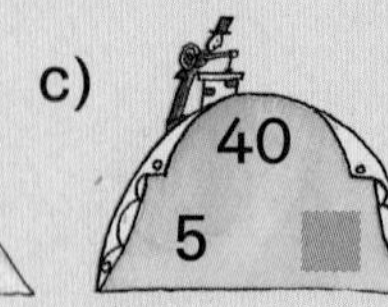
40
5 ■

d) 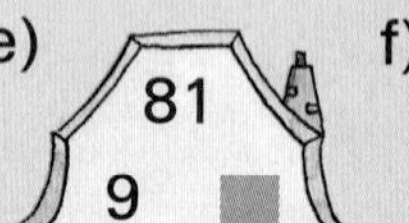
18
■ 3

e)
81
9 ■

f) 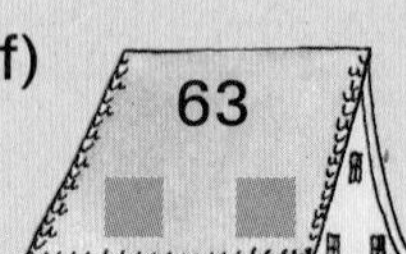
63
■ ■

5 Zeitpunkt und Zeitdauer

a) Wie viele Minuten nach 10 Uhr?

b) Wie viele Stunden?

9.00 Uhr —■ h→ 18.00 Uhr
16.30 Uhr —■ h→ 19.30 Uhr
14.45 Uhr —■ h→ 17.45 Uhr

5 15 9
50 48
120 24 365
7 30 3

c) Wie viele Stunden?
1 Tag
2 Tage
5 Tage

d) Wie viele Tage?
1 Woche
Juni
1 Jahr

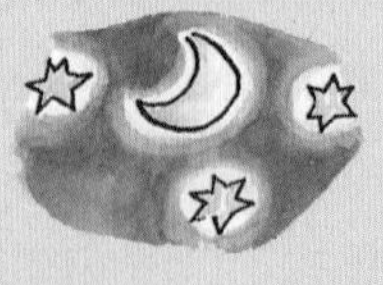

6 Vervollständige die Steckbriefe.

Würfel-Steckbrief

	Anzahl
Ecken	8
Kanten	■
Flächen	■

Kugel-Steckbrief

	Anzahl
Ecken	■
Kanten	■
Flächen	■

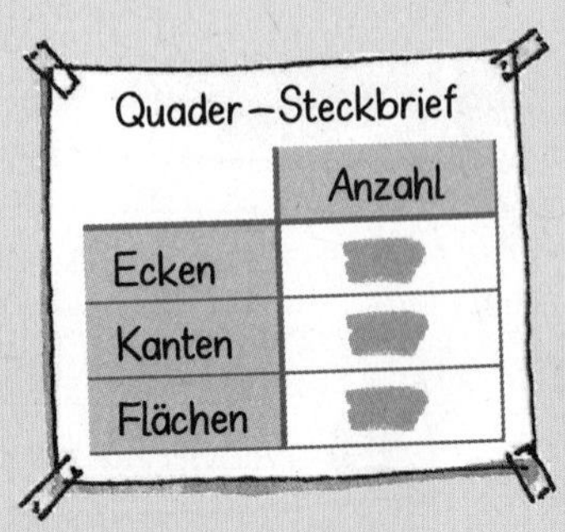

Quader-Steckbrief

	Anzahl
Ecken	■
Kanten	■
Flächen	■

Grundvorstellungen zur Multiplikation und Division (auch mit Rest) sichern. Sachsituationen erschließen und dazu mathematische Fragen stellen und beantworten.

Zeitpunkt und Zeitdauer ermitteln. Körperformen untersuchen, beschreiben, benennen und klassifizieren.